MOVIE ★ ICONS

BOGART

EDITOR
PAUL DUNCAN

TEXT
JAMES URSINI

PHOTOS
THE KOBAL COLLECTION

TASCHEN

HONG KONG KÖLN LONDON LOS ANGELES MADRID PARIS TOKYO

CONTENTS

1

HUMPHREY BOGART: TOUGH GUY

BY JAMES URSINI

HUMPHREY BOGART: DER KNALLHARTE

HUMPHREY BOGART : LE DUR À CUIRE

HUMPHREY BOGART: TOUGH GUY

by James Ursini

For centuries religious icons symbolized ideal virtues, such as purity, holiness, and devotion. In the modern age, a secular world has replaced the idols of old with celebrities and called them "icons." Humphrey Bogart is such an icon. He incarnates the modern virtues of toughness and integrity that speak culturally and emotionally to the fantasy of his audiences. But to become a true icon and maintain a fan base of worshipers decades after your demise, one must also be human—that is, reflect some of the vulnerabilities and weaknesses the fans see in themselves.

Icons are not born fully formed. It often takes decades to develop an image people will fasten on to. Bogart started his career in the theater, often playing upper-class, genteel characters, reflecting his own privileged family background as well as his soft youthful good looks. He met with mild success in these early theatrical forays, but Bogart felt trapped by typecasting. When he finally made his way west to Hollywood in 1930, he did not fare any better. The parts he was given at Fox and later at Columbia were "inconsequential" and "fluff," according to the actor himself. And so he returned to New York and the stage.

The role in which Bogart single-handedly molded the 'tough guy' image that audiences came to idolize was that of Duke Mantee in Robert E. Sherwood's play *The Petrified Forest*. On stage in 1935 and later in the film version in 1936, Bogart cut himself off irrevocably from his upper-class background, drawing instead on his frustration as an actor and his combativeness (which was, even then, notorious) to personify a complex gangster who alternated between violence and depression and whose face and posture registered angst.

Although Bogart found critical success in the role of Duke Mantee, Warner Bros., who now owned his contract, continued to relegate him to mostly one-dimensional roles as heavies

PORTRAIT FOR 'HIGH SIERRA' (1941)
Bogart in his breakout role as aging gangster Roy "Mad Dog" Earle. / Bogart in seiner Rolle als alternder Gangster Roy „Mad Dog" Earle, mit der ihm der Durchbruch gelang. / Bogart dans le rôle qui l'a rendu célèbre, celui du gangster vieillissant Roy Earle.

"There he is, right there on the screen, saying what everyone is trying to say today, saying it loud and clear: 'I hate hypocrisy. I don't believe in words and labels or much of anything else. I'm not a hero. I'm a human being.'"
Mary Astor

(*Angels with Dirty Faces* (1938), *The Roaring Twenties* (1939), *Brother Orchid* (1940), etc.), often second-billed to fellow actors James Cagney and Edward. G. Robinson. Bogart fought the studio tooth and nail as did fellow "indentured servants" (in Bogart's words) like Bette Davis.

At the same time Bogart's personal life was in chaos. Always attracted to strong, aggressive women much like his mother, he found his third wife, actress Mayo Methot, more than he could handle. Although they both drank heavily, fought loudly, and loved passionately, they also had a creative partnership. Bogart listened to her advice, as she encouraged him to continue to fight for more challenging roles. Their perseverance paid off when he got to play aging gangster Roy Earle in *High Sierra* (1941) after both Paul Muni and George Raft turned down the role. The film was a critical and financial success and led to Bogart's next two landmark roles: one with writer-director John Huston, that of Dashiell Hammett's hardboiled detective Sam Spade in *The Maltese Falcon* (1941); and his most iconic role, that of Rick Blaine, the alienated expatriate in *Casablanca* (1942). With these key roles Bogart refined his angst-filled tough guy role as well as setting the standard for the film noir protagonist of the 1940s.

Bogart continued to tweak his noirish persona for the rest of his career, often in conjunction with his last and most famous wife, actress/model Lauren Bacall, another strong woman. With Bacall he not only made three noir classics (*To Have and Have Not* (1944), *The Big Sleep* (1946), and *Dark Passage* (1947)) but also helped organize a group of film personalities who traveled to Washington D.C. to protest the Red 'witch hunts' fostered by Senator Joseph McCarthy and the House Un-American Activities Committee. Acts like this, even though controversial within the frightened film industry, contributed to Bogart's iconic status, the iconoclast who defended the underdog.

In 1952 his peers finally honored his iconic status as well as his acting skills with an Academy Award for his performance in John Huston's *The African Queen* (1951). He also received rave critical reviews for his portrayal of Queeg, the psychotic commander in *The Caine Mutiny* (1954). Although Bogart died of cancer in 1957, these performances cemented his legend. His legend did not die with him. How could it? He was an icon.

HUMPHREY BOGART: DER KNALLHARTE

von James Ursini

Jahrhundertelang standen religiöse Ikonen für Ideale wie Tugendhaftigkeit, Reinheit und Hingabe. Heutzutage haben wir die alten Vorbilder durch weltliche Prominenz ersetzt, für die wir ebenfalls den Begriff „Ikone" verwenden. Humphrey Bogart ist eine solche Ikone. Er verkörpert moderne Tugenden wie Härte und Integrität, die kulturell wie emotional die Phantasie seines Publikums ansprechen. Um jedoch zu einer wahren Ikone zu werden und noch Jahrzehnte nach dem Tod eine beachtliche Fangemeinde bei der Stange zu halten, muss man auch Mensch sein – mit anderen Worten: Man muss einen Teil der Schwächen und der Verwundbarkeit zeigen, die die Fans in sich selbst finden.

Ikonen werden nicht als solche geboren. Oft dauert es Jahrzehnte, bis sie ein Image entwickelt haben, an dem sich die Menschen festhalten können. Bogart begann seine Karriere auf der Bühne, wo er häufig vornehme Charaktere spielte, die wie er selbst aus der privilegierten Oberschicht stammten. Seine sanften, jugendlichen Zügen passten zu diesen Rollen, und seine Gehversuche auf der Bühne waren auch nicht ganz erfolglos, doch Bogart fühlte sich künstlerisch eingeengt, weil man ihn schon früh in eine Schublade gesteckt hatte. Als er 1930 schließlich den Sprung nach Hollywood wagte, erging es ihm dort nicht viel besser. Die Rollen, die man ihm bei Fox und später bei Columbia anbot, waren „belanglos" und „nichtssagend", wie er selbst meinte. Und so kehrte er nach New York zurück und auf die Bretter, die die Welt bedeuten.

Die Rolle, mit der sich Bogart auf einen Schlag das Image des knallharten, abgebrühten Typen zulegte, von dem das Publikum später so begeistert war, war die des Duke Mantee in Robert E. Sherwoods Drama *Der versteinerte Wald*. Bogart löste sich 1935 auf der Bühne und im Jahr darauf in der Verfilmung unwiderruflich von seiner Herkunft und verarbeitete stattdessen seine Frustration als Schauspieler und seine bereits damals berüchtigte Streitlust, um eine komplexe Gangsterfigur zu schaffen, die zwischen Brutalität und Depressivität schwankte und deren Gesicht und Haltung Existenzangst ausdrückte.

PORTRAIT (1930)
Bogart demonstrates his more vulnerable, almost effete side in this early portrait. / Bogart zeigt in diesem frühen Porträt seine verletzlichere, fast kraftlose Seite. / Portrait de jeunesse dévoilant un Bogart plus vulnérable, presque indolent.

„Da steht er – genau dort auf der Leinwand – und spricht klar und deutlich aus, was heutzutage alle auszudrücken versuchen: ‚Ich hasse Heuchelei. Ich glaube nicht an Worte und Etiketten oder solche Dinge. Ich bin kein Held. Ich bin ein Mensch.'"
Mary Astor

Obwohl Bogart in der Rolle des Duke Mantee von den Kritikern gefeiert wurde, gab ihm Warner Bros., wo er damals unter Vertrag stand, weiterhin hauptsächlich eindimensionale Schurkenrollen in Filmen wie *Chikago - Engel mit schmutzigen Gesichtern* (1938), *Die wilden Zwanziger* (1939) oder *Orchid, der Gangsterbruder* (1940), bei denen er hinter Kollegen wie James Cagney und Edward G. Robinson die zweite Geige spielte. Bogart und andere (in seinen Worten) „Zwangsarbeiter" wie Bette Davis wehrten sich mit Händen und Füßen gegen diese Besetzungspolitik.

Zur gleichen Zeit ging es in Bogarts Privatleben drunter und drüber. Er fühlte sich stets zu Frauen hingezogen, die ähnlich stark und aggressiv waren wie seine Mutter, aber mit seiner dritten Ehefrau, der Schauspielerin Mayo Methot, hatte er sich offenbar übernommen. Obwohl sich beide gern betranken, lauthals stritten und leidenschaftlich liebten, bildeten sie auch ein kreatives Team. Bogart folgte ihrem Rat, sich um anspruchsvollere Rollen zu bemühen. Die Hartnäckigkeit zahlte sich schließlich aus, als er den alternden Gangster Roy Earle in *Entscheidung in der Sierra* (1941) spielen durfte, nachdem sowohl Paul Muni als auch George Raft die Rolle abgelehnt hatten. Der Film war bei den Kritikern ebenso erfolgreich wie an der Kinokasse und brachte Bogart zwei weitere Rollen ein, die Filmgeschichte schrieben: als Dashiell Hammetts hartgesottener Detektiv Sam Spade in *Die Spur des Falken* (aka *Der Malteser Falke*, 1941) unter der Regie von Autor und Regisseur John Huston sowie seine unvergessliche Rolle als Rick Blaine, dem entfremdeten Exilamerikaner in *Casablanca* (1942). Mit diesen drei Schlüsselrollen gestaltete Bogart seine Rolle des von Existenzängsten erfüllten „harten Kerls" weiter aus und schuf zugleich das Vorbild für die Protagonisten der „schwarzen Serie" in den vierziger Jahren.

Im Verlauf seiner weiteren Karriere gab Bogart der Figur ihren letzten Schliff, oft in Zusammenarbeit mit seiner letzten und berühmtesten Ehefrau, Lauren Bacall, Schauspielerin, Fotomodell und ebenfalls wieder eine starke Frau. Mit Bacall drehte er nicht nur drei Klassiker des *Film noir* (*Haben und Nichthaben* [1944], *Tote schlafen fest* [aka *Der tiefe Schlaf*, 1946] und *Das unbekannte Gesicht* [aka *Die schwarze Natter/Ums eigene Leben*, 1947]), sondern stellte auch eine Delegation von Persönlichkeiten aus dem Filmgeschäft zusammen, die mit dem Ehepaar in die Bundeshauptstadt Washington reiste, um dort gegen die „Hexenjagd" auf Kommunisten zu protestieren, die Senator Joseph McCarthy mit seinem Ausschuss zur Untersuchung unamerikanischer Umtriebe veranstaltete. Obwohl solche Aktionen in der eher ängstlichen Filmindustrie umstritten waren, trugen sie dazu bei, dass sich Bogarts Status als Ikone festigte: Er war nun der Bilderstürmer, der sich für die Schwachen einsetzte.

Im Jahre 1952 fand er schließlich bei seinen Kollegen die verdiente Anerkennung – als Ikone und als Schauspieler – in Form eines „Academy Awards" („Oscars") für seine Leistung in John Hustons *African Queen* (1951). Die Kritiker feierten ihn auch in seiner Rolle als Queeg, den geistig verwirrten Schiffsführer in *Die Caine war ihr Schicksal* (1954). Als Bogart 1957 an Krebs starb, hatten diese Rollen längst eine Legende geschaffen, die ihn lange überdauerte. Wie hätte es auch anders sein können? Er war schließlich eine Ikone.

PORTRAIT FOR 'CASABLANCA' (1942)
A smiling Bogart in his iconic white tux. / Ein lächelnder Bogart in seinem typischen weißen Smoking. / Bogart souriant dans son légendaire smoking blanc.

HUMPHREY BOGART: LE DUR À CUIRE

James Ursini

Pendant des siècles, les icônes religieuses ont symbolisé des vertus idéales telles que la pureté, la sainteté et la dévotion. À l'époque moderne, notre société laïque a remplacé les anciens objets de culte par des célébrités auxquelles elle donne le nom ... d'icônes. Humphrey Bogart est l'une d'elles. Il incarne des vertus modernes – ténacité et intégrité – qui trouvent un écho culturel et émotionnel dans l'imaginaire du public. Mais pour devenir un véritable mythe et conserver une foule d'adorateurs des décennies après sa mort, il faut également faire preuve d'humanité, c'est-à-dire refléter une part des faiblesses et de la vulnérabilité que les admirateurs ressentent au fond d'eux-mêmes.

Les icônes ne naissent pas icônes. Il faut souvent des décennies pour forger l'image à laquelle le public s'attachera. Bogart a débuté sa carrière au théâtre, souvent cantonné dans des personnages distingués reflétant son milieu favorisé et son physique de jeune premier. Malgré le vague succès que lui valent ses premiers pas sur les planches, Bogart se sent enfermé dans un rôle. Mais lorsqu'il arrive enfin à Hollywood en 1930, il déchante rapidement. Les rôles que lui confient la Fox puis Columbia sont «légers» et «inconséquents», selon ses propres termes. Il reprend donc le chemin des théâtres new-yorkais.

Le rôle dans lequel Bogart parvient à forger l'image de «dur à cuire» que le public va idolâtrer est celui de Duke Mantee dans la pièce de Robert E. Sherwood, *La Forêt pétrifiée*. D'abord sur scène en 1935, puis dans l'adaptation cinématographique en 1936, Bogart rompt définitivement avec ses origines huppées. Il puise dans sa frustration d'acteur ainsi que dans sa combativité (déjà notoire à l'époque) pour incarner un personnage complexe de gangster oscillant entre la violence et la dépression, dont le visage et la posture trahissent une véritable angoisse existentielle.

Malgré le succès critique que lui vaut le personnage de Duke Mantee, la Warner Bros., dont il dépend désormais, continue à le reléguer dans des rôles simplistes de truand. Dans des films comme *Les Anges aux figures sales* (1938), *Les Fantastiques Années 20* (1939) et *Brother*

PORTRAIT

Bogart projects the dark, angst-ridden persona which made him a noir star. / Bogart in der Rolle der düsteren, von Existenzangst geplagten Figur, die ihn zu einem Star des *Film noir* machte. / Le personnage ténébreux et torturé qui a fait de lui une star du film noir.

« Là, sous nos yeux, il dit haut et fort ce que tout le monde essaie de dire aujourd'hui: "Je déteste l'hypocrisie. Je ne crois ni aux paroles, ni aux étiquettes, ni à grand-chose d'autre. Je ne suis pas un héros. Je suis un être humain." »
Mary Astor

Orchid (1940), il joue les seconds couteaux aux côtés de James Cagney ou d'Edward. G. Robinson. Bogart se bat alors bec et ongles contre la Warner, à l'instar d'autres «larbins asservis» (selon ses propres termes) tels que Bette Davis.

Pendant ce temps, sa vie privée tourne au chaos. Toujours attiré par les femmes fortes et agressives à l'image de sa mère, il a fort à faire avec sa troisième épouse, l'actrice Mayo Methot. Bien que tous deux boivent abondamment, se disputent violemment et s'aiment passionnément, ils exercent une influence positive sur leurs carrières respectives. Bogart suit les conseils de son épouse, qui l'encourage à se battre pour obtenir des rôles plus intéressants. Leur persévérance est récompensée lorsqu'il décroche le rôle du gangster vieillissant Roy Earle dans *La Grande Évasion* (1941), qui a été refusé par Paul Muni et George Raft. Le succès critique et commercial du film lui ouvre la voie de deux autres rôles marquants. Le premier est celui du détective Sam Spade dans *Le Faucon maltais* (1941) de John Huston, inspiré d'un roman de Dashiell Hammett. Le second, le plus célèbre de tous, est celui de Rick Blaine, l'expatrié désabusé de *Casablanca* (1942). Avec ces trois rôles majeurs, Bogart affine son personnage à la fois dur à cuire et torturé, définissant l'archétype du héros de film noir des années 1940.

Jusqu'à la fin de sa carrière, Bogart continuera à peaufiner son image ténébreuse. Il aura souvent pour partenaire la dernière et la plus célèbre de ses épouses, l'actrice et mannequin Lauren Bacall, une autre femme de tête. Ensemble, ils tourneront trois classiques du film noir, *Le Port de l'angoisse* (1944), *Le Grand Sommeil* (1946) et *Les Passagers de la nuit* (1947). Ils défileront également à la tête d'un cortège de personnalités du cinéma protestant contre la «chasse aux sorcières» du sénateur McCarthy et de la Commission parlementaire sur les activités anti-américaines. Malgré la controverse suscitée au sein d'une industrie cinématographique terrifiée, de tels actes de bravoure contribueront à faire de Bogart un mythe, celui de l'iconoclaste défenseur des opprimés.

En 1952, son statut de mythe et ses talents d'acteurs sont enfin reconnus par ses pairs, qui lui décernent un Oscar pour son rôle dans *L'Odyssée de l'African Queen* (1951) de John Huston. Il reçoit également des critiques dithyrambiques pour son interprétation de Queeg, le commandant psychotique d'*Ouragan sur le Caine* (1954). Bien que Bogart succombe à un cancer en 1957, ces films achèvent d'asseoir sa légende. Désormais immortel, le mythe Bogart est entré dans l'histoire.

PAGE 22
PORTRAIT (1930)
The young, handsome Bogie, a demeanor that would land him mostly "fluff" theater roles. / Sein gutes Aussehen brachte dem jungen Bogie vor allem „belanglose" Bühnenrollen ein. / L'allure de jeune premier qui le cantonnera dans des rôles «légers» au théâtre.

PORTRAIT FOR 'IN A LONELY PLACE' (1950)
Bogart gives one of his most complex performances on male violence. / Bogart in einer seiner vielschichtigsten Darstellungen zum Thema männliche Gewalt. / Bogart dans l'une de ses représentations les plus complexes de la violence masculine.

2

VISUAL FILMOGRAPHY

FILMOGRAFIE IN BILDERN
FILMOGRAPHIE EN IMAGES

EARLY DAYS

ANFANGSJAHRE

LES DÉBUTS

FROM THE PLAY 'HELL'S BELLS' (1925)
Bogart emotes in a play deemed 'painfully synthetic' by
the critics. / Bogart zeigt Gefühle in einem Stück, das
Kritiker als „schmerzhaft gekünstelt" bezeichneten. /
Rôle sentimental dans une pièce jugée
«douloureusement artificielle» par la critique.

FROM THE PLAY 'NERVES' (1924)
Bogart romances his future wife Mary Philips. / Bogart
umschwärmt seine künftige Ehefrau Mary Philips. /
Dans les bras de sa future épouse, Mary Philips.

FROM THE PLAY 'IT'S A WISE CHILD' (1929)
Although this romantic comedy was a hit, Bogart
wanted to try Hollywood. / Obwohl diese
Liebeskomödie ein Erfolg war, wollte Bogart sein Glück
in Hollywood versuchen. / Malgré le succès de cette
comédie romantique, Bogart veut tenter sa chance à
Hollywood.

*"I'm not at ease with women, really. I must
obviously like certain women. I've certainly married
enough of them."*
Humphrey Bogart

*„Ich fühle mich in der Nähe von Frauen unwohl,
wirklich. Offensichtlich mag ich bestimmte Frauen.
Jedenfalls habe ich genug von ihnen geheiratet."*
Humphrey Bogart

*« En fait, je ne suis pas très à l'aise avec les
femmes. Mais il y en a manifestement qui me
plaisent. Il suffit de voir combien j'en ai épousé. »*
Humphrey Bogart

STILL FROM 'BROADWAY'S LIKE THAT' (1930)
An early Vitaphone short with star Ruth Etting, filmed in
New York. / Ein früher Kurzfilm, den Vitaphone in New
York drehte, mit Ruth Etting in der Hauptrolle. / Court
métrage tourné à New York à l'aide du Vitaphone, aux
côtés de la star Ruth Etting.

STILL FROM 'A DEVIL WITH WOMEN' (1930)
In Hollywood, Bogart still played a spoiled son of the
upper-class ... but with a rifle. / Auch in Hollywood
spielte Bogart noch immer den verwöhnten Sohn aus
gutem Hause, aber diesmal mit einem Gewehr in der
Hand. / À Hollywood, Bogart incarne encore un fils de
bonne famille ... mais armé d'un fusil.

STILL FROM 'UP THE RIVER' (1930)
A lifelong friendship with fellow hard-living actor
Spencer Tracy was cemented on this film. / Bei diesem
Film entstand eine lebenslange Freundschaft mit
seinem Kollegen Spencer Tracy, der wie er sein Dasein
in vollen Zügen auslebte. / Ce film scelle une longue
amitié avec un autre bon vivant, l'acteur Spencer Tracy.

STILL FROM 'BAD SISTER' (1931)
Bogart darkens his image a little as a con man and
works with fellow rebel Bette Davis (seated). / Bogart
verdüstert sein Image als Gauner noch ein wenig und
arbeitet mit seiner ebenso aufsässigen Kollegin Bette
Davis (sitzend) zusammen. / Bogart assombrit un peu
son image en incarnant un escroc aux côtés d'une autre
rebelle, Bette Davis (assise).

STILL FROM 'BODY AND SOUL' (1931)
Bogart is killed off in this military movie. His buddies are
Charles Farrell and Don Dillaway. / In diesem Militärfilm
wird Bogarts Figur getötet. Seine Kameraden werden
von Charles Farrell und Don Dillaway gespielt. / Entouré
ici de ses camarades (Charles Farrell et Don Dillaway),
Jim (Bogart) trouvera la mort dans ce film de guerre.

PAGES 32/33
STILL FROM 'LOVE AFFAIR' (1932)
Films like this melodrama with Dorothy MacKaill made
Bogart despair, so he returned to Broadway. / Filme wie
dieses Melodrama mit Dorothy MacKaill trieben Bogart
zur Verzweiflung und veranlassten ihn zur Rückkehr an
den Broadway. / Découragé par des films tels que ce
mélodrame avec Dorothy MacKaill, Bogart retourne à
Broadway.

PAGE 34
STILL FROM 'BULLETS OR BALLOTS' (1936)
Bogart comes into his own as the psychologically
scarred heavy. / Als psychisch angeschlagener
Bösewicht etabliert Bogart seinen eigenen Typus. /
Bogart montre de quoi il est capable dans un rôle de
truand marqué psychologiquement.

THE HEAVY

SCHURKENSTÜCKE

LE TRUAND

FROM THE PLAY 'THE PETRIFIED FOREST' (1935)
Bogart rehearses on stage in his first breakthrough role as Duke Mantee. / Bogart probt auf der Bühne für seinen ersten Durchbruch in der Rolle des Duke Mantee. / Répétition théâtrale avec Bogart dans le rôle de Duke Mantee, le premier à l'avoir révélé.

"My best shot was Leslie Howard in 'The Petrified Forest.' I got him with one bullet and he died quick. The others have been slow bleeders and most of the time they lived long enough to kill me."
Humphrey Bogart

„Mein bester Schuss war der auf Leslie Howard in Der versteinerte Wald. Ich hab ihn mit einer einzigen Kugel erwischt, und er ist schnell gestorben. Die anderen sind langsam verblutet und waren meist noch lange genug am Leben, um mich zu töten."
Humphrey Bogart

« Mon meilleur tir, c'est sur Leslie Howard dans La Forêt pétrifiée. Je l'ai eu d'une seule balle et il est mort rapidement. Les autres saignaient à n'en plus finir et survivaient généralement assez longtemps pour me tuer. »
Humphrey Bogart

STILL FROM 'THE PETRIFIED FOREST' (1936)
Leslie Howard (on floor with Bette Davis) insisted that
Bogart play Mantee in the film. / Leslie Howard (am
Boden neben Bette Davis) bestand darauf, dass Bogart
auch in der Verfilmung Mantee spielen durfte. / Leslie
Howard (par terre avec Bette Davis) a insisté pour que
Bogart joue Mantee dans l'adaptation cinémato-
graphique.

PAGES 38/39
STILL FROM 'BULLETS OR BALLOTS' (1936)
Warner Brothers immediately cast Bogart as another
gangster after the success of 'The Petrified Forest.' /
Nach dem Erfolg von *Der versteinerte Wald* gab Warner
Bros. Bogart sofort wieder eine Gangsterrolle. / Après
le succès de *La Forêt pétrifiée*, la Warner confie
immédiatement à Bogart un autre rôle de gangster.

STILL FROM 'CHINA CLIPPER' (1936)
Warners continued to misuse Bogart's talent. Here he
plays flying ace Hap Stuart ... / Warner Bros. verheizte
Bogarts Talent weiter. Hier spielt er das Fliegeras Hap
Stuart ... / La Warner continue à gâcher le talent de
Bogart, qui incarne ici l'as des airs Hap Stuart ...

*"Do you realize you're looking at an actor who's
made more lousy pictures than any other in
history."*
Humphrey Bogart

*„Ist Ihnen klar, dass Sie einen Schauspieler vor sich
sehen, der mehr lausige Filme gedreht hat als
irgendein anderer in der Geschichte?"*
Humphrey Bogart

*« Vous avez devant vous l'acteur qui a tourné le
plus grand nombre de navets dans l'histoire du
cinéma. »*
Humphrey Bogart

STILL FROM 'ISLE OF FURY' (1936)
... and this one features a shipwreck and a huge
octopus. / ... und hier geht es um ein Schiffsunglück und
einen Riesenkraken. / ... et affronte ici un naufrage et
une pieuvre géante.

STILL FROM 'BLACK LEGION' (1937)
In his first leading role, Bogart was supported by Helen
Flint and Joe Sawyer. / In seiner ersten Hauptrolle
standen Bogart Helen Flint und Joe Sawyer zur Seite. /
Pour ses débuts dans un premier rôle, Bogart est
entouré de Helen Flint et Joe Sawyer.

PORTRAIT FOR 'BLACK LEGION' (1937)
Both Bogart and the public reacted well to this socially
conscious film about American racism. / Sowohl Bogart
als auch das Publikum zeigten sich angetan von diesem
sozialkritischen Film über Rassismus in den USA. /
L'acteur et le public réagissent bien à ce film social sur
le racisme américain.

STILL FROM 'MARKED WOMAN' (1937)
A role Bogart fought for, the chance to play the heroic
district attorney David Graham. / Bogart kämpfte hart
darum, den heldenhaften Staatsanwalt David Graham
spielen zu dürfen. / Un rôle pour lequel Bogart s'est
battu, celui de l'héroïque procureur David Graham.

PORTRAIT FOR 'MARKED WOMAN' (1937)
Bogart also got to work again with friend and fellow
studio rebel Bette Davis. / Wieder einmal konnte
Bogart an der Seite seiner guten Freundin Bette Davis
spielen, die in den Studios als ebenso rebellisch galt wie
er. / Il y retrouve une autre rebelle aux prises avec la
Warner, son amie Bette Davis.

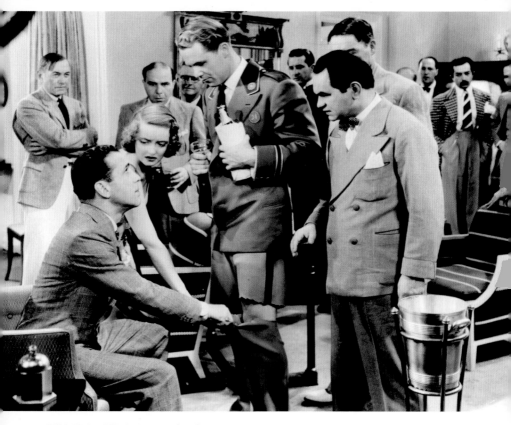

STILL FROM 'KID GALAHAD' (1937)
Bogart battles Edward G. Robinson and Bette Davis for control of a fighter. / Bogart kämpft mit Edward G. Robinson und Bette Davis um die Kontrolle über einen Boxer. / Bogart tente d'arracher un boxeur à Edward G. Robinson et à Bette Davis.

"All you owe the public is a good performance."
Humphrey Bogart

„Alles, was man dem Publikum schuldet, ist eine gute schauspielerische Leistung."
Humphrey Bogart

« Tout ce qu'on doit au public, c'est une bonne prestation. »
Humphrey Bogart

STILL FROM 'SAN QUENTIN' (1937)
Stock Warners prison drama with Bogart as Joe "Red"
Kennedy. / Ein Gefängnisdrama von der Stange für
Warner Bros. mit Bogart in der Rolle des Joe „Red"
Kennedy. / Drame derrière les barreaux, avec Bogart
dans le rôle de « Red ».

PAGES 48/49
ON THE SET OF 'DEAD END' (1937)
Illustrious director William Wyler directs Bogart in one
of his finest roles, gangster "Baby Face" Martin. / Unter
der Regie des berühmten William Wyler spielte Bogart
eine seiner besten Rollen: die des Gangsters „Baby
Face" Martin. / L'illustre réalisateur William Wyler dirige
Bogart dans l'un de ses meilleurs rôles, celui du gangster
« Baby Face » Martin.

STILL FROM 'DEAD END' (1937)
His mother (Marjorie Main) rejects him because
of his criminal ways. / Wegen seiner kriminellen
Machenschaften wird er von seiner Mutter (Marjorie
Main) zurückgewiesen. / La mère (Marjorie Main)
rejette son fils devenu gangster.

*"It takes a long time to develop a repulsive
character like mine."*
Humphrey Bogart

*„Es dauert lange, bis man eine so widerwärtige
Figur wie meine entwickelt hat."*
Humphrey Bogart

*« Il faut du temps pour mettre au point un
personnage aussi repoussant que le mien. »*
Humphrey Bogart

STILL FROM 'DEAD END' (1937)
"Baby Face" registers the kind of angst Bogart was
soon to become famous for. / „Baby Face" zeigte
bereits jene Existenzangst, die für Bogart bald darauf
zum Markenzeichen wurde. / « Baby Face » en proie à
l'angoisse existentielle pour laquelle Bogart deviendra
bientôt célèbre.

52

STILL FROM 'DEAD END' (1937)
His "girl" (Claire Trevor) has fallen into prostitution and
is suffering from a fatal disease. / Seine „Braut" (Claire
Trevor) ist in die Prostitution abgeglitten und hat sich
eine tödliche Krankheit zugezogen. / Sa «fiancée»
(Claire Trevor) a sombré dans la prostitution et souffre
d'une maladie mortelle.

ON THE SET OF 'DEAD END' (1937)
Again Bogart hoped that his outstanding performance
would merit better roles. It was not to be. / Wieder
einmal hoffte Bogart, dass ihm seine ausgezeichnete
schauspielerische Leistung bessere Rollen einbrächte,
doch es sollte nicht sein. / Espérant que son jeu
admirable lui vaudrait de meilleurs rôles, Bogart sera
à nouveau déçu.

STILL FROM 'STAND-IN' (1937)
Working again with friend and mentor Leslie Howard. /
Wieder konnte er mit seinem Freund und Mentor Leslie
Howard zusammenarbeiten. / Nouvelle collaboration
avec son ami et mentor Leslie Howard.

ON THE SET OF 'STAND-IN' (1937)
Bogart, like many actors, had a small dressing room and
wore his own clothes onscreen. / Bogart hatte, wie viele
Schauspieler, nur eine kleine Garderobe und trug im
Film seine eigene Kleidung. / Comme beaucoup
d'acteurs, Bogart possède une petite loge et porte ses
propres vêtements à l'écran.

STILL FROM 'SWING YOUR LADY' (1938)
This Ozarks comedy was one of the many reasons for
Bogart's growing disillusionment with Warners. / Diese
Komödie, die in den Ozarks spielt, war einer von vielen
Gründen für Bogarts wachsende Enttäuschung über
Warner Bros. / Cette comédie burlesque tournée dans
les Ozarks, au fin fond du Missouri, est l'une des
nombreuses raisons qui poussent Bogart à désespérer
de la Warner.

*"The only true test [of acting ability] would be to
have every actor play Hamlet and decide who is
best."*
Humphrey Bogart

*„Der einzig wahre Test schauspielerischer
Fähigkeiten wäre es, jeden Schauspieler Hamlet
spielen zu lassen und dann zu entscheiden, wer der
Beste ist."*
Humphrey Bogart

*« Le seul véritable test [du talent d'acteur] serait de
faire jouer Hamlet à chaque comédien pour
décider qui est le meilleur. »*
Humphrey Bogart

STILL FROM 'CRIME SCHOOL' (1938)
Bogart teams up again with the 'Dead End' kids, but
without a dynamic script and director. / Bogart steht
wieder mit den Jungen aus *Sackgasse* vor der Kamera,
aber diesmal fehlen dem Drehbuch und Regisseur die
Dynamik. / Bogart retrouve les gamins de *Rue sans
issue*, avec un scénario et un réalisateur hélas moins
dynamiques.

PORTRAIT (1936)
Bogart 'projects' the image of a 'classic' actor, again for
the benefit of the publicity department at Warners. /
Bogart soll das Image eines „klassischen" Schauspielers
„vermitteln" – auch hier wieder für die Werbeabteilung
von Warner Bros. / Bogart « projette » l'image d'un
acteur « classique », là encore pour le compte du
service marketing de la Warner.

PORTRAIT (1939)
The silly things publicity departments ask artists to do
and put up with. / Ein Beispiel für den Schwachsinn,
den sich die Werbeabteilungen einfallen ließen und die
Künstler ertragen mussten. / Le genre d'inepties que les
services marketing font subir aux artistes.

ON THE SET OF 'MEN ARE SUCH FOOLS' (1938)
Bogart and Hugh Herbert take a break from making another fluff movie to photograph Priscilla Lane. / Während einer Drehpause für einen weiteren belanglosen Streifen fotografieren Bogart und Hugh Herbert ihre Kollegin Priscilla Lane. / Bogart et Hugh Herbert photographient Priscilla Lane pendant le tournage d'une nouvelle comédie légère.

"I was born indolent and this [acting] was the softest of rackets."
Humphrey Bogart

„Ich bin von Geburt aus faul, und die Schauspielerei war der bequemste aller Berufe."
Humphrey Bogart

« Je suis d'un naturel indolent et ceci [le métier d'acteur] était la plus douce des escroqueries. »
Humphrey Bogart

ON THE SET OF 'THE AMAZING DR. CLITTERHOUSE' (1938)

Bogart resented being second-billed to tough guys like
Edward G. Robinson, James Cagney and George Raft. /
Bogart störte es, dass er stets an zweiter Stelle genannt
wurde – nach den Darstellern harter Burschen wie
Edward G. Robinson, James Cagney und George Raft. /
Bogart frustré de jouer les seconds rôles aux côtés
d'Edward G. Robinson, James Cagney ou George Raft.

ADVERT FOR 'RACKET BUSTERS' (1938)

PORTRAIT FOR 'RACKET BUSTERS' (1938)
A mediocre gangster film at the end of the
gangster cycle with Bogart as John "Czar" Martin. /
Ein mittelmäßiger Gangsterfilm am Ende des
Gangsterzyklus mit Bogart als John „Czar" Martin. /
Film médiocre où Bogart incarne le gangster John
Martin, alias « Czar ».

**STILL FROM 'ANGELS WITH DIRTY FACES'
(1938)**
As crooked lawyer James Frazier, Bogart is buried
by the expressionistic performance of star James
Cagney. / In der Rolle des korrupten Rechtsanwalts
James Frazier wird Bogarts Leistung von James
Cagneys expressionistischer Darstellung in den
Schatten gestellt. / Dans le rôle de l'avocat véreux
James Frazier, Bogart est éclipsé par le jeu
expressionniste de James Cagney.

*"You're not a star until they can spell your name in
Karachi."*
Humphrey Bogart

*„Du bist erst dann ein Star, wenn sie deinen Namen
auch in Karatschi buchstabieren können."*
Humphrey Bogart

*« Vous n'êtes pas une star tant qu'on ne sait pas
écrire votre nom à Karachi. »*
Humphrey Bogart

**STILL FROM 'ANGELS WITH DIRTY FACES'
(1938)**
Frazier betrays his client, but he will pay for it. / Frazier
muss dafür büßen, dass er seinen Klienten hintergeht. /
La trahison de son client va coûter cher à Frazier.

**STILL FROM 'KING OF THE UNDERWORLD'
(1939)**
Gangster Joe Gurney gets his eyes checked by
compassionate doctor Carole Nelson (Kay Francis). /
Der Gangster Joe Gurney lässt sich von der
mitleidsvollen Ärztin Carole Nelson (Kay Francis) die
Augen untersuchen. / Le gangster Joe Gurney se fait
examiner par le docteur Carole Nelson (Kay Francis).

**ADVERT FOR 'KING OF THE UNDERWORLD'
(1939)**
Exploiting Bogart's gangster image. / Hier schlägt man
Kapital aus Bogarts Gangsterimage. / Exploitation de
l'image de gangster de Bogart.

STILL FROM 'VIRGINIA CITY' (1940)
Bogart's 'swarthy' looks and a fake mustache enhance
his villainous image. / Bogarts „dunkles"
Erscheinungsbild und ein falscher Schnurrbart
verstärken sein Bild als Bösewicht. / Son air « basané »
et sa fausse moustache accentuent son allure de bandit.

ON THE SET OF 'THE OKLAHOMA KID' (1939)
Bogart plays second fiddle again. He even needs James
Cagney's help to get up. / Bogart spielt schon wieder
die zweite Geige. Sogar zum Aufstehen ist er auf die
Hilfe von James Cagney angewiesen. / Éternel second
rôle, Bogart a besoin de James Cagney pour l'aider à se
relever.

ON THE SET OF 'DARK VICTORY' (1939)
Bogart as Michael O' Leary, terribly miscast as Bette
Davis' Irish stable foreman. / Bogart als Michael
O'Leary, fürchterlich fehlbesetzt als der irische
Stallmeister von Judith Traherne (Bette Davis). / Bogart
terriblement à contre-emploi en dresseur de chevaux
irlandais employé par Bette Davis.

STILL FROM 'DARK VICTORY' (1939)
But at least he was not playing a one-dimensional
villain. / Wenigstens spielte er keinen farblosen
Schurken. / Un rôle qui le change des personnages de
méchants caricaturaux …

STILL FROM 'THE ROARING TWENTIES' (1939)
This Raoul Walsh-directed film is far better than most.
It is an elegy to the gangster film cycle now at its official
end. / Dieser Film unter der Regie von Raoul Walsh war
weitaus besser als die meisten anderen. Er ist der
Abgesang auf den Zyklus von Gangsterfilmen, der nun
ganz offiziell am Ende ist. / Bien supérieur à la moyenne,
ce film de Raoul Walsh est une ode aux histoires de
gangster, dont l'âge d'or est officiellement terminé.

**ADVERT FOR 'YOU CAN'T GET AWAY WITH
MURDER' (1939)**
As Frank Wilson in yet another Warners cheapie. /
Als Frank Wilson in einer weiteren Billigproduktion für
Warner Bros. / Dans le rôle de Frank Wilson pour une
autre série B de la Warner.

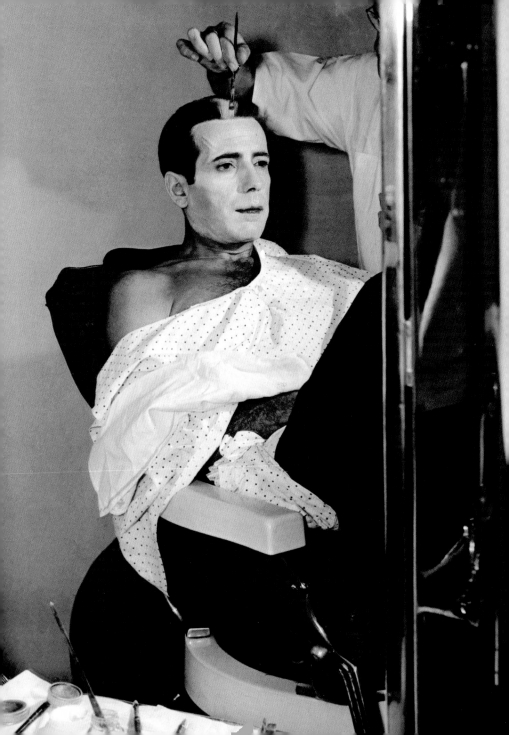

STILL FROM 'THE RETURN OF DR. X' (1939)
Bogart dies in most of his Warners films, allowing him to move directly onto the set of his next film. / In den meisten Filmen für Warner Bros. stirbt Bogart und hat so die Möglichkeit, gleich zu seinem nächsten Film überzugehen. / Bogart meurt dans la plupart des films de la Warner, ce qui lui permet d'enchaîner rapidement les tournages.

ON THE SET OF 'THE RETURN OF DR. X' (1939)
Having his make-up applied. / In der Maske. / Séance de maquillage.

PAGES 76/77
ON THE SET OF 'INVISIBLE STRIPES' (1939)
This prison shower scene with George Raft was quite risqué for its time. / Diese Szene im Duschraum des Gefängnisses war für ihre Zeit recht gewagt. / Cette scène, où Bogart prisonnier se douche aux côtés de George Raft, est assez osée pour l'époque.

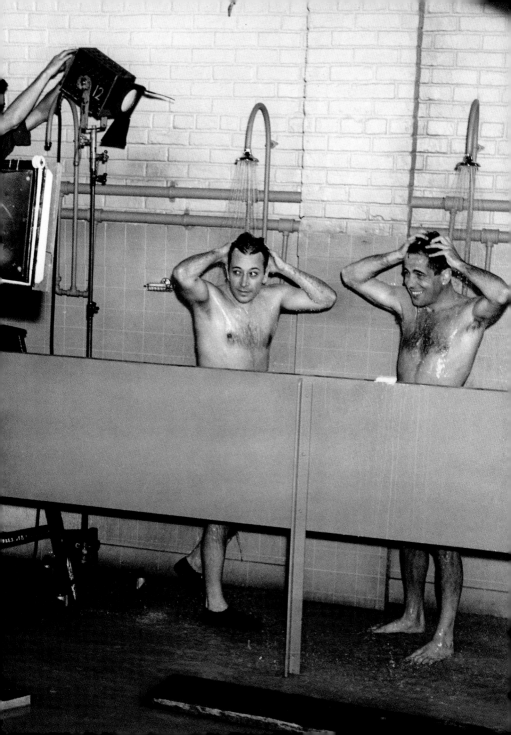

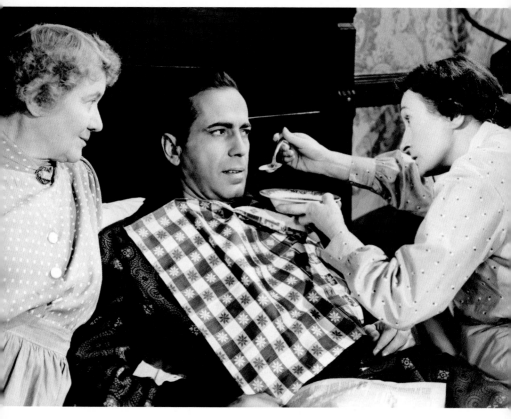

STILL FROM 'IT ALL CAME TRUE' (1940)
Gangster Grasselli is forcefed by Maggie and Norah as
he hides out from the law. / Der Gangster Grasselli wird
von Maggie und Norah zwangsernährt, während er sich
vor der Polizei versteckt. / Grasselli, gangster en cavale,
est nourri de force par Maggie et Norah.

"You know, I think I owe my career to Clark Gable.
He was a pioneer. Once it was found that women
raved over him, big ears and all, the way was
cleared for all us ugly mugs."
Humphrey Bogart

„Wissen Sie, ich glaube, ich verdanke meine
Karriere Clark Gable. Er war ein Pionier. Als man
festgestellt hatte, dass die Frauen bei diesem
Typen mit seinen Riesenohren und alldem ins
Schwärmen gerieten, da war die Bahn frei für
hässliche Visagen wie meine."
Humphrey Bogart

« Vous savez, je crois que je dois ma carrière à
Clark Gable. C'était un pionnier. Une fois qu'on a
découvert que les femmes étaient folles de lui avec
ses grandes oreilles, il a ouvert la voie à toutes les
salles gueules comme la mienne. »
Humphrey Bogart

ON THE SET OF 'BROTHER ORCHID' (1940)
A classic gangster comedy which rips apart the
conventions of the genre. / Eine klassische
Gangsterkomödie, die die Konventionen des Genres in
Stücke reißt. / Une comédie de gangsters qui met à mal
les conventions du genre.

STILL FROM 'THEY DRIVE BY NIGHT' (1940)
Bogart registers a powerful performance as working-
class trucker struggling to survive. / Bogart gibt eine
eindrucksvolle darstellerische Leistung als Lkw-Fahrer,
der ums Überleben kämpft. / Puissante interprétation
de Bogart en camionneur luttant pour sa survie.

PORTRAIT
Bicycle: a common form of transportation around
Warner's studio. / Das Fahrrad war ein verbreitetes
Fortbewegungsmittel auf dem Studiogelände der
Warner Bros. / Le vélo, moyen de transport courant
dans les studios de la Warner.

PAGE 82
PORTRAIT FOR 'HIGH SIERRA' (1941)
With the help of wife Mayo Methot, Bogart finally
captures the role of a lifetime. / Mit Unterstützung
seiner Ehefrau Mayo Methot ergattert Bogart endlich
die Rolle seines Lebens. / Avec l'aide de son épouse
Mayo Methot, Bogart décroche enfin le rôle de sa vie.

LEADING MAN

HAUPTROLLEN

LA STAR

ON THE SET OF 'HIGH SIERRA' (1941)
Director Raoul Walsh runs actors Henry Travers and
Bogart through their lines. / Regisseur Raoul Walsh geht
mit den Schauspielern Henry Travers und Humphrey
Bogart den Text durch. / Le réalisateur Raoul Walsh fait
répéter Henry Travers et Humphrey Bogart.

PORTRAIT FOR 'HIGH SIERRA' (1941)
Bogart's performance as "Mad Dog" Earle transforms
his career and shapes the noir anti-hero. / Bogarts
schauspielerische Leistung als „Mad Dog" Earle gibt
seiner Karriere eine neue Richtung und dem Antihelden
des *Film noir* eine Vorlage. / Son interprétation du
personnage de Roy Earle transforme sa carrière et
donne naissance à l'antihéros de film noir.

STILL FROM 'HIGH SIERRA' (1941)
The fatherly gangster with his young lover and admirer
Marie Garson (Ida Lupino). / Der väterliche Gangster
mit seiner jungen Geliebten und Bewunderin Marie
Garson (Ida Lupino). / Le gangster paternel et sa jeune
maîtresse et admiratrice Marie Garson (Ida Lupino).

*"I wouldn't give you two cents for a dame without a
temper."*
Roy Earle, 'High Sierra' (1941)

*„Ich würde dir keine zwei Cents geben für eine
Puppe ohne Temperament."*
Roy Earle, *Entscheidung in der Sierra* (1941)

*« Je ne donnerais pas deux sous pour une dame
sans tempérament. »*
Roy Earle, *La Grande Évasion* (1941)

STILL FROM 'HIGH SIERRA' (1941)
Pursued and isolated in the mountains, the classic
noir protagonist fights back. / Verfolgt und in die
Abgeschiedenheit der Berge getrieben, setzt sich der
klassische Protagonist des *Film noir* zur Wehr. /
Pourchassé et isolé dans la montagne, le héros solitaire
contre-attaque.

STILL FROM 'THE WAGONS ROLL AT NIGHT' (1941)
Although this film was no challenge for Bogart, it made more money than 'The Maltese Falcon.' / Obwohl der Film für Bogart keine Herausforderung war, brachte er ihm mehr Geld ein als *Die Spur des Falken*. / Bien que ce film n'ait guère marqué sa carrière, il rapporte plus d'argent que *Le Faucon maltais*.

"I would have liked to be anything but an actor. It's such a stupid thing to be."
Humphrey Bogart

„Ich wäre gern alles andere gewesen, nur kein Schauspieler. Das ist so ein bescheuerter Beruf."
Humphrey Bogart

« J'aurais aimé être n'importe quoi, sauf acteur. C'est un métier tellement idiot. »
Humphrey Bogart

**STILL FROM 'THE WAGONS ROLL AT NIGHT'
(1941)**
Bogart wants to protect his "pure" sister Mary (Joan
Leslie) from suitor Matt Varney (Eddie Albert). / Bogart
möchte seine „unschuldige" Schwester Mary (Joan
Leslie) vor ihrem Freier Matt Varney (Eddie Albert)
schützen. / Bogart protège la « pureté » de sa sœur
Mary (Joan Leslie) contre les avances de Matt Varney
(Eddie Albert).

"Physically, I'm not tough. I may think tough.
I would say I'm kinda tough and calloused inside.
I could use a foot more in height and fifty more
pounds and fifteen years off my age and then God
help all you bastards."
Humphrey Bogart

„Körperlich bin ich kein harter Burscher – in
Gedanken vielleicht. Ich würde sagen, innerlich bin
ich irgendwie abgehärtet. Wenn ich einen Fuß
größer wäre und fünfzig Pfund schwerer und
fünfzehn Jahre jünger, dann – Gnade euch Gott,
ihr Bastarde!"
Humphrey Bogart

« Physiquement, je ne suis pas un dur. Je peux
être dur mentalement. Je dirais que je suis dur
et insensible à l'intérieur. Si je faisais trente
centimètres et vingt-cinq kilos de plus et si j'avais
quinze ans de moins, les salauds n'auraient qu'à
bien se tenir. »
Humphrey Bogart

"Bogart can be a tough guy without a gun. Also he
has a sense of humor that contains the grating
undertone of contempt."
Raymond Chandler, writer

„Bogart kann ohne Waffe hart sein. Außerdem
besitzt er einen Sinn für Humor mit dem
knirschenden Unterton der Verachtung."
Raymond Chandler, Schriftsteller

« Bogart peut être un dur sans revolver. Il possède
également un sens de l'humour qui contient une
note de mépris grinçant. »
Raymond Chandler, écrivain

PORTRAIT FOR 'THE MALTESE FALCON'
(1941)
For generations to come, Bogart incarnates Dashiell
Hammett's noir detective Sam Spade. / Auch für
nachfolgende Generationen blieb Bogart vor allem die
Inkarnation von Dashiell Hammetts Film-noir-Detektiv
Sam Spade. / Pour toutes les générations à venir, Bogart
incarnera le détective Sam Spade créé par Dashiell
Hammett.

PAGES 92/93
STILL FROM 'THE MALTESE FALCON' (1941)
The brilliant ensemble cast (left to right: Bogart, Peter
Lorre, Mary Astor, and Sydney Greenstreet) holds "the
stuff that dreams are made of." / Das glänzende
Schauspielerensemble (von links nach rechts: Bogart,
Peter Lorre, Mary Astor und Sydney Greenstreet) hält
„den Stoff, aus dem Träume sind" in Händen. / Un
prestigieux casting (de gauche à droite : Bogart, Peter
Lorre, Mary Astor et Sydney Greenstreet) fasciné par
l'objet de tous les désirs.

STILL FROM 'THE MALTESE FALCON' (1941)
Hardboiled ethics even include the woman you love.
Bogart threatens the duplicitous Brigid (Mary Astor). /
Die Ethik der „Hartgesottenen" macht auch vor der
Frau, die man liebt, nicht Halt. Sam (Bogart) droht Brigid
(Mary Astor), die ein doppeltes Spiel treibt. / Une
morale implacable s'applique aussi à la femme qu'on
aime. Bogart menace la fourbe Brigid (Mary Astor).

*"I'll be waiting for you. If they hang you, I'll always
remember you."*
Sam Spade to Brigid, 'The Maltese Falcon' (1941)

*„Ich werde auf dich warten. Wenn sie dich
aufhängen, werde ich dich in guter Erinnerung
behalten."*
Sam Spade zu Brigid, *Die Spur des Falken* (1941)

*« Je t'attendrai. S'ils te pendent, je ne t'oublierai
jamais. »*
Sam Spade à Brigid, *Le Faucon maltais* (1941)

STILL FROM 'THE MALTESE FALCON' (1941)
A more romantic moment between the noir couple. /
Ein etwas romantischerer Augenblick zwischen dem
Film-noir-Pärchen. / Scène plus romantique entre les
amants maudits.

==

STILL FROM 'ALL THROUGH THE NIGHT'
(1942)
As a veteran of World War One, Bogart was forced to battle World War Two onscreen. / Bogart, der selbst ein Veteran des Ersten Weltkriegs war, kämpfte auf der Leinwand im Zweiten. / Vétéran de la Première Guerre mondiale, Bogart combat dans la Seconde à l'écran.

"I'd never hit a lady, they're too dangerous."
Humphrey Bogart

„Ich würde nie eine Dame schlagen. Die sind zu gefährlich."
Humphrey Bogart

« Je ne frapperais jamais une femme, elles sont trop dangereuses. »
Humphrey Bogart

STILL FROM 'THE BIG SHOT' (1942)
Bogart brings the emotional baggage from 'High Sierra'
to his portrayal of another aging convict. / Bogart bringt
die Gefühlswelt aus *Entscheidung in der Sierra* in die
Darstellung eines weiteren alternden Sträflings ein. /
Bogart apporte le bagage émotionnel de *La Grande
Évasion* dans ce portrait d'un autre prisonnier
vieillissant.

PAGES 98/99
STILL FROM 'ACROSS THE PACIFIC' (1942)
Bogart reunites with director John Huston and Mary
Astor (under pillow) to fight the war. / Bogart arbeitet
in diesem Kriegsstreifen wieder mit Regisseur John
Huston und mit Mary Astor (unter dem Kissen)
zusammen. / Bogart retrouve le réalisateur John Huston
et sa partenaire Mary Astor (sous l'oreiller) dans un film
de guerre.

STILL FROM 'CASABLANCA' (1942)
Bogart projects the wounded, vulnerable quality that endeared him to audiences. Peter Lorre watches curiously. / Bogart zeigt jene Verletztheit und Verwundbarkeit, die das Publikum an ihm so sehr schätzte. Peter Lorre beobachtet ihn interessiert. / Bogart arbore l'air blessé et vulnérable qui lui attire la sympathie du public, sous le regard intrigué de Peter Lorre.

PORTRAIT FOR 'CASABLANCA' (1942)
The film that did more to help Bogart keep his iconic status through the decades. / Dieser Film trug über die Jahrzehnte wohl am meisten dazu bei, dass Bogart seinen Status als Ikone aufrechterhalten konnte. / Le film qui contribuera le plus au mythe Bogart au fil des décennies.

STILL FROM 'CASABLANCA' (1942)
Everyone has an angle in Casablanca. Here Sydney
Greenstreet tries one on the alienated Bogart. /
In Casablanca verfolgt jeder ein bestimmtes Ziel. Hier
versucht Ferrari (Sydney Greenstreet) sein Glück bei
einem missmutigen Rick (Bogart). / À Casablanca,
chacun a son point de vue. Sydney Greenstreet tente
d'imposer le sien à un Bogart désabusé.

ON THE SET OF 'CASABLANCA' (1942)
Bogart and Ingrid Bergman in the idyllic flashback to
happier times in Paris. / Bogart und Ingrid Bergman in
der idyllischen Rückblende auf glücklichere Zeiten in
Paris. / Bogart et Ingrid Bergman dans le flash-back
rappelant leur idylle à Paris.

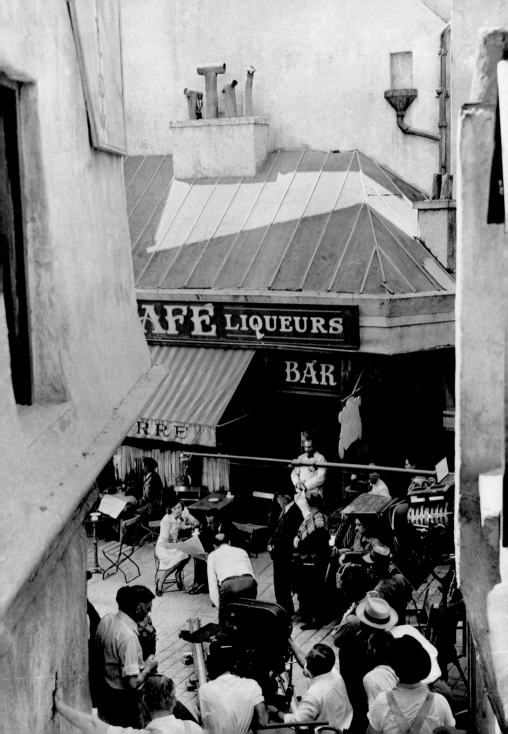

STILL FROM 'CASABLANCA' (1942)
"If she can stand it, I can. Play it." / „Wenn sie es aushält, halte auch ich es aus. Spiel's." / «Si elle peut le supporter, moi aussi. Joue!»

"Of all the gin joints, in all the towns, in all the world, she had to walk into mine."
Rick Blaine, 'Casablanca' (1942)

„Von allen Kaschemmen in allen Städten der ganzen Welt kommt sie ausgerechnet in meine."
Rick Blaine, Casablanca (1942)

«De tous les bars, de toutes les villes dans le monde, il fallait qu'elle entre dans le mien!»
Rick Blaine, Casablanca (1942)

SONGSHEET FOR 'AS TIME GOES BY' (1942)

STILL FROM 'CASABLANCA' (1942)

The love triangle plus one. Ingrid, her husband Paul
Henreid, her lover Bogart, and the slippery Captain
Claude Rains defy the Nazis. / Das Dreiecksverhältnis
plus eins. Ilsa (Bergman), ihr Ehemann Victor (Paul
Henreid), ihr Liebhaber Rick (Bogart) und der gerissene
Capitaine Renault (Claude Rains) schlagen den Nazis
ein Schnippchen. / Ilsa (Ingrid Bergman), son mari (Paul
Henreid), son amant (Bogart) et le capitaine Renault
(Claude Rains) défient les nazis.

STILL FROM 'CASABLANCA' (1942)
A mess of a production that no one thought would live beyond the year of release, 'Casablanca' has become immortal. / Die Produktion verlief so chaotisch, dass kaum jemand glaubte, man würde sich im nächsten Jahr noch an den Film erinnern – doch *Casablanca* wurde unsterblich. / Tourné en catastrophe, ce film sur lequel personne n'aurait parié un sou deviendra un immortel chef-d'œuvre.

"Anytime that Ingrid Bergman looks at a man, he has sex appeal."
Humphrey Bogart

„Jedesmal, wenn Ingrid Bergman einen Mann anschaut, dann hat er Sex-Appeal."
Humphrey Bogart

« Chaque fois qu'Ingrid Bergman regarde un homme, il a du sex-appeal. »
Humphrey Bogart

**STILL FROM 'ACTION IN THE NORTH
ATLANTIC' (1943)**
Merchant marine lieutenant Bogart confers with captain
Raymond Massey to battle the Nazis. / Als Leutnant
der Handelsmarine berät Bogart mit dem Kapitän
(Raymond Massey), wie man die Nazis schlagen
könnte. / Lieutenant dans la marine marchande, Bogart
discute avec le capitaine (Raymond Massey) pour
combattre les nazis.

**STILL FROM 'ACTION IN THE NORTH
ATLANTIC' (1943)**
Bogart on lookout. / Bogart am Ausguck. / Bogart en
vigie.

STILL FROM 'SAHARA' (1943)
Classic propaganda film with tank commander Bogart defeating the Germans in the North African desert. / Ein klassischer Propagandafilm mit Bogart als Panzerkommandant, der in der Wüste von Nordafrika erfolgreich deutsche Truppen bekämpft. / Film de propagande où le commandant d'un tank (Bogart) défait les Allemands dans le désert nord-africain.

STILL FROM 'PASSAGE TO MARSEILLE' (1944)
To capitalize on the success of 'Casablanca,' Warners reunited director and cast, with only limited success. / Um aus dem Erfolg von *Casablanca* Kapital zu schlagen, bringt Warner Bros. den Regisseur und die Hauptdarsteller des Films noch einmal zusammen, allerdings mit mäßigem Erfolg. / La Warner réunit à nouveau les acteurs et le réalisateur de *Casablanca*, sans pour autant obtenir le même succès.

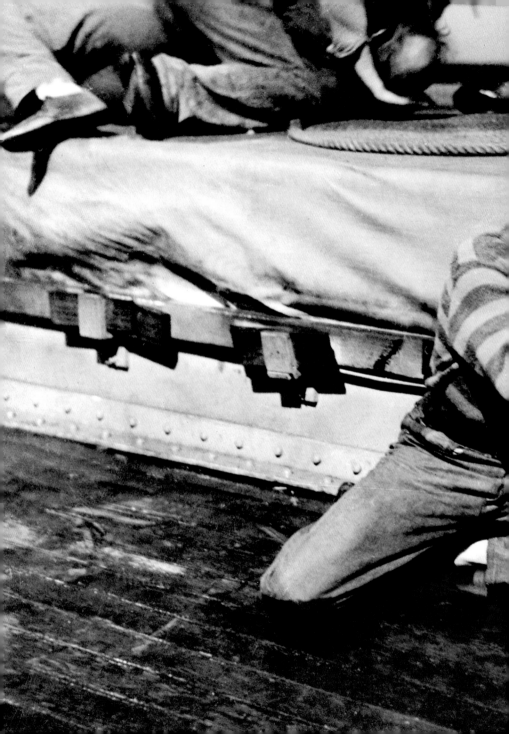

STILL FROM 'TO HAVE AND HAVE NOT' (1944)
Bogart finds his equal in the sassy nightclub performer
and anti-fascist Lauren Bacall. / Bogart findet eine
Gleichgesinnte in der dreisten Nachtclubsängerin und
Widerstandskämpferin „Slim" (Lauren Bacall). / Harry
(Bogart) trouve son double dans une belle insolente qui
chante dans les bars (Lauren Bacall).

PAGES 112/113
STILL FROM 'PASSAGE TO MARSEILLE' (1944)
As Jean Matrac, Bogart escapes Devil's Island to fight
the French fascists, literally and figuratively. / Als Jean
Matrac kann Bogart von der Teufelsinsel fliehen, um
gegen französische Faschisten zu kämpfen – sowohl im
wörtlichen als auch im übertragenen Sinn. / Jean
Matrac (Bogart) s'échappe de l'île du Diable pour
combattre le régime de Vichy.

**PORTRAIT FOR 'TO HAVE AND HAVE NOT'
(1944)**
The film initiated a real-life relationship between Bogart
and Bacall that continued until his death. / Mit dem Film
begann auch die private Beziehung zwischen Bogart
und Bacall, die bis zu seinem Tod andauerte. / Entre
Bogart et Bacall, ce tournage marque le début d'un
amour qui durera jusqu'à sa mort.

ON THE SET OF 'CONFLICT' (1945)
Bogart often played chess on the set and was quite proficient, revealing his more intellectual side. / Dass Bogart während der Dreharbeiten oft Schach spielte und darin recht gut war, zeigte seine intellektuellere Seite. / Grand adepte des échecs sur les plateaux de tournage, Bogart révèle ainsi son côté cérébral.

STILL FROM 'CONFLICT' (1945)
In this classic noir film Bogart sinks deeper into the world of murder, madness, and deception. / In diesem Klassiker des *Film noir* versinkt Bogart als Richard Mason immer tiefer in einem Morast aus Mord, Wahnsinn und Betrug. / Un classique du genre où Bogart s'enfonce dans un monde de violence, de mensonge et de folie.

STILL FROM 'THE BIG SLEEP' (1946)
After nailing noir detective Sam Spade for future
generations, Bogart does the same for Raymond
Chandler's Philip Marlowe. / Nachdem er die Figur des
Film-noir-Privatdetektivs Sam Spade für alle Zeiten
festgelegt hatte, tat Bogart hier das Gleiche für
Raymond Chandlers Philip Marlowe. / Après avoir
immortalisé le personnage de Sam Spade, Bogart en fait
de même pour le détective Philip Marlowe de Raymond
Chandler.

STILL FROM 'THE BIG SLEEP' (1946)

STILL FROM 'THE BIG SLEEP' (1946)
The "bad sister" Carmen Sternwood (Martha Vickers),
drug addict and nymphomaniac, brings out the
reluctant "knight errant" in Marlowe. / Vivians
„böse Schwester" Carmen (Martha Vickers), eine
drogenabhängige Nymphomanin, bringt den „fahrenden
Ritter wider Willen" in Marlowe zum Vorschein. /
Carmen Sternwood (Martha Vickers), nymphomane
droguée, révèle le «chevalier errant» qui sommeille en
Marlowe.

STILL FROM 'THE BIG SLEEP' (1946)
Lauren Bacall, as the sensual and level-headed Vivian
Sternwood, helps Marlowe out of another scrape. /
In der Rolle der sinnlichen und besonnenen Vivian
Sternwood hilft Lauren Bacall Marlowe wieder einmal
aus der Patsche. / Pleine de sensualité et de sang-froid,
Vivian Sternwood (Lauren Bacall) sort Marlowe d'un
mauvais pas.

PORTRAIT
In 1946 Bogart became the highest-paid actor in
the world, allowing him to afford the luxuries of life, like
golf ... / Im Jahre 1946 wurde Bogart zum bestbezahlten
Schauspieler der Welt, so dass er sich luxuriöse Hobbys
leisten konnte – wie zum Beispiel das Golfen ... /
En 1946, Bogart devient l'acteur le mieux payé au
monde. À lui les joies du golf ...

PORTRAIT
... and sailing. Bogart would soon purchase his beloved
yacht *Santana*. / ... und das Segeln. Wenig später kaufte
sich Bogart seine geliebte Jacht *Santana*. / ... et de la
plaisance, à bord notamment de son yacht, le Santana.

PAGES 124/125
STILL FROM 'DEAD RECKONING' (1947)
Bogart refines the character of the alienated veteran
who finds his doom in *femme fatale* Lizabeth Scott. /
Bogart verfeinert die Figur des entfremdeten
Veteranen, den eine *Femme fatale* (Lizabeth Scott) ins
Verderben stürzt. / Bogart peaufine son personnage
d'ancien combattant désabusé qui croise son destin
sous les traits d'une femme fatale (Lizabeth Scott).

COMMITTEE FOR THE FIRST AMENDMENT (1947)

Bogart and Bacall lead a group of actors to protest the Red 'witch hunts' perpetrated by the HUAC hearings. / Bogart und Bacall führen eine Gruppe von Schauspielern an, die gegen die „Hexenjagd" auf Kommunisten durch die Anhörungen des HUAC protestieren. / Bogart et Bacall à la tête d'un groupe d'acteurs venus protester contre la « chasse aux sorcières » au sein de l'industrie cinématographique.

PAGES 128/129
STILL FROM 'DARK PASSAGE' (1947)

Bogart is an escaped convict who has his face altered and tries to clear his name. / Bogart spielt einen Ausbrecher, der sein Gesicht operativ verändern lässt, um anschließend Beweise für seine Unschuld zu sammeln. / Bogart en prisonnier évadé qui s'est fait refaire le visage pour tenter de prouver son innocence.

PORTRAIT FOR 'THE TWO MRS. CARROLLS' (1947)

Bogart does not excel at playing a long-suffering artist in this gothic mystery with Barbara Stanwyck. / Der leidende Künstler, den Bogart in diesem Gruselfilm mit Barbara Stanwyck spielt, scheint ihm nicht zu liegen. / Bogart n'est guère à son aise dans ce mystère gothique où il incarne un artiste tourmenté aux côtés de Barbara Stanwyck.

ON THE SET OF 'DARK PASSAGE' (1947)
The fight with Young is neatly choreographed by
director Delmer Daves. / Der Kampf mit Young
wurde von Regisseur Delmer Daves sorgfältig
choreographiert. / Le corps à corps avec Young est
parfaitement chorégraphié par le réalisateur Delmer
Daves.

STILL FROM 'DARK PASSAGE' (1947)
Bogart confronts criminal Clifton Young to unravel the
complex mystery concocted by noir novelist David
Goodis. / Bogart stellt den Verbrecher Baker (Clifton
Young) zur Rede, um das komplexe Geheimnis zu lüften,
das sich der Krimi-Autor David Goodis ausgedacht hat. /
Bogart affronte le criminel (Clifton Young) pour
élucider l'épais mystère concocté par le romancier
David Goodis.

ON THE SET OF 'THE TREASURE OF THE SIERRA MADRE' (1948)
The cast and crew try to cool off in the hot Mexican sun. / Stab und Schauspieler suchen Abkühlung in der Hitze Mexikos. / Acteurs et techniciens tentent de se rafraîchir sous le soleil torride du Mexique.

ON THE SET OF 'THE TREASURE OF THE SIERRA MADRE' (1948)
Director John Huston (foreground) confers with Bogart, who plays the wily and greedy Fred C. Dobbs. / Regisseur John Huston (vorn) berät sich mit Bogart, der den verschlagenen und raffgierigen Fred C. Dobbs spielt. / Le réalisateur John Huston (au premier plan) discute avec Bogart, qui campe un aventurier rusé et rapace.

"Himself, he never took too seriously – his work, most seriously. He regarded the somewhat gaudy figure of Bogart, the star, with amused cynicism; Bogart, the actor, he held in deep respect."
John Huston, producer/director

„Er nahm sich selbst nie besonders ernst, seine Arbeit dafür umso mehr. Er betrachtete die etwas schillernde Figur des Stars Bogart amüsiert zynisch, aber vor dem Schauspieler Bogart zeigte er große Ehrfurcht."
John Huston, Produzent/Regisseur

«Lui-même, il ne se prenait jamais très au sérieux, mais son travail, c'était une autre affaire. Il considérait le personnage quelque peu tapageur de Bogart la star avec un cynisme amusé, mais pour Bogart l'acteur, il avait le plus grand respect.»
John Huston, producteur/réalisateur

STILL FROM 'THE TREASURE OF THE SIERRA MADRE' (1948)
Walter Huston, the director's father, as the cantankerous prospector and Dobbs as his partner in treasure hunting. / Walter Huston, der Vater des Regisseurs, geht in der Rolle des mürrischen Goldsuchers Howard mit seinem Partner Dobbs auf Schatzsuche. / Walter Huston, le père du réalisateur, en chercheur d'or irascible auquel Dobbs (Bogart) va s'associer.

ON THE SET OF 'KEY LARGO' (1948)
Bogart took his craft seriously and was one of the
hardest working actors in Hollywood. / Bogart nahm
sein Handwerk ernst und gehörte zu den am härtesten
arbeitenden Schauspielern in Hollywood. / Bogart, qui
prend son métier très au sérieux, est l'un des
comédiens les plus bosseurs de Hollywood.

ON THE SET OF 'KEY LARGO' (1948)

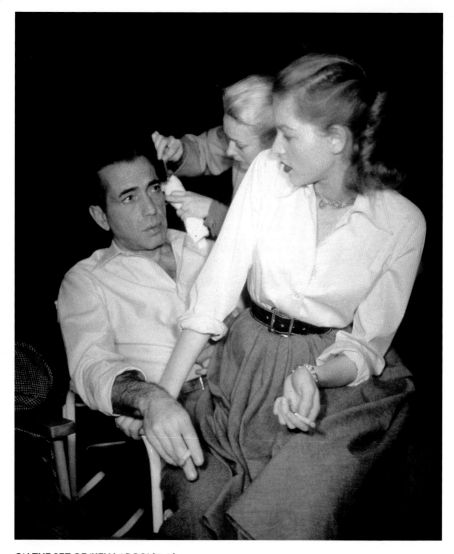

ON THE SET OF 'KEY LARGO' (1948)
Husband and wife share intimacy, as well as cigarettes, on the set. / Das Ehepaar gönnt sich während der Dreharbeiten eine Zigarettenpause zu zweit. / Instant d'intimité entre mari et femme, le temps d'une cigarette sur le plateau de tournage.

ON THE SET OF 'KEY LARGO' (1948)
As well as being hard-drinking buddies, Huston and Bogart were also consummate professionals. / Huston und Bogart waren nicht nur Trinkkumpane, sondern auch Vollprofis. / Leurs beuveries communes n'empêchent pas Huston et Bogart d'être des professionnels accomplis.

STILL FROM 'KNOCK ON ANY DOOR' (1949)
Bogart formed his own production company, Santana, and starred in its first film with John Derek. / Nach der Gründung seiner eigenen Produktionsfirma Santana spielte Bogart in seinem ersten Film neben John Derek auch eine der Hauptrollen. / Bogart joue avec John Derek dans le premier film de sa propre maison de production.

"I'm not good looking. I used to be, but not anymore. Not like Robert Taylor. What I have got is I have character in my face. When I go to work in a picture I say, 'Don't take the lines out of my face. Leave them there.'"
Humphrey Bogart

„Ich sehe nicht gut aus. Früher mal, aber jetzt nicht mehr. Nicht wie Robert Taylor. Aber ich habe ein Charaktergesicht. Wenn ich einen Film drehe, dann sage ich: ‚Nehmt die Falten nicht aus meinem Gesicht raus. Lasst sie da.'"
Humphrey Bogart

STILL FROM 'TOKYO JOE' (1949)
This mediocre reworking of 'Casablanca' was the kind of film Warners forced him to do. / Dieser mittelmäßige Aufguss von *Casablanca* war typisch für die Filme, zu denen Warner Bros. Bogart zwang. / Ce médiocre remake de *Casablanca* est le type de films que la Warner le contraint à tourner.

« Je ne suis pas beau. Je l'ai été, mais plus maintenant. Pas comme Robert Taylor. Ce que j'ai, c'est un visage qui a du caractère. Quand je joue dans un film, je dis "N'effacez pas les rides de mon visage. Laissez-les." »
Humphrey Bogart

142

STILL FROM 'CHAIN LIGHTNING' (1950)
This was little better than 'Tokyo Joe.' / Auch dieser
Film war kaum besser als *Tokio-Joe*. / Un autre film qui
ne vaut guère mieux que *Tokyo Joe*.

PORTRAIT (1949)
The ecstatic parents with their brand-new baby
Stephen. / Die stolzen Eltern sind von ihrem neuen
Spross Stephen ganz hingerissen. / Des parents en
adoration devant leur nouveau-né, Stephen.

DAMAGED MAN

ANGESCHLAGEN

L'HOMME BLESSÉ

STILL FROM 'IN A LONELY PLACE' (1950)
Bogart becomes angered at what he perceives as his
lover Gloria Grahame's act of disloyalty. / Bogart ist
verärgert über die vermeintliche Untreue seiner
Geliebten (Gloria Grahame). / Dixon (Bogart), furieux
de ce qu'il perçoit comme un manque de loyauté de la
part de sa maîtresse (Gloria Grahame).

PAGE 144
PORTRAIT FOR 'IN A LONELY PLACE' (1950)
Bogart as Dixon Steele, a disturbed and disturbing
character. / Bogart als Dixon Steele, eine ebenso
verstörte wie verstörende Figur. / Bogart alias Dixon
Steele, personnage dérangé et dérangeant.

STILL FROM 'IN A LONELY PLACE' (1950)
The film is both Bogart and director Nicholas Ray's
meditation on alcoholism and male violence,
dysfunctions both men were familiar with. / Sowohl
Bogart als auch Regisseur Nicholas Ray sinnierten
in diesem Film über Alkoholismus und männliche Gewalt - Charakterstörungen, die beiden vertraut waren. /
Ce film est une réflexion de Bogart et du réalisateur
Nicholas Ray sur l'alcoolisme et la violence masculine,
dysfonctionnements dont les deux hommes sont
familiers.

"Whatever it is, be against it."
Humphrey Bogart

„Was auch immer es sein mag, sei dagegen."
Humphrey Bogart

« De quoi qu'il s'agisse, soyez contre. »
Humphrey Bogart

STILL FROM 'IN A LONELY PLACE' (1950)
Bogart lets both his age and his alienation shine through
in this brutally honest portrait of a man consumed by his
demons. / In diesem brutal aufrichtigen Porträt eines
Mannes, der von seinen Dämonen verzehrt wird, lässt
Bogart sowohl sein Alter als auch seine eigene
Entfremdung durchblitzen. / Bogart laisse son âge et
son aliénation transparaître dans ce portrait honnête
et brutal d'un homme rongé par ses démons.

STILL FROM 'THE ENFORCER' (1951)
Bogart's last performance for Warners; a film he considered "out of date" when it was made. / Bogart empfand seinen letzten Film für Warner Bros. schon zum Zeitpunkt der Produktion als „überholt". / Le dernier rôle de Bogart pour la Warner, un film qu'il considère « démodé » dès sa sortie.

"Gary Cooper is not a great actor, but Spencer Tracy is. I'm not a great actor, but when we, Coop and I, come on screen people focus attention on us."
Humphrey Bogart

„Gary Cooper ist kein großer Schauspieler, im Unterschied zu Spencer Tracy. Ich selbst bin kein großer Schauspieler, aber wenn wir – Coop und ich – auf die Leinwand kommen, dann richtet sich die Aufmerksamkeit der Zuschauer auf uns."
Humphrey Bogart

« Gary Cooper n'est pas un grand acteur, contrairement à Spencer Tracy. Je ne suis pas un grand acteur non plus, mais Coop et moi, quand nous apparaissons à l'écran, l'attention se focalise sur nous. »
Humphrey Bogart

STILL FROM 'SIROCCO' (1951)
'Casablanca' again, as another amoral man is caught in the middle of a battle for freedom. / Schon wieder *Casablanca* – und wieder spielt Bogart einen amoralischen Menschen, der in einen Freiheitskampf verstrickt wird. / Encore une histoire inspirée de *Casablanca*, celle d'un homme amoral pris dans un combat pour la liberté.

STILL FROM 'THE AFRICAN QUEEN' (1951)
John Huston comes to the rescue again and lifts Bogart
out of mediocrity to help him win an Academy Award. /
Wieder kommt ihm John Huston zu Hilfe und rettet
Bogart aus dem Mittelmaß mit einer Rolle, für die er mit
einem Academy Award ("Oscar") ausgezeichnet wird. /
John Huston arrive à la rescousse pour sortir Bogart de
la médiocrité et l'aider à remporter un Oscar.

*"Well I ain't sorry for you no more, you crazy,
psalm-singing, skinny old maid."*
Charlie Allnut to Rose, 'The African Queen' (1951)

*„Aber jetzt Sie tun mir nicht mehr leid, Sie
verrückte, psalmensingende, dürre alte Jungfer."*
Charlie Allnut zu Rose, *African Queen* (1951)

*« Eh bien, je n'ai plus pitié de vous, espèce de
vieille fille maigrichonne, bigote et cinglée. »*
Charlie Allnut à Rose, *L'Odyssée de l'African Queen* (1951)

STILL FROM 'THE AFRICAN QUEEN' (1951)
Bogart draws on his now-legendary orneriness to sculpt
the character of Charlie Allnut. / Bogart lässt seine
schon legendäre schlechte Laune spielen, um der Figur
des Charlie Allnut Charakter zu verleihen. / Bogart
puise dans son sale caractère désormais légendaire
pour forger le personnage de Charlie Allnut.

PAGES 154/155
STILL FROM 'THE AFRICAN QUEEN' (1951)
Katharine Hepburn suffered as much as Bogart during
the difficult African shoot. This scene was shot in
England. / Während der schwierigen Dreharbeiten in
Afrika litt Katharine Hepburn ebenso wie Bogart. Diese
Szene entstand allerdings in England. / Il n'y a pas qu'en
Afrique que Katharine Hepburn et Bogart souffrent des
conditions de tournage, puisque cette scène est filmée
en Angleterre.

STILL FROM 'THE AFRICAN QUEEN' (1951)
The film evidenced the obvious respect and chemistry
that existed between Hepburn and Bogart. / Der Film
zeigte den offensichtlichen gegenseitigen Respekt und
die Chemie zwischen Hepburn und Bogart. / Ce film
met en évidence le respect et la connivence qui
unissent Hepburn et Bogart.

*"Bogart, in what is very likely the best performance
of his long career, plays a man who is crude only
on the surface; there is a goodness underneath his
unshaven appearance."*
Bosley Crowther, critic, on 'The African Queen' (1951)

*„In der wahrscheinlich besten schauspielerischen
Leistung seiner langen Karriere spielt Bogart einen
Mann, in dessen harter Schale ein weicher Kern
steckt: Unter seinem unrasierten Äußeren schlägt
ein gutes Herz."*
Kritiker Bosley Crowther über *African Queen* (1951)

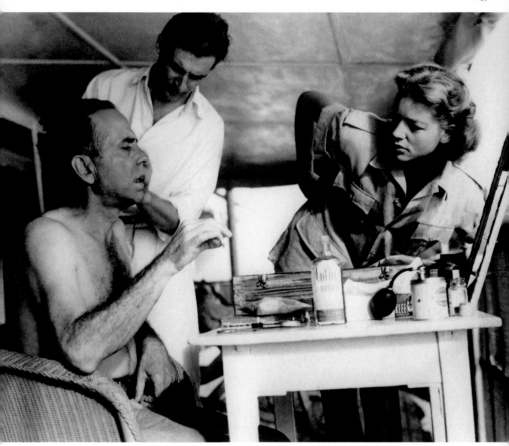

ON THE SET OF 'THE AFRICAN QUEEN' (1951)
Bacall was a constant source of support for Bogart
during the shoot. / Während der Dreharbeiten stand
Bacall ihrem Ehemann stets zur Seite. / Bacall offre un
soutien constant à son mari durant le tournage.

« Bogart, dans ce qui est sûrement la meilleure
interprétation de sa longue carrière, joue un
homme qui n'est grossier qu'en surface; il y a
de la bonté sous son air mal rasé. »
Le critique Bosley Crowther au sujet de L'Odyssée de
l'African Queen **(1951)**

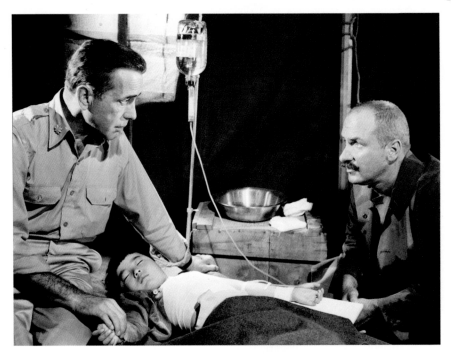

STILL FROM 'BATTLE CIRCUS' (1953)
Bogart as an Army doctor in the Korean war, with
Keenan Wynn as his sergeant. / Bogart spielt einen
Feldarzt im Koreakrieg, Keenan Wynn seinen
Feldwebel. / Bogart en médecin militaire pendant la
guerre de Corée, avec Keenan Wynn pour sergent.

STILL FROM 'DEADLINE U.S.A.' (1952)
Bogart as a dedicated reporter, in this hard-hitting
and critically well-received story of investigative
journalism. / Bogart spielt in dieser schonungslosen und
von der Kritik gelobten Geschichte über investigativen
Journalismus einen Reporter, der ganz in seiner Arbeit
aufgeht. / Bogart en reporter consciencieux, dans un
film percutant sur le journalisme d'investigation.

STILL FROM 'BEAT THE DEVIL' (1953)
A disparate cast, including Bogart and Gina Lollobrigida,
populates this tongue-in-cheek tale concocted by John
Huston and Truman Capote. / Eine ungleiche
Schauspielerriege, zu der auch Bogart und Gina
Lollobrigida zählten, erweckte diese ironische
Geschichte, die sich John Huston und Truman Capote
ausgedacht hatten, zum Leben. / Bogart et Gina
Lollobrigida dans une distribution disparate, pour cette
fable ironique concoctée par John Huston et Truman
Capote.

*"I defend my right to cut a caper if I feel like it, a
man has the right to get rotten drunk and raise
some trouble. The trouble with these young male
stars today is that they have no color, no
imagination."*
Humphrey Bogart

*„Ich bestehe auf meinem Recht, hin und wieder
Dummheiten zu machen, wenn mir danach ist.
Ein Mann hat das Recht, sich sinnlos zu besaufen
und die Sau rauszulassen. Das Problem bei den
männlichen Jungstars von heute ist, dass sie so
farblos und so einfallslos sind."*
Humphrey Bogart

STILL FROM 'BEAT THE DEVIL' (1953)
Bogart with his omnipresent drink and a black eye for good measure. / Bogart mit seinem allgegenwärtigen Drink und obendrein einem blauen Auge. / Bogart avec son éternel verre à la main et un œil au beurre noir pour faire bonne mesure.

PAGES 162/163
ON THE SET OF 'BEAT THE DEVIL' (1953)
Cast and crew take a break: Bogart is in black overcoat; Huston sits middle; Peter Lorre reclines. / Stab und Schauspieler legen eine Pause ein: Bogart im schwarzen Mantel, Huston sitzend in der Mitte, Peter Lorre zurückgelehnt. / L'heure de la pause : Bogart en manteau noir, Huston assis au milieu, Peter Lorre étendu.

« Je défends mon droit à faire le fou si j'en ai envie, tout le monde a le droit de boire comme un trou et de semer la pagaille. Le problème des jeunes vedettes masculines, aujourd'hui, c'est qu'elles n'ont ni couleur, ni imagination. »
Humphrey Bogart

STILL FROM 'THE CAINE MUTINY' (1954)
Queeg rules with an iron hand on his ship. / Queeg herrscht mit eiserner Hand über sein Schiff. / Queeg règne d'une poigne de fer sur son équipage.

"Ahh, but the strawberries, that's ... that's where I had them. They laughed at me and made jokes but I proved beyond the shadow of a doubt and with ... geometric logic ..."
Lt. Commander Queeg, 'The Caine Mutiny' (1954)

„Ahh, aber die Erdbeeren, die ... die hatte ich doch hier. Sie lachten mich aus und machten Witze, aber ich konnte zweifelsfrei beweisen und mit ... geometrischer Logik ..."
Lieutenant Commander Queeg, *Die Caine war ihr Schicksal* **(1954)**

« Ah, mais les fraises, c'est ... c'est là que je les ai eus. Ils ont ri et se sont moqués de moi, mais j'ai prouvé sans l'ombre d'un doute et avec ... une logique géométrique ... »

STILL FROM 'THE CAINE MUTINY' (1954)
A deeply damaged man: Lt. Cmdr. Philip Francis Queeg. / Ein schwer angeschlagener Mensch: Lieutenant Commander Philip Francis Queeg. / Un homme profondément perturbé : le commandant Philip Francis Queeg.

STILL FROM 'SABRINA' (1954)
Bogart is an uptight business man who is disgusted with
his playboy younger brother William Holden. / Bogart
spielt einen verklemmten Geschäftsmann, der vom
Lebenswandel seines jüngeren Bruders, des Playboys
David (William Holden), angewidert ist. / Bogart en
homme d'affaires rigide, dégoûté par la vie de play-boy
de son frère cadet (William Holden).

STILL FROM 'SABRINA' (1954)
Drawing on his May-December relationship with
wife Bacall, Bogart romances the vivacious Audrey
Hepburn. / Für seine Romanze mit der lebhaften
Sabrina (Audrey Hepburn) kann Bogart aus seinen
eigenen Erfahrungen mit seiner wesentlich jüngeren
Frau Lauren Bacall schöpfen. / S'inspirant de sa
différence d'âge avec sa propre femme, Bogart conte
fleurette à la pétillante Audrey Hepburn.

STILL FROM 'THE BAREFOOT CONTESSA' (1954)
Two rebels: Ava Gardner and Bogart. / Zwei Rebellen: Ava Gardner und Bogart. / Deux rebelles : Ava Gardner et Bogart.

STILL FROM 'SABRINA' (1954)
Bogart is tender. / Bogart ganz zärtlich. / Bogart tendre.

STILL FROM 'WE'RE NO ANGELS' (1955)
Bogart allows his humorous side to shine in this comic period tale of escaped convicts. / Bogart zeigte in dieser Ausbrecherkomödie einmal seine witzige Seite. / Bogart laisse percer son humour dans cette histoire de prisonniers évadés.

STILL FROM 'WE'RE NO ANGELS' (1955)
The three devilish angels (Aldo Ray, Bogart, and Peter Ustinov) spy on the fetching Joan Bennett. / Die drei teuflischen Engel (Aldo Ray, Bogart und Peter Ustinov) beobachten heimlich die attraktive Joan Bennett. / Trois anges démoniaques (Aldo Ray, Bogart et Peter Ustinov) épient la ravissante Joan Bennett.

"I expected a lot more from me. And I'm never going to get it."
Humphrey Bogart

„Ich hatte viel mehr von mir erwartet. Und ich werde es nie erreichen."
Humphrey Bogart

« J'en attendais beaucoup plus de moi. Et je ne l'obtiendrai jamais. »
Humphrey Bogart

STILL FROM 'THE LEFT HAND OF GOD' (1955)
Dissatisfied with his performance in this film, Bogart yearned for tougher, grittier roles. / Bogart war mit seiner eigenen Leistung in diesem Film unzufrieden und sehnte sich nach härteren, bodenständigeren Rollen. / Mécontent de son interprétation dans ce film, Bogart aspire à des rôles plus durs et plus réalistes.

STILL FROM 'THE DESPERATE HOURS' (1955)
Bogart leads three psychopathic escaped convicts who kidnap a middle-class family. / Bogart spielt den Anführer der drei ausgebrochenen Psychopathen, die eine bürgerliche Familie als Geiseln nehmen. / Bogart, l'un des trois psychopathes en cavale qui prennent une famille en otage.

"When the heavy, full of crime and bitterness, grabs his wounds and talks about death, the audience is his and his alone."
Humphrey Bogart

„Wenn sich der Bösewicht, voller Kriminalität und Verbitterung, an seine Wunden fasst und über den Tod redet, dann gehört das Publikum ganz ihm und ihm alleine."
Humphrey Bogart

« Quand le truand, plein de crimes et d'amertume, porte la main à ses plaies et parle de la mort, le public lui est totalement acquis. »
Humphrey Bogart

STILL FROM 'THE DESPERATE HOURS' (1955)
Director William Wyler kept up the tension. / Regisseur William Wyler hielt die Spannung aufrecht. / Le réalisateur William Wyler fait monter la tension.

STILL FROM 'THE HARDER THEY FALL' (1956)
Bogart's swan song was a brilliant dissection of a
conflicted, morally dubious journalist. / Bogarts
Schwanengesang war die glänzende Analyse eines
hin- und hergerissenen Journalisten von zweifelhafter
Moral. / Pour son chant du cygne, Bogart dissèque
admirablement l'âme d'un journaliste à la morale
douteuse.

*"You're crazy if you think you'll make a hero out of
him, the son of a bitch lisps."*
Assistant director Paul Schwagler to director Tay Garnett
in 1937

*„Du spinnst, wenn du glaubst, du kannst aus dem
einen Helden machen – der Hurensohn lispelt
doch."*
Regieassistent Paul Schwagler zu Regisseur Tay Garnett
im Jahre 1937

*« Vous êtes fou de penser que vous en ferez un
héros, le pauvre bougre a un cheveu sur la
langue. »*
L'assistant-réalisateur Paul Schwagler au réalisateur Tay
Garnett, en 1937

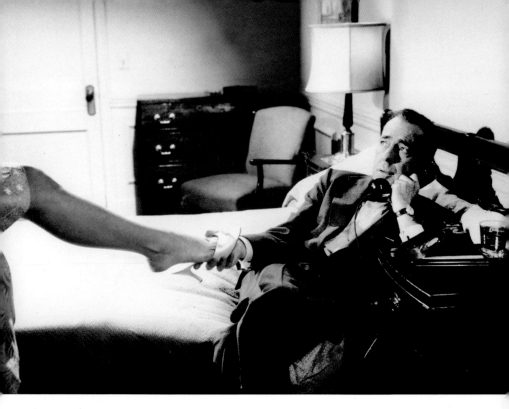

STILL FROM 'THE HARDER THEY FALL' (1956)
Bogart faces temptation of all kinds in the film. /
Bogart musste in diesem Film Versuchungen
unterschiedlichster Art widerstehen. / Bogart
en proie à toutes sortes de tentations.

PAGE 178
PORTRAIT (1945)
Lauren Bacall and Humphrey Bogart. / Lauren Bacall
und Humphrey Bogart. / Lauren Bacall et Humphrey
Bogart.

3

CHRONOLOGY

CHRONOLOGIE

CHRONOLOGIE

1899 Humphrey DeForest Bogart born on 25 December in New York City, to Maud Humphrey, a prominent artist, and Belmont, a doctor.

1918 Bogart expelled from Phillips Academy because of low grades.

1920 While working as an office boy for World Films given the chance to direct *Life* but is fired.

1922 First Broadway role in the play *Drifting*.

1926 Marries theatrical star Helen Menken.

1928 Marries actress Mary Philips.

1930 Dissatisfied with his stage career, Bogart signs with Fox and moves to Los Angeles but gets a series of undistinguished roles.

1932 Columbia signs Bogart to a contract. Again the roles are minor, so he divides his time between stage and screen.

1935 Plays gangster Duke Mantee in Robert E. Sherwood's play *The Petrified Forest*. Leslie Howard insists that Bogart is also hired for the film. Warner Bros. signs Bogart to a contract.

1937 Appears in William Wyler's *Dead End* as the gangster Baby Face Martin. He divorces Mary.

1938 Meets writer John Huston during the production of *The Amazing Dr. Clitterhouse* and they become lifelong friends and drinking buddies. Bogart marries Mayo Methot in August.

1940 Bogart testifies before the Special Committee on Un-American Activities that he was never a member of the Communist Party.

1941 *High Sierra* is a hit, financially and critically. It opens the way to more important, multidimensional parts. Bogart stars in John Huston's adaptation of Dashiell Hammett's *The Maltese Falcon*. It is also a success.

1942 *Casablanca* is a box-office hit, solidifying the iconic status of Humphrey Bogart in the role of the noir anti-hero Rick Blaine.

1944 Bogart meets teenage model Lauren Bacall while making *To Have and Have Not*. They begin an affair and collaborate on noir classics like *The Big Sleep*, *Dark Passage*, and *Key Largo*.

1945 Divorces Mayo and marries Bacall.

1946 A new contract with Warner Bros. gives him veto power over his projects for them and makes him among the highest-paid stars in Hollywood.

1947 Bogart, Bacall and other actors go to Washington to protest the 'witch hunts' of the House Un-American Activities Committee.

1948 Bogart forms his own production company, Santana. He stars in John Huston's classic *The Treasure of the Sierra Madre*.

1949 Bogart's son Stephen is born.

1950 Bogart produces and stars in one of the mainstays of film noir: *In a Lonely Place*, directed by Nicholas Ray.

1952 Wins an Academy Award for *The African Queen*. His daughter Leslie Howard (in honor of the actor) is born.

1954 Plays the mentally unstable Queeg in *The Caine Mutiny* and receives critical raves.

1956 Develops cancer of the esophagus.

1957 Humphrey DeForest Bogart dies on 14 January.

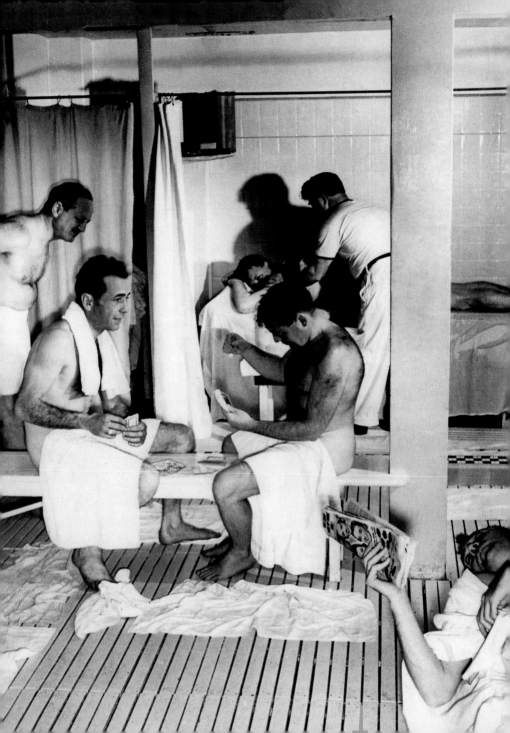

CHRONOLOGIE

1899 Humphrey DeForest Bogart wird in New York am Weihnachtstag als Sohn der bekannten Zeichnerin Maud Humphrey und des Arztes Dr. Belmont Bogart geboren.

1918 Wegen schlechter Schulnoten muss Bogart die Phillips Academy verlassen.

1920 Während er für World Films als Laufbursche arbeitet, erhält er die Chance, bei dem Film *Life* Regie zu führen, wird jedoch gefeuert.

1922 Er erhält seine erste Rolle am Broadway in dem Theaterstück *Drifting*.

1926 Er heiratet den Bühnenstar Helen Menken.

1928 Er heiratet die Schauspielerin Mary Philips.

1930 Mit seiner Theaterkarriere unzufrieden, unterschreibt Bogart einen Filmvertrag bei Fox und zieht nach Los Angeles, erhält dort aber nur banale Nebenrollen.

1932 Columbia nimmt Bogart unter Vertrag. Auch hier sind die Rollen klein, so dass ihm neben dem Film noch ausreichend Zeit für die Bühne bleibt.

1935 Er spielt den Gangster Duke Mantee in dem Drama *Der versteinerte Wald* von Robert E. Sherwood. Leslie Howard besteht darauf, dass Bogart die Rolle auch in der Verfilmung erhält. Warner Bros. nimmt Bogart unter Vertrag.

1937 Er tritt in William Wylers *Sackgasse* als Gangster Baby Face Martin auf. Im gleichen Jahr lässt er sich von Mary scheiden.

1938 Er trifft den Autor John Huston während der Dreharbeiten zu *Das Doppelleben des Dr. Clitterhouse*, und die beiden werden Freunde und Trinkkumpane fürs Leben. Bogart heiratet im August Mayo Methot.

1940 Bogart sagt vor dem Sonderausschuss des Repräsentantenhauses zur Untersuchung unamerikanischer Umtriebe (HUAC) aus, dass er zu keinem Zeitpunkt Mitglied der Kommunistischen Partei war.

1941 *Entscheidung in der Sierra* wird bei den Kritikern und an der Kasse zum Erfolg und ebnet Bogart den Weg für wichtigere und vielschichtigere Rollen. Bogart erhält die Hauptrolle in John Hustons Verfilmung des Kriminalromans *Der Malteser Falke* von Dashiell Hammett. Auch dieser Film ist erfolgreich

1942 *Casablanca* mit Humphrey Bogart in der Rolle des Film-noir-Antihelden Rick Blaine wird zum Kassenschlager und festigt seinen Status als Ikone.

1944 Bogart trifft bei den Dreharbeiten zu *Haben und Nichthaben* das zwanzigjährige Fotomodell Lauren Bacall. Aus ihrer Affäre wird später eine Zusammenarbeit bei Klassikern der „Schwarzen Serie" wie *Tote schlafen fest*, *Das unbekannte Gesicht* und *Gangster in Key Largo*.

1945 Er lässt sich von Mayo scheiden und heiratet Bacall.

1946 Ein neuer Vertrag mit Warner Bros. räumt ihm ein Vetorecht bei allen Projekten des Ehepaars ein und macht ihn zu einem der höchstbezahlten Stars in Hollywood.

1947 Bogart, Bacall und andere Schauspieler gehen nach Washington, um gegen die „Hexenjagd" des HUAC zu protestieren.

1948 Bogart gründet seine eigene Produktionsgesellschaft unter dem Namen Santana. Er spielt die Hauptrolle in John Hustons Klassiker *Der Schatz der Sierra Madre*.

1949 Bogarts Sohn Stephen wird geboren.

1950 Bogart produziert einen der wichtigsten Beiträge zum Genre des *Film noir* und spielt auch die Hauptrolle: *Ein einsamer Ort* unter der Regie von Nicholas Ray.

1952 Er erhält einen „Academy Award" („Oscar") für *African Queen*. Seine Tochter Leslie Howard (benannt nach dem Kollegen) wird geboren.

1954 Er spielt den psychisch gestörten Queeg in *Die Caine war ihr Schicksal* und wird dafür von der Kritik gefeiert.

1956 Er erkrankt an Speiseröhrenkrebs.

1957 Humphrey DeForest Bogart stirbt am 14. Januar.

PORTRAIT
Humphrey Bogart plays cards with Peter Lorre. / Humphrey Bogart beim Kartenspiel mit Peter Lorre. / Partie de cartes avec Peter Lorre.

CHRONOLOGIE

1899 Humphrey DeForest Bogart naît le 25 décembre à New York d'une mère peintre, Maud Humphry, et d'un père médecin, Belmont Bogart.

1918 Humphrey est renvoyé de la prestigieuse Phillips Academy en raison de ses résultats médiocres.

1920 Employé comme garçon de bureau chez World Films, il se voit confier la réalisation de *Life* mais est finalement congédié.

1922 Fait ses débuts à Broadway dans la pièce *Drifting*.

1926 Épouse la star de Broadway Helen Menken.

1928 Épouse l'actrice Mary Philips.

1930 Mécontent de sa carrière théâtrale, Bogart signe avec la Fox et déménage à Los Angeles, où il n'obtient toutefois qu'une série de rôles sans intérêt.

1932 Il signe avec Columbia. N'obtenant là encore que des rôles mineurs, il se partage entre la scène et l'écran.

1935 Interprète Duke Mantee dans la pièce de Robert E. Sherwood *La Forêt pétrifiée*. Leslie Howard insiste pour qu'il joue également dans l'adaptation cinématographique de la pièce. Bogart signe un contrat avec la Warners.

1937 Incarne le gangster Baby Face Martin dans *Rue sans issue* de William Wyler. Divorce de Mary.

1938 Pendant le tournage du *Mystérieux Docteur Clitterhouse*, il rencontre John Huston, le scénariste, dont il restera toute sa vie l'ami et le compagnon de beuverie. En août, il épouse Mayo Methot.

1940 Bogart déclare devant la Commission parlementaire sur les activités anti-américaines qu'il n'a jamais été membre du Parti communiste.

1941 Grâce au succès critique et commercial de *La Grande Évasion*, Bogart se voit proposer des rôles plus importants et plus complexes. Il obtient le premier rôle dans l'adaptation par John Huston

du *Faucon maltais* de Dashiell Hammett, qui est également un succès.

1942 *Casablanca* fait un tabac au box-office, confirmant le statut d'icône de Humphrey Bogart dans le rôle de Rick Blaine, antihéros de film noir.

1944 Sur le tournage du *Port de l'angoisse*, Bogart rencontre un mannequin d'à peine vingt ans, Lauren Bacall. Il entame une liaison avec celle qui sera sa partenaire dans des classiques du film noir tels que *Le Grand Sommeil*, *Les Passagers de la nuit* et *Key Largo*.

1945 Divorce de Mayo et épouse Lauren Bacall.

1946 Un nouveau contrat avec la Warner lui confère un droit de veto sur ses films et fait de lui l'une des stars les mieux payées de Hollywood.

1947 Bogart, Bacall et d'autres acteurs se rendent à Washington pour protester contre la « chasse aux sorcières » menée au sein de l'industrie cinématographique.

1948 Bogart monte sa propre maison de production, Santana. Il joue dans un classique de John Huston, *Le Trésor de la Sierra Madre*.

1949 Naissance de son fils Stephen.

1950 Bogart produit et interprète l'un des chefs-d'œuvre du film noir, *Le Violent*, réalisé par Nicholas Ray.

1952 Remporte un oscar pour *L'Odyssée de l'African Queen*. Naissance de sa fille Leslie Howard (ainsi baptisée en l'honneur de l'acteur).

1954 Son interprétation du personnage psychologiquement instable de Queeg dans *Ouragan sur le Caine* lui vaut des critiques dithyrambiques.

1956 Contracte un cancer de l'œsophage.

1957 Humphrey DeForest Bogart décède le 14 janvier.

PORTRAIT (1947)

4
FILMOGRAPHY

FILMOGRAFIE

FILMOGRAPHIE

Life (1920)
Bit Part/Komparsenrolle/figuration.
Director/Regie/réalisation: Travers Vale.

The Dancing Town (1928)

Broadway's Like That (1930)
Director/Regie/réalisation: Murray Roth.

A Devil with Women (1930)
Tom Standish. Director/Regie/réalisation: Irving
Cummings.

Up the River (1930)
Steve. Director/Regie/réalisation: John Ford.

Body and Soul (1931)
Jim Watson. Director/Regie/réalisation: Alfred Santell.

Bad Sister (1931)
Valentine Corliss. Director/Regie/réalisation: Hobart
Henley.

Women of All Nations (1931)
Stone (part cut/herausgeschnitten/coupé au
montage). Director/Regie/réalisation: Raoul Walsh.

A Holy Terror (dt. *Tod und Teufel*, 1931)
Steve Nash. Director/Regie/réalisation: Irving
Cummings.

Love Affair (1932)
Jim Leonard. Director/Regie/réalisation: Thornton
Freeland.

Big City Blues (1932)
Shep Adkins. Director/Regie/réalisation: Mervyn
LeRoy.

Three on a Match (fr. *Une allumette pour trois*, 1932)
Harve. Director/Regie/réalisation: Mervyn LeRoy.

Midnight (1934)
Gar Boni. Director/Regie/réalisation: Chester Erskine.

**The Petrified Forest (dt. *Der versteinerte Wald*,
fr. *La Forêt pétrifiée*, 1936)**
Duke Mantee. Director/Regie/réalisation: Archie
Mayo.

**Bullets or Ballots (dt. *Wem gehört die Stadt?*,
fr. *Guerre au crime*, 1936)**
Nick Fenner. Director/Regie/réalisation: William
Keighley.

**Two Against the World (dt. *Zwei gegen die Welt*,
1936)**
Sherry Scott. Director/Regie/réalisation: William C.
McGann.

China Clipper (fr. *Courrier de Chine*, 1936)
Hap Stuart. Director/Regie/réalisation: Ray Enright.

Isle of Fury (fr. *L'Île de la furie*, 1936)
Val Stevens. Director/Regie/réalisation: Frank McDonald.

Black Legion (dt. *Geheimbund „Schwarze Legion"*, fr. *La Légion noire*, 1937)
Frank Taylor. Director/Regie/réalisation: Archie Mayo.

The Great O'Malley (dt. *Ordnung ist das halbe Leben*, fr. *Septième district*, 1937)
John Phillips. Director/Regie/réalisation: William Dieterle.

Marked Woman (dt. *Die gezeichnete Frau* [aka *Mord im Nachtclub*], fr. *Femmes marquées*, 1937)
David Graham. Director/Regie/réalisation: Lloyd Bacon.

Kid Galahad (fr. *Le Dernier Round*, 1937)
Turkey Morgan. Director/Regie/réalisation: Michael Curtiz.

San Quentin (dt. *Flucht aus San Quentin*, fr. *Le Révolté*, 1937)
Joe Kennedy. Director/Regie/réalisation: Lloyd Bacon.

Dead End (dt. *Sackgasse* [aka *Im Schatten der Wolkenkratzer*], fr. *Rue sans issue*, 1937)
Baby Face Martin. Director/Regie/réalisation: William Wyler.

Stand-In (dt. *Mr. Dodd geht nach Hollywood*, fr. *Monsieur Dood part pour Hollywood*, 1937)
Doug Quintain. Director/Regie/réalisation: Tay Garnett.

Swing Your Lady (1938)
Ed Hatch. Director/Regie/réalisation: Ray Enright.

Crime School (dt. *Schule des Verbrechens*, fr. *L'École du crime*, 1938)
Mark Braden. Director/Regie/réalisation: Lewis Seiler.

Men Are Such Fools (fr. *Les Hommes sont si bêtes*, 1938)
Harry Galleon. Director/Regie/réalisation: Busby Berkeley.

The Amazing Dr. Clitterhouse (dt. *Das Doppelleben des Dr. Clitterhouse*, fr. *Le Mystérieux Docteur Clitterhouse*, 1938)
Rocks Valentine. Director/Regie/réalisation: Michael Curtiz.

Racket Busters (fr. *Menaces sur la ville*, 1938)
Czar Martin. Director/Regie/réalisation: Lloyd Bacon.

Angels with Dirty Faces (dt. *Chikago - Engel mit schmutzigen Gesichtern*, fr. *Les Anges aux figures sales*, 1938)
Jim Frazier. Director/Regie/réalisation: William Keighley.

King of the Underworld (fr. *Hommes sans loi*, 1939)
Joe Gurney. Director/Regie/réalisation: Lewis Seiler.

The Oklahoma Kid (fr. *Terreur à l'ouest*, 1939)
Whip McCord. Director/Regie/réalisation: Lloyd Bacon.

Dark Victory (dt. *Opfer einer großen Liebe*, fr. *Victoire sur la nuit*, 1939)
Michael O'Leary. Director/Regie/réalisation: Edmund Goulding.

You Can't Get Away with Murder (fr. *Le Châtiment*, 1939)
Frank Wilson. Director/Regie/réalisation: Lewis Seiler.

The Roaring Twenties (dt. *Die wilden Zwanziger*, fr. *Les Fantastiques Années 20*, 1939)
George Hally. Director/Regie/réalisation: Raoul Walsh.

The Return of Dr. X (dt. *Das zweite Leben des Dr. X*, fr. *Le Retour du docteur X*, 1939)
Dr. Xavier. Director/Regie/réalisation: Vincent Sherman.

Invisible Stripes (dt. *Zwölf Monate Bewährungsfrist*, 1939)
Chuck Martin. Director/Regie/réalisation: Lloyd Bacon.

Virginia City (dt. *Goldschmuggel nach Virginia*, fr. *La Caravane héroïque*, 1940)
John Murrell. Director/Regie/réalisation: Michael Curtiz.

It All Came True (dt. *Ein Nachtclub für Sarah Jane*, fr. *Rendez-vous à minuit*, 1940)
Grasselli. Director/Regie/réalisation: Lewis Seiler.

Brother Orchid (dt. *Orchid, der Gangsterbruder*, 1940)
Jack Buck. Director/Regie/réalisation: Lloyd Bacon.

They Drive by Night (dt. *Sie fuhren bei Nacht* [aka *Nachts unterwegs*], fr. *Une femme dangereuse*, 1940)
Paul Fabrini. Director/Regie/réalisation: Raoul Walsh.

High Sierra (dt. *Entscheidung in der Sierra*, fr. *La Grande Évasion*, 1941)
Roy Earle. Director/Regie/réalisation: Raoul Walsh.

The Wagons Roll at Night (dt. *Von Stadt zu Stadt* [aka *Die Löwen reißen aus*], fr. *L'Amour et la Bête*, 1941)
Nick Coster. Director/Regie/réalisation: Ray Enright.

The Maltese Falcon (dt. *Die Spur des Falken* [aka *Der Malteser Falke*], fr. *Le Faucon maltais*, 1941)
Sam Spade. Director/Regie/réalisation: John Huston.

All Through the Night (dt. *Agenten der Nacht*, fr. *Échec à la Gestapo*, 1942)
Gloves Donahue. Director/Regie/réalisation: Vincent Sherman.

In This Our Life (dt. *Ich will mein Leben leben*, fr. *L'Amour n'est pas un jeu*, 1942)
Bit Part/Komparsenrolle/figuration.
Director/Regie/réalisation: John Huston.

The Big Shot (dt. *Der große Gangster*, fr. *Le Caïd*, 1942)
Duke Berne. Director/Regie/réalisation: Lewis Seiler.

Across the Pacific (dt. *Abenteuer in Panama*, fr. *Griffes jaunes*, 1942)
Rick Leland. Director/Regie/réalisation: John Huston.

Casablanca (1942)
Rick Blaine. Director/Regie/réalisation: Michael Curtiz.

Action in the North Atlantic (dt. *Einsatz im Nordatlantik* [aka *Unterwegs nach Murmansk*], fr. *Convoi vers la Russie*, 1943)
Joe Rossi. Director/Regie/réalisation: Lloyd Bacon.

Sahara (fr. *Les Diables du Sahara*, 1943)
Joe Gunn. Director/Regie/réalisation: Zoltan Korda.

Passage to Marseille (dt. *Fahrkarte nach Marseille*, fr. *Passage pour Marseille*, 1944)
Jean Matrac. Director/Regie/réalisation: Michael Curtiz.

To Have and Have Not (dt. *Haben und Nichthaben*, fr. *Le Port de l'angoisse*, 1944)
Steve Morgan. Director/Regie/réalisation: Howard Hawks.

Conflict (dt. *Konflikt* [aka *Tatort Springfield*], fr. *La Mort n'était pas au rendez-vous*, 1945)
Richard Mason. Director/Regie/réalisation: Curtis Bernhardt.

The Big Sleep (dt. *Tote schlafen fest* [aka *Der tiefe Schlaf*], fr. *Le Grand Sommeil*, 1946)
Philip Marlowe. Director/Regie/réalisation: Howard Hawks.

Dead Reckoning (dt. *Späte Sühne* [aka *Späte Reue/Ein Mensch verschwindet*], fr. *En marge de l'enquête*, 1947)
Warren Murdock. Director/Regie/réalisation: John Cromwell.

The Two Mrs. Carrolls (dt. *Die zweite Mrs. Carroll*, fr. *La Seconde Mme Carroll*, 1947)
Geoffrey Carroll. Director/Regie/réalisation: Peter Godfrey.

Dark Passage (dt. *Das unbekannte Gesicht* [aka *Die schwarze Natter/Ums eigene Leben*], fr. *Les Passagers de la nuit*, 1947)
Vincent Parry. Director/Regie/réalisation: Delmer Daves.

The Treasure of the Sierra Madre (dt. *Der Schatz der Sierra Madre*, fr. *Le Trésor de la Sierra Madre*, 1948)
Fred C. Dobbs. Director/Regie/réalisation: John Huston.

Key Largo (dt. *Gangster in Key Largo* [aka *Hafen des Lasters*], 1948)
Frank McCloud. Director/Regie/réalisation: John Huston.

Knock on Any Door (dt. *Vor verschlossenen Türen*, fr. *Les Ruelles du malheur*, 1949)
Andrew Morton. Director/Regie/réalisation: Nicholas Ray.

Tokyo Joe (dt. *Tokio-Joe*, 1949)
Joe Barrett. Director/Regie/réalisation: Stuart Heisler.

Chain Lightning (dt. *Des Teufels Pilot*, fr. *Pilote du diable*, 1950)
Matt Brennan. Director/Regie/réalisation: Stuart Heisler.

In a Lonely Place (dt. *Ein einsamer Ort*, fr. *Le Violent*, 1950)
Dixon Steele. Director/Regie/réalisation: Nicholas Ray.

The Enforcer (dt. *Der Tiger*, fr. *La Femme à abattre*, 1951)
Martin Ferguson. Director/Regie/réalisation: Bretaigne Windust.

Sirocco (dt. *Sirocco - Zwischen Kairo und Damaskus*, 1951)
Harry Smith. Director/Regie/réalisation: Curtis Bernhardt.

The African Queen (dt. *African Queen*, fr. *L'Odyssée de l'African Queen*, 1951)
Charlie Allnut. Director/Regie/réalisation: John Huston.

Deadline U.S.A. (dt. *Die Maske runter*, fr. *Bas les masques*, 1952)
Ed Hutcheson. Director/Regie/réalisation: Richard Brooks.

Battle Circus (dt. *Arzt im Zwielicht* [aka *Arzt im Fegefeuer*], fr. *Le Cirque infernal*, 1953)
Jed Webbe. Director/Regie/réalisation: Richard Brooks.

The Jack Benny Program (TV 1953)
Babyface Bogart.

Beat the Devil (dt. *Schach dem Teufel*, fr. *Plus fort que le diable*, 1953)
Billy Dannreuther. Director/Regie/réalisation: John Huston.

The Caine Mutiny (dt. *Die Caine war ihr Schicksal*, fr. *Ouragan sur le Caine*, 1954)
Philip Queeg. Director/Regie/réalisation: Edward Dmytryk.

Sabrina (1954)
Linus Larrabee. Director/Regie/réalisation: Billy Wilder.

Love Lottery (dt. *Liebeslotterie*, fr. *La Loterie de l'amour*, 1954)
Uncredited/Cameo-Auftritt/non crédité.
Director/Regie/réalisation: Charles Crichton.

The Barefoot Contessa (dt. *Die barfüßige Gräfin*, fr. *La Comtesse aux pieds nus*, 1954)
Harry Dawes. Director/Regie/réalisation: Joseph L. Mankiewicz.

The Petrified Forest (TV 1955)
Duke Mantee. Director/Regie/réalisation: Delbert Mann.

We're No Angels (dt. *Wir sind keine Engel*, fr. *La Cuisine des anges*, 1955)
Joseph. Director/Regie/réalisation: Michael Curtiz.

The Left Hand of God (dt. *Die linke Hand Gottes*, fr. *La Main gauche du Seigneur*, 1955)
Jim Carmody. Director/Regie/réalisation: Edward Dmytryk.

The Desperate Hours (dt. *An einem Tag wie jeder andere*, fr. *La Maison des otages*, 1955)
Glenn Griffin. Director/Regie/réalisation: William Wyler.

The Harder They Fall (dt. *Schmutziger Lorbeer*, fr. *Plus dure sera la chute*, 1956)
Eddie Willis. Director/Regie/réalisation: Mark Robson.

BIBLIOGRAPHY

Agusti, P.: *Humphrey Bogart*. Edimat Libros, 1998.
Bacall, Lauren: *By Myself*. Knopf, 1980.
Bacall, Lauren: *Now*. Knopf, 1994.
Barbour, Alan: *Humphrey Bogart*. Pyramid, 1973.
Benchley, Nathaniel: *Humphrey Bogart*. Little, Brown, 1975.
Bogart, Stephen Humphrey: *Bogart: In Search of My Father*. Dutton, 1995.
Brooks, Louise: *Lulu in Hollywood*. Knopf, 1982.
Cahill, Marie: *Humphrey Bogart*. Smithmark Publishers, 1993.
Coe, Jonathan: *Humphrey Bogart: Take It & Like It*. Grove Press, 1991.
Cunningham, Ernest W.: *The Ultimate Bogart*. Renaissance Books, 1999.
Duchovnay, Gerald: *Humphrey Bogart*. Greenwood Press, 1999.
Eyles, Allen: *Bogart*. Doubleday, 1975.
Frank, Alan: *Humphrey Bogart*. Bookthrift, 1982.
Goodman, Ezra: Bogey: *The Good-Bad Guy*. Lyle Stuart, 1965.
Hepburn, Katharine: *The Making of African Queen: Or How I Went to Africa with Bogart, Bacall, and Huston and Almost Lost My Mind*. Knopf, 1987.
Huston, John: *Humphrey Bogart*. Seiler Press, 1957.
Hyams, Joe: *Bogart and Bacall: A Love Story*. McKay, 1975.
Hyams, Joe: *Bogie*. New American Library, 1966.

McCarty, Clifford: *The Complete Films of Humphrey Bogart*. Citadel Press, 1994.
Meyers, Jeffrey: *Bogart: A Life in Hollywood*. Houghton Mifflin, 1997.
Michael, Paul: *Humphrey Bogart: The Man and His Films*. Bonanza Books, 1965.
Pettigrew, Terence: *Bogart: A Definitive Study of His Film Career*. Proteus, 1977.
Porter, Darwin: *The Secret Life of Humphrey Bogart: The Early Years*. Georgia Literary Assocation, 2003.
Ruddy, Jonah & Hill, Jonathan: *The Bogey Man: Portrait of a Legend*. Souvenir Press, 1965.
Schickel, Richard: *Bogie: A Celebration of the Life and Films of Humphrey Bogart*. Dunne, 2006.
Sklar, Robert: *City Boys: Cagney, Bogart, Garfield*. Princeton University, 1992.
Sperber, A.M. & Lax, Eric: *Bogart*. William Morrow, 1997.
Tchernoff, Alexis: *Humphrey Bogart*. Pygmalion, 1985.
Thain, Andrea: *Humphrey Bogart*. Wunderlich, 1996.
Thompson, Verita with Donald Shepherd: *Bogie and Me: A Love Story*. St. Martin's Press, 1982.
Viertel, Peter: Dangerous Friends: *At Large with Huston and Hemingway in the Fifties*. Doubleday, 1992.

IMPRINT

© 2008 TASCHEN GmbH
Hohenzollernring 53, D-50672 Köln
www.taschen.com

This 2008 edition published by Barnes & Noble, Inc., by arrangement with TASCHEN GmbH.

Original edition: © 2007 TASCHEN GmbH
Editor/Picture Research/Layout: Paul Duncan/Wordsmith Solutions
Editorial Coordination: Martin Holz, Cologne
Production Coordination: Nadia Najm and Horst Neuzner, Cologne
German Translation: Thomas J. Kinne, Nauheim
French Translation: Anne Le Bot, Paris
Multilingual Production: www.arnaudbriand.com, Paris
Typeface Design: Sense/Net, Andy Disl and Birgit Reber, Cologne

Barnes & Noble, Inc.
122 Fifth Avenue
New York, NY 10011

ISBN-13: 978-1-4351-0712-0
ISBN-10: 1-4351-0712-8

Printed in China

10 9 8 7 6 5 4 3 2 1

All the photos in this book, except for those listed below, were supplied by The Kobal Collection.
Courtesy of the Alain Silver/James Ursini Noir Style Collection: p. 86

PANORAMA
ITALIANO

Holt, Rinehart and Winston, New York

PANORAMA
ITALIANO

REVISED

Charles Speroni

UNIVERSITY OF CALIFORNIA, LOS ANGELES

Carlo L. Golino

UNIVERSITY OF CALIFORNIA, RIVERSIDE

Library of Congress Catalog Card Number: 69–20051

Printed in the United States of America
89012   40   987654321

03–080371–3

Preface to the revised edition

The purpose of *Panorama italiano* is to help fill a need which, we feel, has existed for a long time in the field of Italian readers for beginners.

As in the case of our grammar *Basic Italian*, in planning the present reader we have been guided by many years of classroom experience: an experience which has made us realize repeatedly that the student of a foreign language is interested in two things, in the acquisition of a *speaking* knowledge of a given language, and in the acquisition of a *reading* knowledge which will permit him to read at first hand the literature written in that language. With this in mind, the present reader has been prepared with the aim of giving the student a general view of Italian life and culture, and, at the same time, of introducing him to the language used in daily conversation as well as in the more formal prose. For this reason the forty chapters of the text present, alternatively, examples of the spoken and of the written language. Needless to say, the material treated is, by its very nature, highly diversified, and so, in order to give it some unity, we have imagined a trip for a young American student who is going to Italy to continue his study of painting. The various people he meets in Italy provide the natural situations for his Italian experiences. The device of placing our protagonist in plausible situations where he learns about Italy through conversations with Italians, provides the opportunity for the straight prose selections, which are intended to describe and explain several facets of Italian life and culture.

Panorama italiano was first published in 1960. Since then, along with its companion grammar, *Basic Italian*, it has enjoyed the favor of many teachers and students. We are deeply grateful to our colleagues, and we earnestly hope that this revised edition will also meet with their approval.

In preparing the present edition we have profited by the reactions and suggestions of various colleagues. We have updated certain passages, and we have made several changes both in the reading selections and in the exercises. The main change consists in the addition of four initial chapters aimed at making our reader accessible to the beginning student at an earlier stage in his study of Italian.

The text is followed by a series of exercises: fifteen questions, ten fill-in sentences, and five suggestions for writing original sentences for each chapter. The questions, to which the teacher can easily add others as he goes along, are meant as an opening wedge toward wider classroom conversation. The purpose of the incomplete statements is to repeat the more important parts of each chapter and, at the same time, to highlight important words and constructions. The "suggestions" are aimed at making the student use certain idiomatic expressions in original phrases.

In order not to make the student too dependent on diacritical markings, and since he already should know that an unmarked word is stressed on the next-to-the-last syllable, whereas a word bearing a written accent on the last vowel receives the stress on that vowel, we have decided to indicate stress only when it occurs in "unexpected" places. On the other hand, the end vocabulary, which is a complete vocabulary, makes full use of diacritical markings.

We wish to call to the attention of the teacher that *Panorama italiano* is not necessarily to be used in conjunction with our *Basic Italian*: the two books are distinct and separate texts, and the use of one does not imply or require the use of the other. Further, we should like to stress that the present reader is *graded* in difficulty. Whereas it is true that we have made no effort to choose only easy, common words at the beginning and progress to more difficult vocabulary in later chapters, we have definitely graded the grammatical difficulty from beginning to end.

To the teachers who are using *Basic Italian* — We suggest that the reading of *Panorama italiano* be started after completing the first 5 lessons of *Basic Italian*. The grading has been carried out as follows (save for a few unavoidable exceptions): The first 2 chapters of *Panorama italiano* cover the grammatical contents of the first 5 lessons of *Basic Italian*; chapters 3-4 go through lesson 10; chapters 5-6 go through lesson 12; chapters 7-12 go through lesson 16; chapters 13-16 go through lesson 20; chapters 17-20 go through lesson 24; chapters 21-24 go through lesson 28; chapters 25-30 go through lesson 32; and chapters 31-36 go through the rest of the grammar.

C.S.

C.L.G.

INSTRUCTIONS TO THE STUDENT

1. Italian words are generally stressed on the next-to-the-last syllable (*amico*). No marking is used to show the stressed syllable in this type of words.

2. A final vowel that bears a written accent is always stressed (*università*).

3. An inferior dot indicates stress in words other than those mentioned in paragraphs 1 and 2 (*rapido, rispondere*).

4. The above instructions refer only to the text of this reader. In the end vocabulary a more complete system of diacritical markings has been used. See the Foreword to the Vocabulary itself.

Contents

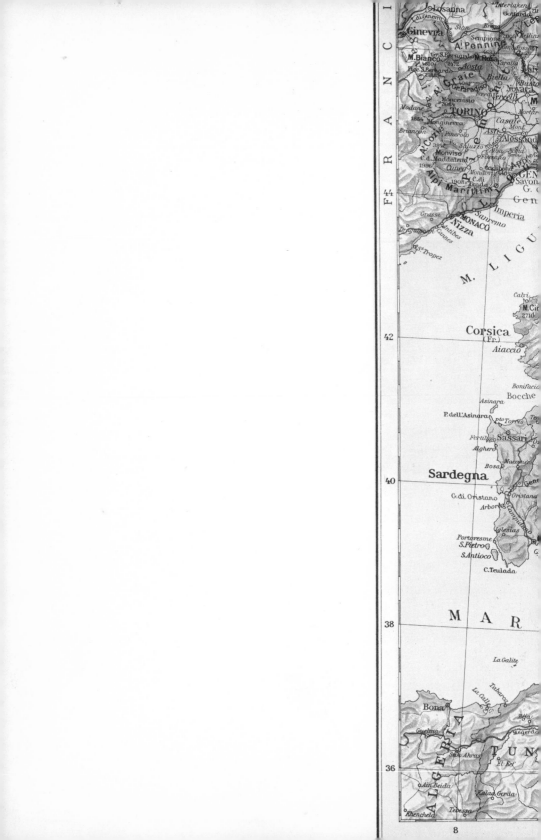

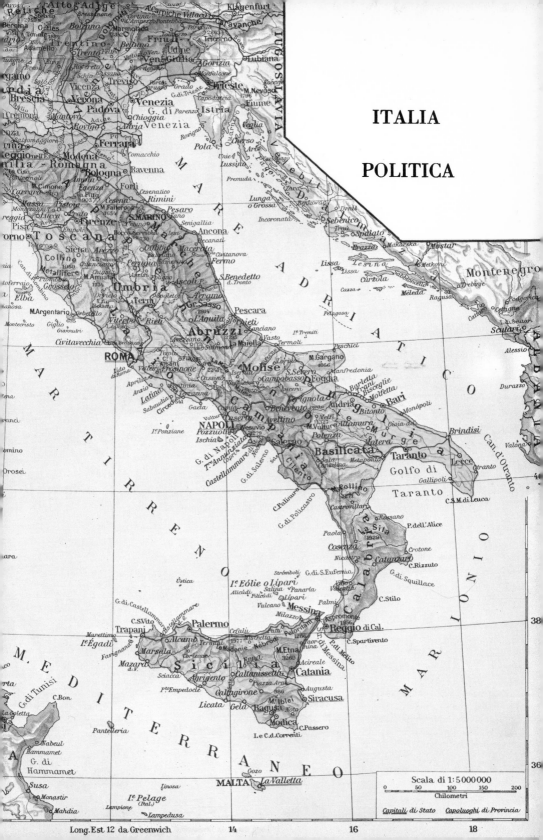

ITALIA

POLITICA

Scala di 1 : 5 000 000

Capitali di Stato   Capoluoghi di Provincia

Quando parte Roberto?

1
Roberto Hamilton è uno studente dell'Università di Stanford in Califọrnia. È uno studente di ụltimo anno che desịdera tanto di andare a studiare in Itạlia. In questo momento è nello stụdio del signọr Fụlvio Ferri, maestro di pittura.

— E cosí, caro Roberto, Lei presto finisce gli studi quị a ⁵ Stanford, e parte per l'Itạlia!

— Sí, caro signọr Ferri, fra due settimane finịscono le le- zioni; poi ci sono gli esami, e il sẹdici di giugno parto per Nuova York.

— Non prende l'aviogetto San Francisco-Roma? ¹⁰

— No; quello è un volo diretto, e io intendo passare una settimana a Nuova York a casa di una zia. Lei, maestro, conosce Nuova York?

— Sí, sí, molto bene. È la città americana che io preferisco. Come artista io ammiro i meravigliosi grattacieli. ¹⁵

— Ma anche i musei, non è vero?

— Certo! Il museo Guggenheim, il Museo di Arte Mo- derna, il Metropolitan ...

— E, naturalmente, Lei, come tutti gl'Italiani, ammira anche il Lincoln Center, dove, durante la stagione lịrica, cạn- ²⁰ tano molti artisti italiani.

2

— È vero. Infatti, spesso penso al vẹcchio Metropolitan Opera House, che ora non esiste piú. Quanti ricordi! Enrico Caruso, Titta Ruffo, Luisa Tetrazzini . . .

— Capisco perfettamente. Mia madre è italiana, e anche lei ricorda con nostalgia i grandi cantanti del Metropolitan.

— E, senza dụbbio, i cantanti del Teatro dell'Opera di San Francisco.

— Ora, caro maestro, vado via perché a casa c'è mia madre che aspetta. Se crede, ritorno domani per finire questo quadro.

— Benịssimo. Domani mattina sono occupato, ma nel pomerịggio sono lịbero. Va bene?

— Benịssimo. Arrivederla, maestro.

— Arrivederci.

Studenti americani in Italia

2

Roberto Hamilton, come ricordiamo, è uno studente di ultimo anno in un'università americana. Studia arte all'università, e prende lezioni private di pittura dal maestro Fulvio Ferri. Ma Roberto non studia solamente pittura, studia anche la lingua italiana. Roberto parla italiano, non solo perché 5 studia questa lingua all'università, ma perché la madre di Roberto, che è italiana, parla sempre italiano con Roberto. Inoltre, Roberto parla italiano anche con il signor Ferri.

Fra due o tre settimane, appena finiscono gli esami, Roberto parte per Roma, dove desidera continuare gli studi 10 d'arte all'Accademia di Belle Arti di Roma. Ogni anno molti studenti americani partono per l'Italia per studiare arte, letteratura o storia in una delle numerose città italiane. Alcuni studenti viaggiano da soli, come per esempio Roberto. Altri viaggiano in gruppi più o meno grandi. Alcuni studenti re- 15 stano solamente due o tre mesi in Italia, altri studiano in una data università anche sei mesi o un anno.

Molte università americane mandano un certo numero di studenti a una data università italiana in una o in un'altra città. L'Università di Stanford, per esempio, manda ogni anno 20 molti studenti a Firenze; l'Università di California, invece, manda un certo numero di studenti all'Università di Padova.

Molti studenti frequentano indipendentemente corsi per stranieri, specialmente durante i mesi di giugno, luglio o agosto. Fra i vari centri per stranieri sono importanti quelli 25 dell'Università di Firenze e dell'Università di Perugia. Ma troviamo altri centri per stranieri anche a Siena, a Pisa, a Milano, e altrove. L'Università di Siena, per esempio, durante

MILANO: STUDENTI A UN CAFFÈ

PADOVA: L'UNIVERSITÀ

l'estate ha una scuola di lingua e cultura italiana per stranieri, e a Roma, la Società Dante Alighieri offre corsi speciali di lingua e cultura italiana. A proposito, la Società Dante Alighieri offre corsi di lingua italiana anche in varie città del 5 mondo.

Senza dubbio gli studenti che passano alcuni mesi in uno di questi centri, a Firenze, a Perugia, a Padova, eccetera, imparano molto, e quando ritornano a casa negli Stati Uniti sono felici della nuova esperienza in Italia.

5

L'ultima conferenza
al Circolo Italiano

3 L'ultima conferenza dell'anno scolastico al Circolo Italiano dell'Università di Chicago è appena terminata. Stasera ha parlato Elio Martelli, uno studente di economia politica laureato all'Università di Bologna. Il signor Martelli è venuto in America al principio dell'anno scolastico. È venuto con una 5 borsa di studio. In questo momento alcuni studenti americani fanno delle domande al conferenziere.

— Signor Martelli, ora che l'anno scolastico è finito che cosa farà?

— Ritornerò in Italia. Infatti partirò fra quattro giorni. 10

— Dove andrà?

— A Bologna. Poi, dopo una breve vacanza al mare, spero di ricominciare a lavorare.

— Quando è arrivato in America?

— Circa nove mesi fa. 15

— È venuto per conto Suo, o con un gruppo di studenti italiani?

— Sono venuto per conto mio. Ho ricevuto una borsa di studio da un comitato internazionale.

— Che cosa ha studiato durante quest'anno qui all'Università di Chicago?

5 — Ho seguito due corsi sulla politica degli Stati Uniti negli ultimi quarant'anni. Spero di scrivere diversi articoli su questo soggetto quando ritornerò in Italia.

— Cosa pensa degli studenti americani?

— Li trovo molto ben preparati e pieni di entusiasmo. 10 Sono molto diversi dagli studenti italiani.

— In che senso?

— Gli studenti italiani di solito hanno una migliore preparazione storica, ma l'orientamento degli studenti americani è molto più aggiornato e pratico.

15 — Crede che ritornerà negli Stati Uniti?

— Sí. Spero di ritornare fra qualche anno.

— A nome del Circolo Italiano grazie, signor Martelli, e buon viaggio!

— Grazie, e spero che voi tutti visiterete presto il mio paese.

ROMA: PIAZZA DI SPAGNA

Studenti italiani negli Stati Uniti

Una volta gli studenti americani andavano in Europa per
completare gli studi nelle università del vecchio mondo. Oggi
la situazione è molto cambiata e migliaia di studenti stranieri
vengono a continuare gli studi nelle università americane.
5 Elio Martelli è appunto uno studente italiano, e uno dei
numerosi studenti stranieri negli Stati Uniti.

Le ragioni di questa nuova situazione sono diverse: fra
queste, molto importante è senza dubbio l'enorme progresso
tecnico-scientifico degli ultimi cinquant'anni che ha avuto
10 luogo particolarmente negli Stati Uniti. Un'altra ragione è
l'alto costo delle ricerche scientifiche. Contrariamente agli
Stati Uniti, che è un paese molto ricco, molte nazioni non
hanno i mezzi per poter fare ricerche che richiedono milioni
di dollari.

15 Ancora oggi molti studenti americani, particolarmente
quelli di storia, di archeologia, e di arte, continuano a visitare
l'Europa e specialmente l'Italia. Ma evidentemente oggi la
cultura e l'organizzazione sociale di quasi tutti i paesi del
mondo richiedono una conoscenza e una preparazione tecnica
20 molto vasta, e gli Stati Uniti hanno la possibilità di aiutare le
altre nazioni. Perciò migliaia di studenti stranieri vengono
ogni anno in America a studiare medicina, ingegneria, commercio, scienze sociali e tecnologiche.

Questi scambi di studenti tra nazione e nazione hanno una
25 grande importanza culturale. Ma forse anche più importante è
il fatto che questi giovani sono i migliori ambasciatori di pace
e di comprensione tra i diversi paesi del mondo.

4

In aviogetto da Nuova York a Milano

L'aviogetto della compagnia italiana Alitalia sta per partire dall'aeroporto di Nuova York per Milano. I passeggeri sono tutti a bordo; molti sono già seduti, e alcuni cercano un posto. Roberto Hamilton è già seduto e aspetta impazientemente la
5 partenza quando un giovanotto dice:
    — Scusi, è occupato questo posto?
    — No, s'accomodi!
    — Grazie. Mi chiamo Elio Marteli.
    — Piacere! Ed io sono Roberto Hamilton.
10   — Ah! È americano! Ho parlato in italiano perché ...
    — Non importa. Anzi mi fa piacere perché vado in Italia a studiare e devo assolutamente migliorare la mia conoscenza dell'italiano.
    — Ma Lei gia lo parla bene. Dunque, va in Italia a stu-
15 diare! È una strana combinazione perché io ho studiato in America per nove mesi.
    — Davvero? E dove ha studiato?
    — All'Università di Chicago. Mi sono laureato all'Università di Bologna l'anno scorso e ho ricevuto una borsa di
20 studio per l'America.
    — E che cosa ha studiato?
    — Economia politica. E Lei che cosa studierà in Italia?
    — Pittura. Ho studiato all'Università di Stanford e vado a Roma per un anno, all'Accademia di Belle Arti.

— Benissimo. Ma scusi, Lei parla molto bene l'italiano! Dove l'ha imparato?

— Lei è troppo gentile! L'ho studiato a scuola, ma l'ho imparato anche dal mio maestro di pittura, Fulvio Ferri, e specialmente da mia madre che è italiana. È stato il maestro Ferri che mi ha consigliato di andare all'Accademia di Belle Arti di Roma e che mi ha raccomandato per la borsa di studio.

— Fulvio Ferri è stato il Suo maestro di pittura? È un pittore molto conosciuto. Ora ricordo che è in America.

— Sì, è venuto in America due anni fa.

I due giovani continuano a parlare mentre l'aviogetto vola sull'Atlantico. Dopo alcune ore di volo Roberto nota che tutti i passeggeri guardano dal finestrino e domanda a Elio:

— Perché tutti i passeggeri guardano dal finestrino?

— Perché voliamo sulle Alpi. Fra poco saremo a Milano.

LE ALPI

MILANO: IL DUOMO

I due giovani restano al finestrino a guardare per diversi minuti il panorama meraviglioso. Elio, che ha già volato sulle Alpi altre volte dà delle indicazioni a Roberto. Sono tutti e due pressappoco della stessa età. Elio avrà 24 (venti-
5 quattro) anni e Roberto avrà forse un anno di meno. Elio è di statura media, ha i capelli castani e due occhi neri che sembrano sorridere sempre nella faccia tonda e gioviale. Roberto è alto, magro, ha la faccia lunga, i capelli biondi e corti, e gli occhi azzurri, un po' timidi.
10 — Signorina, quando arriveremo a Milano? — domanda Roberto alla "hostess" che in questo momento serve il caffè ai passeggeri.

— Alle sei — risponde la "hostess".

— Lei si ferma per qualche giorno a Milano? — Roberto
15 domanda a Elio.

— Sì, io abito a Bologna ma resterò a Milano tre giorni. Ho una zia a Milano e starò a casa sua.

13

— Io vado all'albergo Colonna; lo conosce?

— Sí, molto bene. È proprio al centro vicino al Duomo e alla Galleria. Perché non c'incontriamo? Io conosco molto bene Milano.

— Grazie, accetto con piacere.

— Benissimo. All'aeroporto, dopo la visita doganale ci daremo un appuntamento.

L'aviogetto ha già incominciato a discendere. Roberto vede dal finestrino le prime case della città e, in lontananza, il Duomo che spicca sugli altri edifici con le sue mille guglie. In pochi minuti l'aeroplano è sull'aeroporto e atterra; le ruote toccano la pista con una lieve scossa e finalmente l'aereo si ferma.

— "Siamo arrivati" — pensa Roberto — "finalmente sono arrivato in Italia."

LUCA DELLA ROBBIA: CANTORIA (DETTAGLIO) *Anderson Photo*

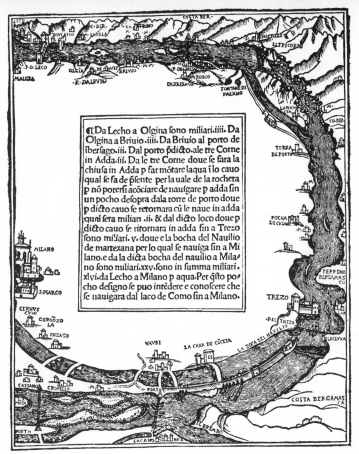

Un po' di geografia

6

L'Italia è una penisola che ha un aspetto caratteristico: infatti se guardiamo una carta geografica dell'Italia notiamo subito che ha la forma di uno stivale. L'Italia è relativamente piccola: ha una superficie che è due terzi quella della California. Con la Sicilia e la Sardegna, ha una superficie di 116,216 (cento sedici mila duecento sedici) miglia quadrate.

Al nord un'alta catena di monti, le Alpi, separa l'Italia dal resto dell'Europa. Questa è la catena di monti che Roberto Hamilton ha attraversato in aeroplano. Ai piedi delle Alpi c'è la valle del Po, che è una grande pianura e una regione molto fertile. Al sud di questa valle c'è un'altra catena di monti, gli Appennini, che attraversa tutta la penisola dal nord al sud. Dunque, con l'eccezione della valle del Po, l'Italia è un paese prevalentemente montuoso.

L'Italia è una lunga penisola: circa 750 (settecento cinquanta) miglia. La larghezza della penisola varia da 390 (trecento novanta) miglia nella valle del Po, a 25 (venticinque) miglia in Calabria.

All'ovest, al sud e all'est, l'Italia è circondata dal mare: 5 dal Mare Tirreno, dal Mare Ionio e dal Mare Adriatico. La costa del Mare Tirreno è rocciosa e ha i due principali porti italiani: Genova e Napoli. La costa del Mare Adriatico, invece, è ricca di spiagge famose come il Lido di Venezia, Riccione, e Rimini. 10

Nella valle padana troviamo il principale fiume italiano: il Po, che va dalle Alpi al Mare Adriatico. Altri fiumi importanti sono: l'Adige, che è anche nella valle padana; l'Arno, che passa per Firenze e Pisa; e il Tevere, che passa per Roma. Ai piedi delle Alpi ci sono il famoso Lago di Como, il Lago 15 Maggiore e il Lago di Garda.

L'Italia ha due grandi isole: la Sicilia e la Sardegna, e molte piccole isole: fra queste ci sono Capri, Ischia, e l'Isola d'Elba, che sono molto belle e che hanno grande importanza come centri di turismo. In Italia ci sono anche tre vulcani: 20 il Vesuvio, nel golfo di Napoli; l'Etna in Sicilia, e lo Stromboli nell'isola dello stesso nome.

L'Italia è situata in una zona temperata, e grazie alla sua forma geografica le Alpi la proteggono dai venti del nord, e il mare attenua il freddo dell'inverno. Ma il clima varia 25 molto dal nord al sud, e anche da una regione all'altra. Nell'inverno, in generale, il clima è freddo nella valle del Po e nell'Italia del nord e centrale: ma lungo la riviera, all'est e all'ovest di Genova, l'inverno è mite. E l'inverno è mite anche lungo la costa napoletana e in Sicilia. L'estate 30 è calda e asciutta, ma molto piacevole lungo la costa e nelle Alpi e negli Appennini.

Gl'Italiani dividono il loro paese in tre parti: l'Italia settentrionale (o del nord), l'Italia centrale, e l'Italia meridionale (o del sud). Questa divisione non è una vera divi- 35 sione geografica, ma poiché l'Italia è lunga, è comodo dividere la penisola in tre parti.

Amministrativamente l'Italia è divisa in regioni, e le
regioni sono divise in provincie. Le regioni dell'Italia settentrionale — il Piemonte, la Lombardia, la Liguria, l'Emilia e
le regioni venete — sono regioni agricole e industriali, e sono
quindi molto prospere. Milano e Torino, i due grandi centri 5
industriali dell'Italia, sono in questa zona. Le regioni dell'Italia centrale — la Toscana, l'Umbria, le Marche, il Lazio,
gli Abruzzi e il Molise — sono essenzialmente agricole. Le
regioni dell'Italia meridionale sono principalmente agricole.
La Campania è molto fertile, e anche nelle Puglie l'agricoltura 10
è molto sviluppata. Ma nella Basilicata e nella Calabria il
livello di produzione agricola è ancora molto basso. La Sicilia
e la Sardegna fanno parte dell'Italia meridionale, e anch'esse
sono principalmente zone agricole.

Come abbiamo veduto i confini naturali dell'Italia coincidono quasi perfettamente con i confini politici, ma è importante notare che nell'Italia settentrionale c'è anche la piccola Repubblica di San Marino, e nell'Italia centrale, e più precisamente dentro Roma, c'è la Città del Vaticano, che 5 sono stati indipendenti.

CITTÀ DEL VATICANO: PIAZZA SAN PIETRO

All'aeroporto di Milano

7

La sala della dogana all'aeroporto di Milano è affollata. Tutti
i passeggeri dell'aereo che è arrivato da Nuova York aspettano
il loro turno per l'ispezione dei bagagli. Roberto Hamilton
ha aperto le sue valige e aspetta pazientemente. Finalmente
5 una guardia doganale si avvicina e domanda:
    — Ha sigarette, tabacco . . . ?
    — Solamente dieci pacchetti di sigarette.
    — Che cosa c'è in questa valigia?
    — Effetti personali, abiti, camicie. . . .
10   — E in quest'altra valigia?
    — Pennelli e colori. Sono pittore.
    — Ah, capisco. Benissimo, allora. L'uscita è a destra.
    — Grazie.
    Roberto chiude le valige e si avvia verso l'uscita dove
15 vede Elio che l'aspetta.
    — Com'è andata l'ispezione? – domanda Roberto.
    — Bene. La guardia è stata molto gentile. Ha guardato
solamente in una valigia. E la Sua ispezione com'è andata?
    — Molto bene; per gli stranieri l'ispezione doganale è
20 una semplice formalità.
    I due giovani si avviano verso l'uscita. Fuori c'è una
grande confusione di automobili, tassì e autobus. Ma Elio
conosce la strada. Roberto lo segue e in pochi minuti sono
vicino a un autobus.
25   — Ecco l'autobus che va in città — dice Elio.
    I due giovani montano sull'autobus che parte subito.
Roberto guarda tutto con curiosità e ogni tanto domanda
qualche cosa a Elio.
    — Dove si ferma l'autobus, signor Martelli?

— Vicino a Piazza del Duomo, proprio al centro della città — risponde Elio.

— Allora c'incontriamo domani per colazione?

— Senz'altro! Sarò al Suo albergo a mezzogiorno; faremo colazione e dopo faremo un giro per il centro e visiteremo qualche posto interessante. A proposito, quanto tempo resterà a Milano?

— Veramente devo ancora decidere, forse due o tre giorni.

— E dopo dove va?

— Dopo vado a Firenze.

— Ma allora perché non mi accompagna fino a Bologna? Ho una piccola Fiat. L'ho lasciata a casa di mia zia durante la mia assenza. Un viaggio in automobile sarà molto interessante per Lei. Io partirò fra tre giorni.

— Lei è veramente molto gentile. È impossibile rifiutare.

— Benissimo, allora siamo d'accordo.

L'autobus è quasi arrivato a destinazione e ora procede lentamente per le vie del centro che sono affollate di persone e di macchine. Roberto osserva questo spettacolo con grande interesse perché lo trova cosí differente. L'autobus entra in Piazza del Duomo e Roberto vede il Duomo in tutta la sua bellezza.

— È proprio una chiesa magnifica — dice con meraviglia.

L'autobus si è fermato. I due giovani scendono.

— L'albergo Colonna è molto vicino; è proprio lí. Lo vede? — e Elio lo indica a Roberto. — Invece mia zia abita lontano — continua Elio — e devo prendere un tassì.

— Allora ci vediamo domani a mezzogiorno.

— Sì. Arrivederla signor Hamilton, a domani.

— Arrivederla signor Martelli, e grazie, grazie di tutto.

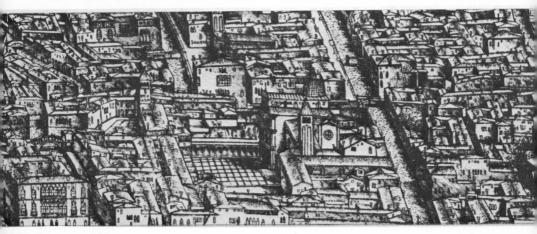

Le città italiane

8

La civiltà italiana è essenzialmente urbana. Questo è un fatto che è facile verificare, basta consultare una carta geografica dell'Italia. Notiamo immediatamente che il numero di città grandi e piccole è veramente straordinario per un paese della grandezza dell'Italia, e che ciascuna regione ha vari centri più o meno importanti.

Alcune città italiane sono vere metropoli: Roma, la capitale moderna e la capitale dell'antico Impero Romano ha più di due milioni di abitanti; Milano, il grande centro industriale, e Napoli, uno dei grandi porti del Mediterraneo hanno più di un milione di abitanti. Ma vi sono molte altre grandi città con una popolazione che o oltrepassa o si avvicina al mezzo milione di abitanti: Torino, uno dei centri della moda italiana; Venezia, la città dei canali; Firenze, la culla del Rinascimento; Genova, uno dei due grandi porti italiani; Palermo, capitale della Sicilia, e altre.

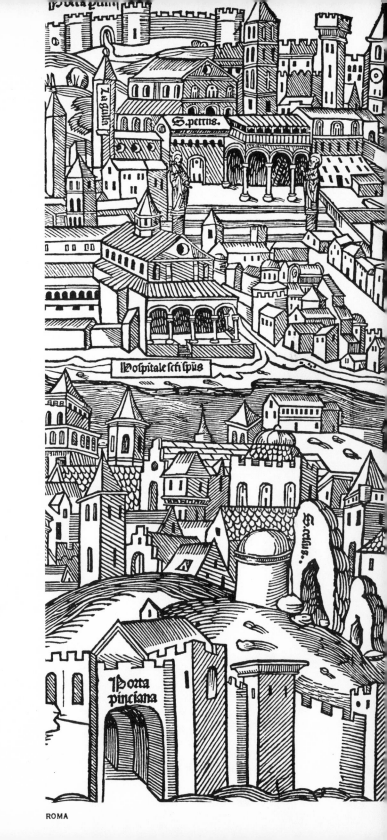

Porta pinci

S.petrus.

Hospitale sci spus

S.clius.

Porta
pinciana

ROMA

Naturalmente in Italia ci sono, poi, molte piccole città e molti paesi. Fra le numerose piccole città che abbelliscono il paesaggio italiano, occupano un posto speciale quelle dell'Italia centrale e meridionale, quali Perugia, Assisi, Viterbo, Orvieto, Siena, Tivoli, e molte altre. Alcune di queste cittadine sono situate sulla cima o sulla costa di una collina o di un monte e presentano un colpo d'occhio pittoresco.

Anche se l'aspetto di alcune città italiane è moderno, l'origine di quasi tutte è antica. Una caratteristica delle città e dei paesi italiani che lo straniero nota immediatamente, è che le case sono di pietra; esse sono, quindi, molto solide e durature. È per questa ragione che l'aspetto di molte città e di molti paesi non è cambiato molto attraverso i secoli.

ASSISI

ROMA ANTICA E MODERNA (LA STAZIONE TERMINI)

VENEZIA

Se diamo un altro sguardo alla carta geografica osserviamo che molte città sono situate sul mare: Genova, Napoli, Reggio Calabria, Messina, Palermo, Siracusa, Cagliari, Taranto, Bari, Venezia... Altre sono all'interno, ma data
5 la configurazione geografica della penisola, tutte sono piú o meno vicine al mare.

Ciò che colpisce subito il viaggiatore è la varietà delle città italiane: ciascuna città ha qualche caratteristica che la distingue dalle altre. Infatti, in Italia non vi sono due città
10 identiche. Questa varietà è una delle bellezze dell'Italia. E questo è vero non solo delle città, ma del paesaggio, dei costumi, dei tipi etnici, e della storia. Sí, proprio della storia: infatti la storia dello stivale è come un vasto affresco dove sono rappresentate le varie storie delle numerose città.
15 Per molti secoli la storia d'Italia non è stata la storia di una nazione unita, ma la storia di numerose città e di piccoli stati indipendenti. Ciascuna città italiana ha una storia indipendente e interessante. È soltanto nel secolo scorso che politicamente l'Italia diventa una nazione vera e propria con
20 un governo centrale per l'intero paese.

Un appuntamento nella
Galleria di Milano

9

Elio Martelli ha mantenuto la promessa ed è andato all'albergo di Roberto Hamilton. Ha portato anche una cugina, Nanda Ageno. La cugina ha studiato l'inglese al Ginnasio e lo parla abbastanza correntemente, anche se non ha avuto molte occasioni di conversare fuori di classe. È una signo- 5
rina di diciassette anni, alta, con i capelli castani, gli occhi neri, ed è vivace e allegra.

I tre giovani hanno visitato il Duomo, la bella cattedrale gotica ricca di statue e di guglie, ed ora sono seduti al tavolino di un caffè nella Galleria. 10

Elio — Basta con l'inglese, Nanda! Roberto non è venuto in Italia per insegnare l'inglese!

Nanda — Hai ragione. E poi vi confesso che sono stanca di questa ginnastica mentale...ci sono troppe parole che devo ancora imparare. 15

Roberto — Continueremo domani quando visiteremo la Pinacoteca di Brera. Non vedo l'ora di entrare nella sala dov'è lo *Sposalizio della Vergine* di Raffaello.

Nanda — Domani è domenica e l'entrata è gratuita, ma bisognerà andare presto perchè la Pinacoteca è chiusa nel 20
pomeriggio.

Elio — Io, ogni volta che mi fermo a Milano, sento il bisogno di entrare nel Duomo per qualche minuto.

Roberto — Ha ragione. È molto bello. E molto belle sono anche le vetrate a colori.

Nanda — Ha notato le guglie e le statue?

Roberto — Sí. Sono andato sul tetto che è tutto di marmo.

Elio — E ora perché non andiamo a vedere *L'Ultima Cena* di Leonardo da Vinci nella chiesa di Santa Maria delle Grazie?

Roberto — Benissimo. È lontano?

Nanda — Non molto lontano; e poi, oggi è una bella giornata e se andiamo a piedi Lei osserverà molto meglio questa grande città.

Roberto — È vero. Dopo la visita a Santa Maria delle Grazie ritorneremo qui? Questa Galleria è veramente affascinante: negozi, caffè di ogni specie...e quanta gente!

Elio — È il ritrovo preferito di scrittori, cantanti, commercianti ... È sempre cosí, anche quando piove, perché, come vede, è tutta coperta.

Roberto — Sí. C'è molta luce. Nell'interno del Duomo, invece, c'è poca luce; ma è così in quasi tutte le cattedrali.

Nanda — È naturale! In chiesa la luce non è molto importante. Andiamo in chiesa per pregare e non per leggere il giornale come nella Galleria!

LEONARDO DA VINCI: L'ULTIMA CENA (DETTAGLIO) *Anderson Photo*

I giovani sono usciti dalla Galleria e passano davanti al Teatro della Scala.

Roberto — Non è il Teatro della Scala quell'edifịcio? L'ho veduto in vạrie fotografie.

Nanda — Ha ragione. Ma, di sọlito, lo chiamiamo semplicemente La Scala. 5

Roberto — Che cosa danno ora?

Ẹlio — Niente. Non è lo stesso anche in Amẹrica? Danno ọpere al Metropolitan di New York durante l'estate?

Roberto — No; ha ragione. 10

Nanda — Durante l'estate quị in Itạlia danno delle ọpere all'Arena di Verona e alle Terme di Caracalla a Roma.

Roberto — C'è sempre tanto trạffico a Milano? Automọbili, motociclette, biciclette, pedoni!

Ẹlio — Sí. Milano è un grande centro commerciale e 15 industriale; e poi è anche un centro di comunicazione con i paesi dell'Europa centrale.

Nanda — Tutti gli anni, in aprile, quị a Milano c'è la famosa Fiera Campionạria Internazionale. La conosce?

Roberto — No. È una fiera grande? 20

Ẹlio — Sí. Anche gli Stati Uniti partẹcipano a questa Fiera con i loro prodotti.

Nanda — Ecco. Quị c'è un semạforo. Attraversiamo?

Roberto — Certo! . . . Ora non ho tempo, ma ritornerò a Milano perché desịdero visitare il Lago di Como e il Lago 25 Maggiore. Porterò i miei pennelli e i miei colori e dipingerò.

Nanda — Ecco Santa Maria delle Grạzie.

32

Da Milano a Bologna in automobile

10 È una bella giornata di luglio. Elio è andato all'albergo di Roberto ed i due giovani sono partiti per Bologna. Mentre la macchina di Elio corre velocemente per la campagna, Roberto si volta indietro per guardare ancora una volta il Duomo che diventa sempre più piccolo e finalmente scom- 5 pare all'orizzonte.

La macchina di Elio è una piccola Fiat 850 (ottocento cinquanta); non è nuova, ma è in ottime condizioni. Invece di prendere l'autostrada, Elio ha preferito prendere la vecchia strada perché è più pittoresca. La strada che seguono 10 non è molto larga e corre diritta per la pianura padana. C'è molto traffico e spesso Elio rallenta e procede lentamente dietro a un autotreno o a un camion mentre aspetta l'occasione per sorpassare. In Italia, come nel resto dell'Europa, le automobili sono diventate molto numerose in questi 15 ultimi anni. Questa è naturalmente una bella cosa e un

segno di progresso, ma allo stesso tempo presenta numerosi
e gravi problemi. Mentre il numero delle automobili è
aumentato considerevolmente, la costruzione di nuove strade
non ha progredito dello stesso passo. Cosí ci sono troppe
5 automobili e non abbastanza strade. Ma questo è un problema che riscontriamo non solo in Italia, ma anche negli
altri paesi d'Europa e negli Stati Uniti. In Italia hanno cercato di risolvere questo problema con la costruzione di numerose autostrade. Bellissima è l'Autostrada del Sole che attra-
10 versa la penisola del nord al sud, da Milano a Reggio in
Calabria.

BOLOGNA: SANTO STEFANO

TORINO: LA COMPAGNIA FIAT

Tra tutte le automobili italiane le piú numerose sono certamente le Fiat. La compagnia Fiat (Fabbrica italiana automobili Torino) ha una grande fabbrica moderna a Torino, e non solo occupa il primo posto nella vendita d'au-
5 tomobili in Italia, ma esporta anche un numero considerevole di macchine all'estero. Altre macchine popolari in Italia sono l'Alfa Romeo e la Lancia. Tra le macchine da corsa gl'Italiani fabbricano delle automobili famose in tutto il mondo, come la Ferrari e la Maserati.
10 Da Milano a Bologna i due giovani seguono la Via Emilia, un'antica via costruita secoli fa dai Romani, che sono restati famosi per le loro strade, uno dei segni piú duraturi della loro civiltà. La distanza tra Milano e Bologna è relativamente breve: 135 (cento trentacinque) miglia, e la strada
15 è tutta in pianura perchè corre ai piedi degli Appennini ma non li attraversa. I due amici sono passati per Piacenza, dove

hanno attraversato il Po, e hanno proseguito per Parma dove hanno fatto colazione e dove hanno fatto una breve escursione per visitare la Certosa, un antico monastero. Da Parma hanno continuato verso Modena e qui si sono fermati ad una stazione di servizio per comprare della benzina. In Italia, 5 come negli Stati Uniti, ci sono numerose stazioni di benzina moderne: alcune stazioni hanno anche docce e camere per i viaggiatori. Elio ha spiegato a Roberto che l'Italia importa molta benzina e petrolio dall'estero, ma che ha cominciato a servirsi di benzina di produzione nazionale, e infatti Ro- 10 berto ha notato non solo molte stazioni con nomi noti, ma anche alcune con nomi nuovi.

Durante il viaggio Elio e Roberto hanno parlato un po' di tutto, ma ora viaggiano in silenzio. Il sole è già basso sull'orizzonte quando vedono in lontananza una città con 15 due alte torri. "Ecco Bologna," dice Elio, e rallenta.

BOLOGNA: LA TORRE DEGLI ASINELLI

Arrivo a Bologna

Sono le sei e mezza del pomeriggio. L'automobile di Elio è arrivata alle porte di Bologna, e procede per una delle vie della città.

— Tante grazie Elio, ma perché non mi lasci a un albergo?
5 Perché vuoi disturbare i tuoi genitori?

— Ma no! Ti ho invitato a casa perché abbiamo una camera libera. È la camera di mio fratello, ma lui è in vacanza a Forte dei Marmi e non ritornerà fino a settembre. Ecco il centro della città. Vedi quelle torri pendenti? Sono
10 le torri Garisenda e Asinelli. Sono due torri medioevali. Nel Medioevo a Bologna c'erano molte torri.

11

— Quanti portici! Quasi ogni palazzo ha un portico.

— Sono molto comodi. Durante l'estate riparano dal sole, e nell'inverno riparano dalla pioggia e anche un po' dal vento. Come vedi, sotto ai portici ci sono dei negozi. Hai notato che le vie sono piuttosto strette?

— Sí. Questa per cui passiamo ora dev'essere come era tre o quattro secoli fa. È una città affascinante.

— Domani ti mostrerò l'antica università e la chiesa di San Petronio. Ecco Via Zamboni, e questa è l'entrata del palazzo in cui abitiamo.

— La tua 850 (ottocento cinquanta) ha camminato veramente bene. Ecco le valigie: questa è la tua e queste due sono le mie. A che piano abiti?

— Al quarto, ma c'è l'ascensore. Come vedi qui in Italia, con l'eccezione di poche famiglie ricche che hanno una villa in periferia, abitiamo tutti in appartamenti. I palazzi hanno di solito cinque o sei piani, e a ogni piano ci sono due o più appartamenti. Al pian terreno c'è un appartamento per la famiglia del portiere. Il portiere, o sua moglie, spazza le scale, distribuisce la posta, e la sera alle dieci chiude il portone, cioè la grande porta sulla via ... Ecco il quarto piano.

— Numero otto. È il vostro appartamento?

— Sí. ... Non risponde nessuno. Mio padre sarà in ufficio, e mia madre dev'essere uscita con la cameriera a fare la spesa. Fortunatamente ho la chiave in una tasca della valigia.

— Ma non hai mandato un telegramma a tua madre?

— No, non le ho mandato un telegramma perché volevo fare una sorpresa a tutti. Ecco la chiave.

Elio apre la porta e i due giovani entrano.

— È un appartamento molto elegante. Quante stanze ci sono? — domanda Roberto.

— Dunque, c'è la cucina, la sala da pranzo, un piccolo salotto, tre camere e il bagno. Questa è la tua camera. Ti assicuro che il letto è comodo. Questo mobile con un lungo specchio è l'armadio.

— Già, in Italia l'armadio è un mobile, non avete armadi a muro come li abbiamo in America.

— Non c'è molta luce perché le persiane sono chiuse, ma le apro subito.

— Non importa. È già quasi notte.

— È vero. Allora possiamo andare in salotto e aprire il televisore. Vuoi vedere il telegiornale?

L'UNIVERSITÀ DI BOLOGNA

— È un'ottima idea . . . È bello questo televisore. È americano?

— No, è una marca italiana.

— Avete molti canali qui a Bologna?

5 — No, due soltanto. Per ora in Italia ci sono due canali:
il Canale Nazionale e il Secondo Canale.

— Mi hanno detto che pagate una tassa sul televisore
ogni anno.

43

— È vero. Il telegiornale è già incominciato.

— L'annunciatore non è né bolognese né milanese. È fiorentino?

— No, è romano. Dunque hai notato che c'è una certa differenza di accento da una città all'altra qui in Italia. ₅

— Sí. Ho notato a Milano che il tuo accento non era come quello dei Milanesi.

— È vero. È un fenomeno che noterai a Firenze, a Roma e nelle altre città. . . . È entrato qualcuno in casa.

— Sarà tua madre con la cameriera. ₁₀

— Vado a vedere.

ARTE ETRUSCA *Alinari Photo*

Lingua e dialetti

Come abbiamo veduto in un capitolo precedente, l'Italia è un paese piuttosto piccolo: la popolazione, però, è assai grande, circa 51 milioni. In Italia non c'è uniformità etnica: non c'è oggi, e non c'è stata mai. Già in tempi remoti no-
5 tiamo una certa suddivisione di razze: nell'Italia setten- trionale i Liguri e i Veneti; nell'Italia centrale e meridionale gli Etruschi, gli Umbri, e i popoli Italici. Un po' piú tardi, poi, troviamo i Celti e i Galli nel nord, e i Greci nel sud. Fu Roma, con la sua forza politica e militare, che a un certo
10 momento riuscí a dare unità a una varietà cosí grande di tipi etnici.

L'Italia è stata invasa molte volte, dal nord e dal sud, dall'inizio della storia fino alla Seconda Guerra Mondiale. Con la caduta dell'Impero Romano incominciarono le inva-
15 sioni che durarono molti secoli, e che portarono nella peni- sola italiana gli Ostrogoti, i Vandali, i Longobardi, i Saraceni, i Normanni, ecc. Mancò un governo centrale, e questo facilitò la suddivisione della penisola in regioni.

12

Come non c'è unità etnica, in Italia non c'è nemmeno
perfetta unità linguistica. Roberto ha notato che i Milanesi,
i Bolognesi e i Romani, per esempio, parlano italiano con
un accento un po' diverso. Ma questo non è tutto. Oltre
alla lingua italiana che tutti parlano, in Italia ci sono anche 5
i dialetti.

La lingua italiana è una lingua romanza, cioè è una delle
lingue che derivano dal latino, la lingua dell'antica Roma.
Lingue romanze sono anche il francese, lo spagnolo, il portoghese e il rumeno.   10

Come abbiamo detto, tutti gl'Italiani parlano italiano: ma è importante ricordare che molti Italiani sono bilingui, perché oltre all'italiano parlano anche un dialetto. Abbiamo veduto che l'Italia è divisa in regioni: in generale, ogni
5 regione ha il suo dialetto, che in molti casi è assai diverso dall'italiano. Di modo che, un piemontese parla italiano ma parla anche il dialetto del Piemonte, cioè il piemontese. Un veneziano parla italiano ma anche il dialetto di Venezia, cioè il veneziano; un napoletano parla italiano e
10 anche il dialetto di Napoli, cioè il napoletano, ecc. Alcuni

47

dialetti si somigliano tra loro: per esempio il toscano e l'umbro; altri sono molto differenti: per esempio il napoletano e il lombardo.

I dialetti si formarono molti secoli fa quando l'Italia non era un paese unito e quando le comunicazioni da un luogo all'altro della penisola non erano facili. Questa suddivisione linguistica dell'Italia rispecchia in un certo modo la divisione geografica e storica della penisola. Il dialetto della Toscana, specialmente il fiorentino, si affermò assai presto come lingua letteraria perchè molti dei grandi scrittori italiani — Dante Alighieri, Giovanni Boccaccio, Francesco Petrarca e altri — scrissero le loro opere essenzialmente nella lingua della loro patria, cioè Firenze.

I dialetti italiani hanno delle radici molto profonde, ma è difficile dire fino a quando sopravviveranno nel mondo moderno; un mondo di facili comunicazioni in cui la scuola, la radio, la televisione e il cinema, tendono a creare uniformità di costumi e di lingua.

DANTES DI ALIGIERIS FLORETINI

ANDREA DEL CASTAGNO: DANTE, PETRARCA E BOCCACCIO *Anderson Photo*

DOMINVS FRANCISCHVS PETRARCHA

DOMINVS IOHANNES BOCCACCIO

Alla stazione di Bologna

13

È ormai arrivato il momento della partenza da Bologna. Roberto e Elio sono alla stazione davanti all'edicola dei giornali.

— Che cosa mi consigli di prendere? — domanda Roberto.

— Ci penso io — risponde Elio, e sceglie un giornale e 5
due riviste.

— Ecco — dice poi a Roberto — *Il Resto del Carlino* e due riviste che troverai interessanti.

— Grazie Elio. *Il Resto del Carlino* sembra un nome strano per un giornale. 10

— Sí è vero! È un vecchio giornale bolognese. Si chiama cosí perché una volta lo compravano con il resto che rimaneva di una moneta che si chiamava "Carlino" — spiega Elio.

— È interessante. Sono già le quattro e mezza, il treno arriverà fra cinque minuti; andiamo? 15

I due giovani attraversano una cancellata dove c'è una targa che dice "Ai treni" e si fermano al binario numero 3.

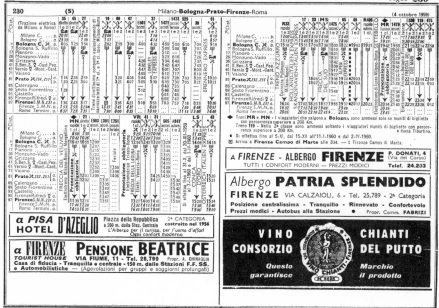

— Ecco il treno — dice Elio.

— Allora... arrivederci Elio, e di nuovo grazie della tua ospitalità e di tutte le gentilezze.

— Ma ti pare!

5 — Allora, ci vedremo a Roma. Mi hai promesso di ricambiare la visita a Roma.

— Certo. Ci rivedremo in primavera.

(Una voce) In carrozza!

— Ciao Elio, tante grazie anche ai tuoi genitori!

10 — Arrivederci e buon viaggio.

Roberto sale in treno e dopo un ultimo saluto a Elio cerca un posto. Immediatamente Roberto nota che i treni italiani sono molto diversi da quelli americani. Sapeva già che in Italia i treni sono divisi in classi. Una volta c'erano

15 tre classi ma ora ci sono solamente la prima e la seconda classe. Non sapeva però che tutte le carrozze dei treni italiani hanno un corridoio da un lato e che sono divise in scompartimenti. Un'altra cosa che colpisce Roberto sono i finestrini. Nei treni americani questi sono sempre chiusi mentre nei

20 treni italiani i passeggeri li possono aprire. Roberto entra in uno scompartimento dove ci sono due passeggeri, un uomo di circa cinquant'anni e una signora, e si siede.

51

— Scusi, non ha per caso un orario? — domanda il signore a Roberto.

— No, mi dispiace — gli risponde Roberto.

— Avevamo un orario, ma mia moglie lo ha perduto — dice il signore con un'aria annoiata.   5

— Non l'ho fatto apposta — interrompe la signora. Poi a Roberto — Cosa vuole...con tante valige e tutti questi giornali.... Bisognava prendere un facchino.

In questo momento entra il controllore:

— Biglietti, signori, per favore.   10

Quando il controllore esce Roberto apre il giornale, ma ha appena incominciato a leggere quando il signore incomincia a parlare.

— Siamo stati a Como in vacanza; è un posto incantevole.

E per dieci minuti descrive le bellezze di Como. Roberto 15 ascolta pazientemente e poi cerca di nuovo di leggere il giornale, ma il signore appena ha finito di parlare di Como incomincia a parlare di una lunga galleria sotto gli Appennini che il treno ha attraversato proprio allora. Dopo la galleria vengono la politica, il tempo, ecc. Finalmente la signora, 20 che poco prima dormiva, domanda:

— Che ore sono?

— Sono le 5:35. Saremo a Firenze fra dieci minuti — le risponde il marito. — Dobbiamo preparare le valige.

— E questa volta prenderemo un facchino — dice la mo- 25 glie con un tono di comando.

Roberto si alza e prende le sue valige.

— È stato un viaggio breve ma interessante. Grazie della compagnia.

— Prego, prego — risponde il signore. — Grazie a Lei e arrivederLa.

— Buona sera, Signora.

— Buona sera.

Roberto esce nel corridoio e si ferma davanti a un finestrino. Il treno è quasi a Firenze e Roberto vede il Duomo e il campanile di Giotto che riconosce subito perché li ha visti tante volte in fotografia. Poi ripensa ai suoi compagni di viaggio e sorride.

— Meno male che Elio mi ha comprato il giornale e le riviste — pensa — li ho letti con grande piacere e non mi sono annoiato — E di nuovo sorride.

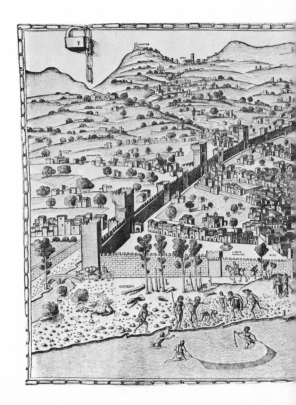

FIORENZA

Un po' di storia

14   Roberto ha facilmente riconosciuto il Duomo e il Campanile di Giotto. Questi due edifici, noti in tutto il mondo, sono simboli di Firenze, una città che occupa un posto speciale nella storia della civiltà occidentale perché fu il centro del Rinascimento. Come abbiamo già veduto, la storia d'Italia ₅ è la storia di molte città, piuttosto che la storia di una nazione, e tra le città italiane, Firenze è stata per secoli molto importante, forse quanto Roma.

FIRENZE: IL CAMPANILE DI GIOTTO

ROMA ANTICA

Roma, il centro della civiltà romana, dominò per molti secoli tutto il mondo, e la lingua, i costumi, le leggi, l'architettura di Roma diventarono comuni in tutto l'occidente. L'avvento del Cristianesimo e la caduta dell'Impero Romano cambiarono la storia di Roma. Il centro del potere politico si spostò a Costantinopoli ma Roma diventò la sede principale della nuova religione cristiana.

Durante il Medioevo, il periodo che va dal secolo VI (sesto) al secolo XIII (tredicesimo), Roma continuò a dominare su tutto l'occidente con il suo potere religioso, ma politicamente in Italia assistiamo al sorgere dei Comuni e delle repubbliche italiane. Il Comune, un'istituzione prettamente

ROMA: COLONNA DI TRAIANO E MONUMENTO A VITTORIO EMANUELE

italiana, era una città libera governata da uno o piú individui eletti dal popolo. Non ci fu piú una storia d'Italia, ma la storia di Genova, Milano, Venezia, Firenze, Amalfi, Roma, ecc. Le invasioni alterarono l'eredità romana della penisola, ma non totalmente, e il Comune, basato su tradizioni di vita urbana e latina, si sviluppò in opposizione alla civiltà degl'invasori che era essenzialmente feudale.

Verso la fine del Medioevo i Comuni cambiarono carattere e durante il periodo che seguí, cioè il Rinascimento, essi diventarono Signorie. Essenzialmente questo cambiamento consisté nell'abbandono d'istituzioni libere a favore di forme di governo autocratiche. Il capo del nuovo stato fu il Signore o il Principe. Culturalmente il Rinascimento fu un periodo glorioso nella storia d'Italia, ma politicamente ebbe risultati negativi perché la divisione in tanti piccoli stati portò alla dominazione straniera. Cosí durante il periodo barocco (secolo diciassettesimo) e il periodo dell'illuminismo (secolo diciottesimo) l'Italia, sotto la dominazione dei Francesi, degli Spagnoli, e degli Austriaci, si trovò ridotta ad una posizione secondaria.

Soltanto nel secolo seguente (secolo diciannovesimo), nel periodo che si chiama Risorgimento, l'Italia trovò la forza di cacciare lo straniero, e nel 1870 (mille ottocento settanta), dopo undici secoli di divisione, essa riacquistò l'indipendenza politica sotto il regno della Casa di Savoia. Ma la storia portò altri cambiamenti. Dopo la Seconda Guerra Mondiale l'Italia diventò una repubblica.

L'Università per Stranieri di Firenze

15

Ieri l'altro Roberto è arrivato a Firenze. Ha chiamato un tassí, ed è andato a una pensione che gli consigliò il suo professore d'arte negli Stati Uniti. È una pensione modesta, situata lungo l'Arno. La camera di Roberto dà sul Lungarno, e dalla finestra c'è una splendida veduta del fiume, di 5 Piazzale Michelangelo, e dell'antica chiesa di San Miniato al Monte. Nella stessa pensione abitano alcuni studenti stranieri che frequentano l'Università per Stranieri. Uno di questi studenti è un americano, figlio di genitori italiani, che si prepara per l'insegnamento dell'italiano nelle scuole 10 medie di New York. Si chiama Mario Pecchioli. Sono le nove di mattina e Roberto esce con Mario per andare con lui all'Università per Stranieri.

— Andiamo a piedi, Mario?

— Sí, sí. I filobus a quest'ora della mattina sono pieni, e 15 poi, come hai veduto, Firenze è una città molto compatta, ed è piacevole camminare per la città.

— Tu che lezioni hai stamani?

— Alle dieci ho lezione di letteratura contemporanea, e alle undici seguo un corso sul Leopardi? Lo conosci?

— No. Conosco bene la storia dell'arte italiana, ma non conosco la letteratura.

— Giacomo Leopardi è un grande poeta del secolo scorso. Perchè non vieni in classe con me alle undici? Oggi il professore ci leggerà *La Ginestra,* una poesia piuttosto lunga, ma molto bella.

— Benissimo. Quando sono incominciate le lezioni?

— Non ricordo il giorno preciso, ma era verso la metà di giugno. È la loro sessione estiva, e finirà il 25 di agosto. Ci sono quattro sessioni qui a Firenze per gli studenti stranieri: l'autunnale, l'invernale, la primaverile e quella estiva.

— Ci sono "fraternities" qui in Italia?

— No, ma per gli studenti stranieri, qui a Firenze, e anche a Roma, c'è una Casa dello Studente. Qui a Firenze è su una bella collina. Io volevo andare lì quando sono venuto, ma non c'era posto.

— Io avevo quasi l'intenzione di frequentare l'Università per Stranieri di Perugia. Quest'anno danno un corso d'arte etrusca che proprio volevo seguire, ma poi ho deciso di visitare un po' l'Italia prima d'incominciare a dipingere e a studiare.

— Io andai a Perugia appena arrivai dagli Stati Uniti. Come ti ho detto ho una borsa, e tutti i borsisti devono passare le prime due settimane in Italia a Perugia dove seguono dei corsi di orientamento.

— È una buon'idea.

— Ecco l'entrata della segreteria. Ti lascio qui, cosí tu puoi leggere gli avvisi, sfogliare qualche bollettino e magari fare qualche conoscenza. Ti avverto che la segretaria è molto carina! Alle undici vengo qui e ti porto a lezione con me.

— Va bene, ciao.

La scuola italiana

La scuola che Roberto ha visitato in compagnia del suo amico Mario Pecchioli è, come abbiamo visto, un'università per stranieri. Le università per gli studenti italiani sono molto diverse da quelle per gli stranieri e ancora piú diverse da quelle americane. Infatti, tutto il sistema scolastico italiano ha un'organizzazione e un orientamento completamente differenti da quelli americani.

In America l'istruzione pubblica è sotto la giurisdizione dei singoli stati e perciò varia da stato a stato. A volte le differenze locali sono profonde e perciò i risultati dell'insegnamento sono molto diversi. In Italia l'istruzione pubblica è affidata a un ente centrale, il Ministero della Pubblica Istruzione, che ha completa responsabilità e giurisdizione su tutto il paese. Questa organizzazione centrale tende a creare un livello di uniformità nella preparazione degli studenti e nelle materie di studio.

Un'altra differenza fondamentale tra il sistema italiano e quello americano è nell'orientamento. In America tutti i giovani finiscono le scuole medie, e molti di essi continuano gli studi nei "colleges". La selezione tra studenti mediocri e studenti dotati non ha luogo fino al "college". In Italia questa selezione comincia molto prima, con il risultato che un numero esiguo di studenti arriva all'università.

16

IN UNA SCUOLA ELEMENTARE

Secondo la legge, tutti i ragazzi italiani sono obbligati a frequentare la scuola dall'età di sei fino a quattordici anni. I bambini italiani possono cominciare la scuola a quattro o cinque anni nelle cosiddette *Scuole Materne*. Dopo la *Scuola*

BAMBINI ROMANI

Materna viene la *Scuola Elementare* che ha una durata di cinque anni e che di solito comincia all'età di sei anni. Alla fine della *Scuola Elementare* il ragazzo deve frequentare la *Scuola Media Unica,* che dura tre anni. Dopo la scuola media, se lo studente vuole diventare maestro di scuola elementare, va agl' *Istituti Magistrali* per quattro anni. Se, invece, vuole andare all'*Università*, generalmente s'iscrive al *Liceo*: il *Liceo Classico*, il *Liceo Scientifico* o il *Liceo Artistico*, secondo la professione che intende esercitare. Il *Liceo* ha una durata di cinque anni. Ma non tutti gli studenti vanno al *Liceo;* la maggior parte s'iscrive agli *Istituti Tecnici,* da cui, però, possono accedere all'*Università*. La durata di tutti gl'*Istituti Tecnici* è di cinque anni.

L'università italiana è essenzialmente una scuola di specializzazione, ma lo studente universitario italiano ha molta libertà.

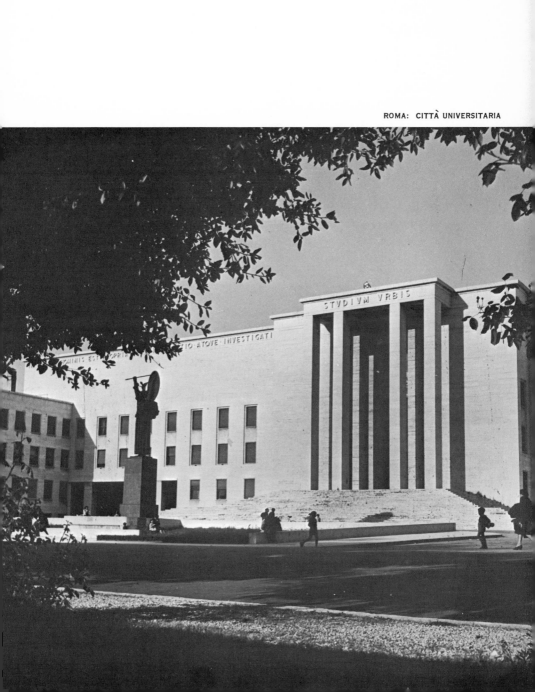

Soggiorno fiorentino

17 È giovedí. Roberto ha quasi finito i soldi che ha cambiato a Milano, e deve andare a cambiare un paio di assegni per viaggiatori. Stamani s'è alzato presto, ha fatto la prima colazione — una colazione semplice, all'italiana, cioè caffè con latte e un panino con burro e marmellata — e poi si è avviato 5 verso l'ufficio dell'American Express, lungo il marciapiede che dalla pensione dove abita in pochi minuti lo porta al Ponte a Santa Trinita.

È una giornata calda di luglio, ma in cielo vi sono delle grosse nuvole minacciose. Forse nel pomeriggio una bella 10 pioggia rinfrescherà l'aria afosa. Roberto arriva all'ufficio dell'American Express, e prima di tutto va al banco dove una signorina distribuisce la posta.

— Buon giorno, signorina. C'è posta per Roberto Hamilton? 15

— Aspetti un momento... Gordon, Gould, Grant, Hill, Holt... No, non c'è niente per Lei signor Hamilton. Aspettava una lettera?

— Sí, ma pazienza! Ripasserò lunedí. In ogni modo, quando partirò per Roma L'avvertirò, cosí farà seguire le 20 mie lettere. Senta, dove posso cambiare degli assegni per viaggiatori?

— Lí a destra, allo sportello del cambio.

— Grazie. *(Fra sé)* Guarda quanta gente! Devo fare la coda... Finalmente! 25

— Mi cambi per favore questi due assegni.

— Li firmi e mi mostri il Suo passaporto, per favore...

— Benissimo. Ecco.

Roberto ringrazia l'impiegato, poi va al reparto di viaggi
5 per chiedere delle informazioni, e lì parla a lungo con un
giovane impiegato, il signor Paolo Fasetti che è molto simpatico. Dopo circa mezz'ora, Roberto esce e cammina di
nuovo lungo l'Arno fino al Ponte Vecchio. Come sempre, il
Ponte Vecchio è affollato di persone; molti sono turisti ita-
10 liani e stranieri che prima guardano pazientemente le belle
vetrine piene di gioielli, orologi, oggetti di pelle, ecc., e poi
entrano nei vari negozi per comprare qualche ricordo.
Roberto volta a sinistra, e quando arriva a Piazza del Mercato Nuovo entra in una libreria per chiedere le indicazioni
15 per andare alle Cappelle Medicee.

— Buon giorno, signore, desidera qualcosa?

— Sí. Ha una piccola guida di Firenze con una pianta
della città?

FIRENZE: PONTE VECCHIO

— Guardi, c'è questa che costa poco e che è fatta veramente bene.

— Questa va bene. Senta, mi segna per favore sulla pianta
che via devo prendere per andare alle Cappelle Medicee?

— Ecco, guardi. Segua questa via fino a quest'angolo. 5
Qui c'è il Palazzo Medici Riccardi. Volti a sinistra e quando
arriva a Piazza San Lorenzo chieda di nuovo e Le indiche-
ranno l'entrata. Vuole vedere le tombe con le statue di
Michelangelo?

— Sí. Le ho viste tante volte nei miei libri d'arte. 10

— Io le ho vedute molte volte; sono tutte belle, ma preferisco quella della Notte. "La notte che tu vedi in sí dolci
atti . . .", è una breve poesia famosa, ma la troverà nella guida
che ha comprato.

— Ho già visitato il Museo dell'Accademia perché volevo 15
subito vedere il David, e stamani voglio vedere le tombe.
Buon giorno.

— Buon giorno e grazie. Allora segua questa via fino
all'angolo . . .

La notte che tu vedi in sí dolci atti   20
dormire, fu da un angelo scolpita
in questo sasso, e perché dorme ha vita;
destala, se nol credi, e parleratti.

*(Poesia scritta da Giovanni Strozzi per la
"Notte" di Michelangelo)*

RAVENNA: L'IMPERATRICE TEODORA (MOSAICO) *Alinari Photo*

L'arte italiana

18

Il museo dell'Accademia di Belle Arti che Roberto ha visitato è uno dei molti musei di Firenze, e il David di Michelangelo è uno dei numerosi capolavori d'arte creati durante il Rinascimento. Questo periodo di cui Firenze, come abbiamo visto, fu il centro principale, fu veramente un'epoca 5 gloriosa per l'arte.

Ma il Rinascimento è soltanto uno dei periodi della tradizione artistica italiana. Questa tradizione risale, senza interruzioni, all'antica civiltà romana. Già durante il Medioevo, nel periodo bizantino — secoli V–VII (quinto, settimo) — nel 10 periodo romanico — secoli XI–XIII (undicesimo, tredicesimo) — e in quello gotico — secoli XIII–XIV (tredicesimo, quattordicesimo) — le arti fiorivano in Italia con grande splendore. Ravenna, il centro dell'arte bizantina in Italia, ci offre anche oggi degli esempi straordinari di quest'arte, nel- 15

l'architettura e nei mosaici delle sue chiese. L'architettura religiosa del periodo romanico esiste ancora in edifici come la chiesa di Sant'Ambrogio a Milano e il Duomo di Pisa. Quest'ultimo, che forma un gruppo omogeneo d'edifici con
5 il Battistero e la famosa Torre Pendente, sembrò una tale meraviglia ai contemporanei che essi chiamarono il luogo dove esso sorse *La Piazza dei Miracoli*. L'arte gotica si manifestò non solo nell'architettura ma anche nella pittura e nella scultura. Tra gli edifici gotici possiamo ricordare il Duomo
10 di Milano e quello di Siena, il Palazzo Vecchio a Firenze e

PISA: LA TORRE PENDENTE

il Palazzo dei Dogi a Venezia. Nella pittura basta ricordare il nome di Giotto per capire che il periodo gotico fu molto importante nella storia della pittura italiana.

Il Rinascimento segnò un nuovo periodo nel campo delle arti. Lo splendore che le arti raggiunsero in quest'epoca non è forse mai stato eguagliato. I grandi pittori, scultori, e architetti si moltiplicarono, ed i loro capolavori si trovano ancora oggi non solo in Italia ma in tutto il mondo. Leonardo e la sua Monna Lisa, le sculture di Michelangelo e i suoi affreschi della Cappella Sistina, Raffaello e le sue Madonne, sono ancora e saranno sempre simboli delle supreme manifestazioni dell'arte. La basilica di San Pietro a Roma e la chiesa di Santo Spirito a Firenze, sono gioielli dell'architettura rinascimentale e ogni anno migliaia di turisti si recano ad ammirare la loro bellezza.

GIOTTO: LA FUGA IN EGITTO

MICHELANGELO: LA CREAZIONE DELL'UOMO (DETTAGLIO) *Anderson Photo*

MICHELANGELO: AUTORITRATTO *Anderson Photo*

CANOVA: PAOLINA BONAPARTE *Alinari Photo*

La fine del Rinascimento segnò la fine di un'epoca eccezionale ma la tradizione artistica italiana ha continuato fino ai nostri giorni. Nel periodo barocco — secolo XVII (diciassettesimo) — e nel periodo neoclassico — secolo XVIII (diciottesimo) — l'Italia restò sempre un centro di grande importanza per la sua attività artistica. Durante il periodo romantico — secolo XIX (diciannovesimo) — gli sforzi degli Italiani furono diretti alla lotta per l'indipendenza politica e l'arte non fu coltivata con la stessa energia dei secoli precedenti. Ma la tradizione artistica non morí. Infatti dopo l'indipendenza l'arte trovò nuova ispirazione e nuovo impeto, e oggi l'Italia occupa di nuovo un posto principale nell'arte europea e mondiale.

MODIGLIANI: ANNA ZBOROWSKA *Collection of Museum of Modern Art*

A tavola non s'invecchia

È sạbato. Sono le otto e tre quarti di sera. Roberto è seduto con un altro giọvane a una tạvola di un ristorante a Pontassieve, una piccola città a pochi chilọmetri da Firenze. È seduto con il signọr Pạolo Fasetti, il giọvane impiegato che
5 conobbe all'American Express. Si conọbbero per caso quando Roberto andò all'American Express per ritirare la posta e per delle informazioni di viạggio. Parlạrono di molte cose, e quando Roberto confessò che ancora non conosceva i dintorni di Firenze, Pạolo l'invitò ad andare con lui il
10 sạbato prọssimo. Oggi Pạolo è passato a prẹndere Roberto alle due; hanno fatto una corsa sull'autostrada fino a Pistọia; più tardi sono saliti a Fiẹsole, e verso sera sono andati a Pontassieve dove ci sono dei ristoranti popolari tịpici. Sulla parete del ristorante dove si sono fermati Roberto e Pạolo
15 c'è un cartello che dice: "A tạvola non s'invẹcchia."

19

COME SI FANNO I TORTELLINI

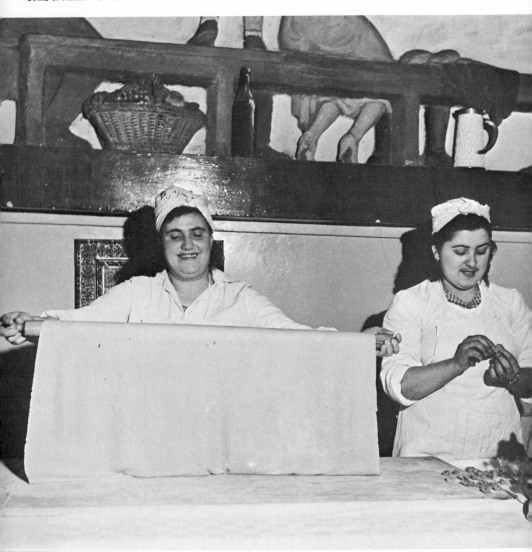

— Che cosa significa quella frase? — chiede Roberto.

— È un proverbio. Significa che a tavola i commensali sono così felici che non si accorgono del tempo che passa.

— È un detto giusto. Ho notato che gl'Italiani restano a
5 tavola molto tempo.

— È vero. Ci teniamo a mangiare bene. Abbiamo un altro proverbio che dice: "È meglio pagare il conto dell'oste che il conto del medico."

— È giusto anche questo.... Questa è la prima volta che
10 mangio il prosciutto con il melone. È un piatto squisito.

— Il prosciutto è buono anche con i fichi. Ma i fichi non sono ancora maturi.

— (*Il cameriere*) Ecco i cannelloni ripieni, signori.

— Anche questo è un piatto nuovo per me — dice Ro-
15 berto.

— Ha notato ancora la varietà della cucina italiana? — domanda Paolo.

— Sí. A Milano ho mangiato il risotto alla milanese; a Bologna i tortellini e il cotechino; e a Firenze la bistecca
20 alla fiorentina.

— Ogni regione d'Italia ha le sue specialità. In Italia c'è grande varietà non solo di paesaggio, di dialetti e di tipi etnici, ma anche di cucina.

— Anche a Roma e a Napoli hanno dei piatti tipici?

— Sí, molti. A Roma dovrà provare l'abbạcchio alla romana, e a Nạpoli gli spaghetti con le vọngole.

— Che cosa sono le vọngole?

— Sono dei piccoli molluschi che danno un sapore speciale alla salsa di pomodoro con cui i napoletani condiscono gli spaghetti.

— Devo confessare che l'arte gastronọmica italiana è molto sviluppata.

— Senz'altro. E forse una delle ragioni per cui la cucina italiana è apprezzata in tutto il mondo, è che le sue specialità sono sane e allo stesso tempo non troppo complicate.

— (Il cameriere) Porto un fiasco di vino rosso?

— No, con il pollo preferiamo il vino bianco — dice Pạolo.

— Ho notato — dice Roberto — e del resto me lo diceva anche mia madre che è italiana, che gl'Italiani bẹvono uno o due bicchieri di vino con i due pasti principali del giorno.

— Sí, quasi tutti gli adulti bẹvono vino a colazione e a pranzo, ma in generale gl'Italiani non fanno uso di forti bevande alcoọliche.

— È vero. Nelle città italiane ci sono molti "bar", ma ho subito notato che in Itạlia "bar" ha lo stesso significato di "caffè."

A un certo punto il cameriere porta del pollo allo spiedo con insalata verde e funghi fritti, e i due giọvani continuano a mangiare e a chiacchierare. Il ristorante è gremito di gente, e l'ạria risuona di voci allegre e di risate. Roberto e Pạolo dẹvono alzare la voce per potẹr continuare la conversazione.

— (Il cameriere) Desịderano un po' di torta? Abbiamo un millefọglie delizioso.

— L'ha mai assaggiato il millefọglie? — chiede Pạolo a Roberto.

— Sí, diverse volte; ma stasera preferisco frutta di stagione.

— Lei si è prọprio italianizzato! In generale, alla fine del pranzo, gl'Italiani preferịscono la frutta alla torta.

— Quando fa caldo, però, qualche volta preferisco un gelato, specialmente se c'è la cassata alla siciliana.

Più tardi.

— Cameriere, il conto per favore! — dice Pạolo.

— Pago io! — dice Roberto.

— No, mi dispiace, ma stasera pago io. Domani sera, dopo la partita di cạlcio pagherà Lei.

84

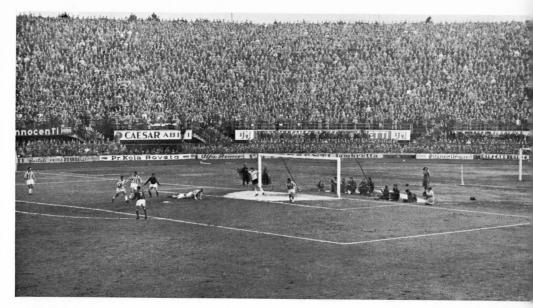

UNA PARTITA DI CALCIO

Lo sport in Italia

20

Senza dubbio il calcio è uno degli sport preferiti dagl'Italiani. Contrariamente al "football" americano che è essenzialmente uno sport per dilettanti, tanto è vero che negli Stati Uniti quasi ogni scuola media e ogni università ha la sua squadra, il calcio italiano è uno sport di professionisti. In questo senso, fa pensare all'organizzazione del "baseball" negli Stati Uniti. Ogni grande città italiana ha la sua squadra di calcio che porta il nome della città stessa che la ospita. C'è poi anche una squadra nazionale che partecipa a partite con altri paesi per il campionato europeo e mondiale. Fra i vari sport, il calcio è quello che attira il maggior numero di spettatori. In Italia vi sono diversi grandi stadi, ma tanti sono i "tifosi" che quando c'è una partita di grande interesse, per esempio una partita fra l'Italia e un paese straniero, l'intera partita è trasmessa per televisione.

ROMA: LO STADIO OLIMPICO

Il calcio in Italia ha una lunga tradizione. A Firenze, nel Rinascimento, giocavano partite di calcio in occasioni speciali in Piazza Santa Croce. I giocatori, che spesso appartenevano alle famiglie nobili della città, erano vestiti in costumi pittoreschi, e la partita durava circa un'ora. Il calcio "in livrea", come dicono a Firenze, oggi ha luogo due volte all'anno, quasi sempre una domenica di maggio, e sempre in giugno nel giorno dedicato al patrono della città, cioè a San Giovanni, nella maestosa Piazza della Signoria. Bisogna dire, però, che il calcio in livrea, cioè in costume, differisce molto dal calcio che giocano negli stadi moderni. Nella partita di calcio in livrea i giocatori formano due squadre di ventisette uomini, e le due squadre rappresentano rispettivamente i rioni situati sulla destra e sulla sinistra dell'Arno. Una squadra è vestita di bianco, e una di verde. La partita è preceduta da un lungo e pittoresco corteo che attraversa la città e finisce sul campo di gioco. I partecipanti al corteo indossano eleganti costumi di vari colori che rappresentano le antiche corporazioni della città, e le varie categorie dell'antico esercito cittadino: soldati, capitani a cavallo, tamburini, ecc. C'è anche una vitella bianca con le corna e gli zoccoli dorati, che è il premio dei vincitori.

Ma il calcio non è il solo sport popolare in Italia. Un altro sport che attira molti spettatori è il ciclismo: corse di bicicletta su strada e in pista. Fra le prime occupa un posto speciale il *Giro d'Italia,* una corsa che dura circa venti giorni, e che si svolge per tutta la penisola. Ma bisogna dire che 5 oggi l'interesse per questo sport è diminuito perché le condizioni economiche del paese sono migliorate, e molti italiani che prima avevano una bicicletta oggi comprano l'automobile. Non ci sorprende quindi di constatare che in Italia sono assai popolari anche le corse di automobili, specialmente se 10 teniamo presente che in Italia ci sono delle ditte che fabbricano delle automobili da corsa famose in tutto il mondo: le Ferrari, le Lancia, le Maserati e le Alfa Romeo.

CORTINA D'AMPEZZO

Meno popolari sono le corse di cavalli, lo sci, il tennis, il pugilato, la scherma — che una volta aveva molti entusiasti — e, in generale, l'atletica leggera. Tuttavia, per gli amanti dell'ippica vi sono dei grandi ippodromi a Roma, Milano e Torino; e gli entusiasti della neve hanno una splendida scelta di centri invernali: Cortina d'Ampezzo e Sestriere sulle Alpi, l'Abetone in Toscana e Roccaraso negli Abruzzi.

Tale è l'interesse di molti italiani per lo sport che tutti i giornali quotidiani dedicano ad esso una pagina, e giornali specializzati come *La Gazzetta dello Sport, Il Calcio Illustrato,* ecc., dedicano la loro attenzione unicamente alle competizioni sportive.

A una conferenza su Dante

21

Sono quasi due settimane che Roberto è a Firenze. È domenica. Roberto e Mario sono usciti dalla pensione e camminano verso Piazza della Repubblica. Piove. Mario s'è messo l'impermeabile; Roberto che non ha un impermeabile, ha un ombrello che gli hanno prestato in pensione. I due amici si recano all'antico Palazzo della Lana per sentire una conferenza su Dante Alighieri. Il grande poeta fiorentino, che per ragioni politiche dovè lasciare la sua patria quando aveva trentasei anni, amò sempre la sua Firenze, anche se non poté mai ritornare a vedere il suo "Bel San Giovanni," la chiesa dov'era stato battezzato. I fiorentini hanno sempre nutrito un sincero amore per il loro sommo poeta, e nel Palazzo della Lana c'è una grande sala, la Sala di Dante, dove per molti anni i grandi dantisti hanno tenuto delle conferenze su Dante e sulle sue opere.

Anche se piove, la città è festosa: i marciapiedi sono affollati, e negl'incroci più importanti, i vigili in guanti bianchi gesticolano e controllano il passaggio dei veicoli. L'aria è piena del suono delle campane che, da cento campanili, chiamano i fedeli a messa.

LUCA SIGNORELLI: RITRATTO DI DANTE

LUCA SIGNORELLI: IL FINIMONDO (DETTAGLIO) *Alinari Photo*

Roberto e Mario arrivano in Piazza della Repubblica e si fermano sotto i portici davanti a un'edicola.

— Tu che giornale leggi qui a Firenze? — domanda Roberto.

— *La Nazione.* È un vecchio giornale, e in terza pagina 5 c'è sempre qualche articolo letterario o un racconto di un noto scrittore contemporaneo.

— Dev'essere una caratteristica di molti giornali italiani. L'ho notato a Milano quando ho comprato un paio di numeri del *Corriere della sera.* 10

— Hai ragione. *(Alla donna dentro l'edicola)* Mi dia *La Nazione* e anche *Epoca. (A Roberto)* Conosci *Epoca?* È una rivista illustrata settimanale.

— Sí. Ne ho vista una copia in pensione. Andiamo? Sono le undici meno un quarto, e la conferenza incomincia alle 15 undici in punto.

— Andiamo. Il Palazzo della Lana è a due passi. La sala è al primo piano, se non mi sbaglio. Guarda, ha quasi smesso di piovere.

— Chi sa dove abitava Dante quando era a Firenze? 20

— Abitava vicino a Piazza della Signoria. Dopo la conferenza ti porterò a vedere la cosiddetta Casa di Dante.

— Perché, non è la vera casa di Dante?

— No, è una ricostruzione, ma è certo che la casa di Dante era in quel quartiere, e che si somigliava a quella che hanno 25 ricostruita.

— Io di Dante so soltanto le poche cose che ho imparate in un corso di letteratura mondiale. So che scrisse varie opere in italiano e in latino.

— Hai letto la *Divina Commedia?*

5 — Non tutta. Solamente il primo canto dell'*Inferno,* l'episodio di Paolo e Francesca e quello del Conte Ugolino.

— Dante non è facile, ma ci sono molte edizioni annotate della *Divina Commedia.*

— E anche molte traduzioni in inglese. Io, a Nuova York, 10 ho una bell'edizione con le illustrazioni di Gustavo Doré.

— Hai mai veduto i disegni del Botticelli?

— Sí, e anche quelli di William Blake.

— Ieri sono andato a Santa Maria del Fiore e ho veduto l'affresco di Michelino che rappresenta il poeta in piedi davanti al Purgatorio, parte dell'Inferno e parte dell'antica Firenze.

— Ecco l'entrata del Palazzo della Lana.

— È un edificio austero ma bello.

— Chi è il conferenziere di oggi?

— È un professore che insegna letteratura all'Università di Padova.

— Perché, a Firenze non ci sono professori di letteratura?

— Che c'entra? Non fare il buffone.

Entrano nella sala della conferenza.

— È una bella sala. C'è già molta gente — dice Roberto.

— Il professore non è ancora arrivato, ma andiamo a sederci.

— Di che cosa hai detto che parlerà?

— Della *Vita Nuova*, l'opera giovanile di Dante, e piú precisamente dell' "amore" nella *Vita Nuova*. Tieni, mentre aspettiamo leggi questo famoso sonetto della *Vita Nuova*.

> Tanto gentile e tanto onesta pare
>   la donna mia quand'ella altrui saluta,
>   ch'ogni lingua deven tremando muta
>   e li occhi non l'ardiscon di guardare.
> Ella si va, sentendosi laudare,
>   benignamente d'umiltà vestuta;
>   e par che sia una cosa venuta
>   da cielo in terra a miracol mostrare.
> Mostrasi sì piacente a chi la mira
>   che dà per li occhi una dolcezza al core,
>   che 'ntender no la può chi non la prova;
> e par che da la sua labbia si mova
>   un spirito soave pien d'amore,
>   che va dicendo a l'anima: "Sospira".

PETRARCA E LAURA

Un po' di letteratura italiana

Dante Alighieri nacque nel 1265 a Firenze e morí nel 1321
a Ravenna. Quando Dante nacque la letteratura italiana già
esisteva, ma tale fu il suo genio e la sua grandezza, che non
è errato definirlo il Padre della letteratura italiana. All'inizio
5 della letteratura italiana troviamo due altri grandi scrittori,
Francesco Petrarca (1304–1374) e Giovanni Boccaccio (1313–
1375). Il primo fu un grande umanista, poichè si dedicò con
interesse e passione allo studio delle letterature classiche. Ma
fu anche un sommo poeta lirico, e molti poeti italiani e stra-
10 nieri dei secoli seguenti s'ispirarono a lui e lo imitarono. Sia
Dante che il Petrarca ebbero una donna che li ispirò: Dante
ebbe Beatrice, e il Petrarca ebbe Laura. Anche Giovanni
Boccaccio fu poeta, ma egli è ricordato specialmente come
scrittore incomparabile di novelle. Chi non ha letto una o
15 più novelle delle cento che egli narrò nel suo famoso *Decamerone?* L'autore dei *Canterbury Tales,* Geoffrey Chaucer,
conosceva bene le opere del Boccaccio, e ne fu un sincero
ammiratore.

22

I tre scrittori italiani di cui abbiamo parlato appartengono agli inizi della letteratura italiana, tuttavia non è
troppo difficile leggere le loro opere perchè la lingua italiana, contrariamente a quella inglese, non è cambiata molto
attraverso i secoli.   5

Un altro periodo glorioso delle lettere italiane fu il Rina-
scimento, quel periodo che abbraccia il Quattrocento e il
Cinquecento. Fu in quest'epoca di grande entusiasmo per
le antiche letterature della Grecia e di Roma che fiorirono
alcuni dei maggiori poeti e prosatori italiani: Lorenzo dei 10
Medici e Angelo Poliziano, entrambi poeti lirici; Benvenuto
Cellini, il noto artista, che scrisse la sua interessante *Vita;*
Niccolò Machiavelli, storico e commediografo insigne, autore
de *Il Principe,* uno studio penetrante di scienza politica;
Ludovico Ariosto, autore del grande poema cavalleresco 15
L'Orlando Furioso; e Torquato Tasso, che per la sua vita
tragica e gli episodi commoventi del suo grande poema epico-
cavalleresco, *La Gerusalemme Liberata,* fu tanto ammirato
dai poeti del periodo romantico in Italia e nel resto dell'Europa.   20

Nel Rinascimento si sviluppò anche un genere di commedia italiana, la cosiddetta *Commedia dell'Arte,* che fu
molto popolare in Italia e all'estero. La *Commedia dell'Arte*
aveva speciali caratteristiche poiché le scene che la componevano non erano scritte per intero, ma erano in gran parte 25
improvvisate dagli attori sul palcoscenico. Alla *Commedia
dell'Arte* dobbiamo i personaggi di Arlecchino, Pulcinella,
Pagliaccio, e molti altri.

96

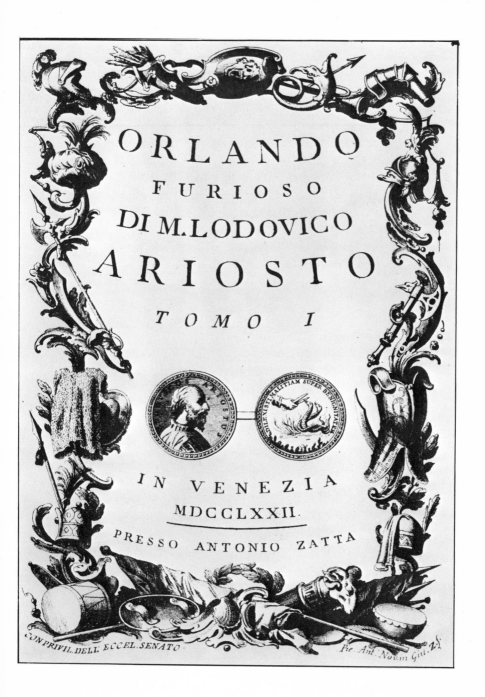

ORLANDO
FURIOSO
DI M. LODOVICO
ARIOSTO
TOMO I

IN VENEZIA
MDCCLXXII.
PRESSO ANTONIO ZATTA

CON PRIVIL. DELL' ECCEL. SENATO.   Pie. Ant. Novin Git. Zf.

Ammiratore, dapprima, della *Commedia dell'Arte,* ma poi riformatore di essa, fu il veneziano Carlo Goldoni, che scrisse circa duecento commedie, alcune delle quali — come *La locandiera* e *Il ventaglio* — sono spesso rappresentate anche negli Stati Uniti.

Con l'eccezione di alcuni dei maggiori scrittori, la letteratura italiana fino a non molti anni fa era poco conosciuta negli Stati Uniti. Dopo la Seconda Guerra Mondiale, in un certo senso, tutto ciò che è italiano è diventato di moda, e così anche la letteratura italiana. Oggi in America molti leggono, in italiano o in traduzione, i romanzi di Alberto Moravia, Elio Vittorini, ecc., e le poesie di Salvatore Quasimodo, Eugenio Montale e Giuseppe Ungaretti, e nelle varie librerie delle nostre città troviamo anche le versioni inglesi di scrittori non tanto recenti come Alessandro Manzoni, Giacomo Leopardi, Giovanni Verga, Gabriele d'Annunzio, Italo Svevo e Luigi Pirandello.

PAESAGGIO VICINO A VITERBO

Da Firenze a Siena

Roberto voleva restare a Firenze qualche giorno di piú, ma
due giorni fa ha ricevuto una lettera di Nanda Ageno che
gli ha fatto cambiare proposito. Nella lettera Nanda diceva
che un'amica l'aveva invitata a passare una settimana a Fregene, una piccola città balneare vicino a Roma, e che stava
per partire per Roma..."arriverò a Firenze il pomeriggio
del 23, e la mattina dopo prenderò l'autobus della CIAT
che passa per Siena e arriva a Roma la sera. Perché non
facciamo il viaggio insieme? Telefonami all'Hotel Majestic
verso le sette di sera. Saluti cordiali, Nanda." E cosí, stamani alle otto Roberto e Nanda sono saliti su un grande
autobus azzurro che ora si arrampica su una delle numerose

23

colline che separano Firenze da Siena. Le colline sono lus-
sureggianti: dappertutto lunghe file di viti cariche d'uva non
ancora matura; alti cipressi che si rincorrono sulle pendici
delle colline, o stanno solitari a sorvegliare i lavoratori che
caricano il fieno su carri rossi a cui sono attaccati grossi buoi 5
bianchi.

    — "T'amo, o pio bove; e mite un sentimento
    Di vigore e di pace al cor m'infondi . . ."
    — Che cosa reciti? — domanda Roberto.
    — È un famoso sonetto di Giosuè Carducci. Tutti i ra- 10
gazzi italiani lo imparano a memoria.
    — Il paesaggio è meraviglioso, ma Santo Cielo quante
curve!
    — È così fino a Roma, salvo qualche breve tratto di strada
diritta. La Cassia segue il pre-Appennino, ed è piena di 15
curve. Ma anche la Flaminia che passa per Perugia non è
molto diversa.
    — Quanti paesetti, e quante fattorie!
    — Passiamo sotto Montereggioni; presto arriveremo a
Siena. 20

SCENA CAMPESTRE NEL LAZIO

SIENA: IL PALIO

— Sei stata mai a Siena?

— Sí, due anni fa. Ci andai con la mia famiglia per vedere il Palio. Tu devi proprio ritornare a Siena per il 16 agosto.

5 — Oggi è il 24 luglio...certamente, ma perché il 16 agosto?

— Perché c'è il secondo e ultimo Palio dell'anno. Non sai che cosa è il Palio?

— Francamente, no.

10 — È una corsa fantastica. È una corsa di cavalli che risale al Medioevo. Siena è divisa in diciassette contrade, e ogni contrada ha i suoi costumi medioevali, la sua bandiera, e il suo fantino.

— Ah, è una corsa in costume?

15 — Sí. Prima della corsa c'è un corteo in costume che dura circa due ore. Dopo il corteo dieci cavalli corrono due volte in giro alla bellissima Piazza del Campo, che è gremita di spettatori. È una corsa pericolosa per i cavalli e per i fantini; c'è una curva che è micidiale. Poi ti farò vedere, l'auto-
20 bus si ferma proprio in Piazza del Campo.

— Non so perché, ma non avevo mai sentito parlare del Palio.

— È strano, perché, per esempio, io ho un vecchio numero del *National Geographic* che porta un articolo interessante
25 sul Palio. Parla delle varie contrade: l'Oca, la Torre, la Giraffa, ecc., ed è accompagnato da molte illustrazioni in nero e a colori.

SAN GIMIGNANO DALLE BELLE TORRI

— ... Guarda, secondo la carta stradale siamo vicini a San Gimignano. Me ne ha parlato il mio professore di pittura.

— Sí, San Gimignano dalle Belle Torri. È una piccola città che ha conservato l'aspetto di molti secoli fa: alte torri, strade strette, e due belle piazze nel cuore della città.

— Ma noi non passiamo per San Gimignano, vero?

— No. Dovrai andare a San Gimignano quando ritornerai a Siena per il Palio.

— Senz'altro. Ho notato che il servizio ferroviario e automobilistico in Italia è buono, ma è certo che per visitare tutti questi paesetti affascinanti ci vuole un'automobile...guarda qui sulla carta: Certaldo, Vinci, Pistoia, Carrara...

— Già. E se poi apri la carta delle altre provincie vedrai un numero sterminato di luoghi che meritano una visita più o meno lunga.

— Stiamo per arrivare a Siena. Riconosco la torre di marmo del Duomo con le strisce bianche e nere.

In viaggio per Roma

24

L'autobus in cui viaggiavano Nanda e Roberto arrivò a Siena verso mezzogiorno e mezzo. Appena ebbero fatto colazione i due giovani visitarono la cattedrale e poi fecero un lungo giro per la parte antica della città. I vecchi palazzi e le strade
5 strette che risalgono a molti secoli fa ritengono il loro carattere medioevale, e Roberto trovò la passeggiata molto interessante.

Dovevano ripartire alle due e mezza, ma verso le due il tempo era già cambiato, il cielo si era coperto di nuvole, e
10 poco dopo cominciò a piovere. Tutti i viaggiatori erano già ritornati alla fermata dell'autobus alle due e un quarto, e l'autista decise di partire subito. Il viaggio da Siena a Roma non fu molto interessante. La campagna, sotto la pioggia leggera ma continua aveva un aspetto piuttosto triste. Nel-
15 l'autobus tutti i passeggeri erano silenziosi. Roberto aveva conversato un po' con Nanda, poi aveva cercato di leggere un libro su Roma che gli aveva regalato un amico quando era partito dall'America, ma a poco a poco s'era addormentato con il libro aperto sulle ginocchia.

SIENA

ROMA: COLONNE DEL FORO

ROMA: EDIFICI MODERNI

Il libro di Roberto era intitolato *Roma, Città Eterna.*
Questà descrizione della capitale italiana, anche se non è
molto originale, è esatta. Dalla sua fondazione nel sesto
secolo a.C. (avanti Cristo) fino ad oggi Roma è sempre stata
5 un centro della civiltà occidentale. Per questa ragione Roma
ha un fascino speciale per il turista.

I monumenti della Roma antica come il Colosseo, il Foro,
il Pantheon, Castel Sant'Angelo, e molti altri, sono muti ma
vivi testimoni dell'antico splendore della Roma Imperiale.
10 Per quelli che visitano Roma come centro del mondo cristiano hanno grande interesse le Catacombe, le prime chiese
cristiane, e naturalmente San Pietro e la Città del Vaticano.
Le piazze e le fontane romane, costruite quasi tutte durante
il secolo diciassettesimo, o periodo barocco, danno un carat-
15 tere speciale a molti quartieri di Roma.

Ma Roma, che è la capitale d'Italia e la sede del governo
italiano, oggi è soprattutto una città moderna, piena di vita
e di movimento. La sua popolazione di più di due milioni
d'abitanti è in continuo aumento, e per conseguenza il suo
20 aspetto cambia di anno in anno. Nuovi quartieri moderni,
nuove strade, nuove piazze e nuovi edifici sorgono con una

rapidità incredibile. Ma la Roma antica, la Roma medioevale, la Roma del Rinascimento non spariscono. E questo
contrasto di antico e di moderno, di medioevale e di barocco,
di tradizionale e di nuovo, rendono Roma una città unica
al mondo.   5

　　Tutto questo era nel libro di Roberto, ma lui non lo lesse
perché si era addormentato. Era quasi buio quando Nanda
lo svegliò e gli disse che stavano per arrivare a Roma. Fuori
pioveva ancora.

25
Lettera da Roma

Roma, 5 agosto, 19....

Egregio Professore,

Avrei voluto scriverLe prima, ma creda, quando si viaggia manca sempre il tempo di fare tutto quello che si vorrebbe.

Il viaggio da Nuova York a Milano fu lungo e piuttosto monotono, però ebbi la fortuna di conoscere un giovane italiano, Elio Martelli che poi mi portò con la sua macchina da Milano a Bologna. Ho anche conosciuto una sua cugina, Nanda Ageno, la quale in questi giorni si trova a Roma. Infatti andrò all'opera con lei domani sera.

So che Lei è curioso di sapere le mie impressioni dell'Italia ma non mi sento ancora in grado di parlargliene chiaramente. Sono successe tante cose da quando L'ho visto l'ultima volta che non mi sono ancora abituato alla mia nuova vita. Le posso dire però che anche se le mie impressioni sono ancora molto confuse, sono nondimeno piacevoli.

Non sono che poche settimane che mi trovo in Italia, ma già mi rendo conto perchè il Suo paese è sempre stato cosí caro ai pittori e agli artisti. L'aspetto fisico dell'Italia è una continua ispirazione con

FIESOLE

i suoi contrasti e con la sua svariata bellezza. Ho già fatto numerosi schizzi, e
spero che alcuni diventeranno dei veri quadri. Appena mi sarò stabilito mi metterò
subito al lavoro. A proposito, voglio di
nuovo ringraziarLa per la Sua lettera di
presentazione al maestro Bertelli. Gli ho
parlato ieri sera al telefono. Ho un appuntamento con lui per domani l'altro e sono
sicuro che la sua conoscenza mi sarà
molto utile.

Il tempo finora si è mantenuto stupendo,
eccetto per una giornata di pioggia a Firenze
e mentre ero in viaggio da Firenze a Roma.
Spero di approfittarne e di fare una scappata alla spiaggia prima della fine dell'e-
state. Tutti mi assicurano che l'inverno
qui a Roma è molto mite.

Per ora la lingua non è stata un problema. Capisco che la mia conoscenza del-
l'italiano è ancora superficiale ma spero di
fare progressi. Come vede mi sono già fatto
alcuni amici italiani e li trovo molto sim-
patici. Infatti devo dire che in generale
ho trovato gl'Italiani molto gentili e molto
cordiali.

Dunque finora il mio viaggio è stato
meraviglioso. Mi permetta ancora una volta
di esprimerLe la mia riconoscenza per tutto
quello che ha fatto per me, e di ripeterLe
che cercherò di essere degno della Sua stima.

Suo ·

Roberto Hamilton

P.S. Gradirei tanto una Sua lettera. Per il
momento il mio indirizzo è Presso
American Express, Roma.

Alle Terme di Caracalla

26

Roberto nella sua camera d'albergo leggeva la posta che aveva ritirato poco prima all'American Express quando squillò il telefono.

— Pronto!

5 — Pronto, Roberto, sono io, Nanda.

— Ah, ciao, Nanda; com'è andata?

— Bene, sono riuscita a trovare due biglietti per stasera.

— Ma stasera danno il *Rigoletto.*

— Lo so, ma cosa vuoi, era già cosí tardi che tutti i bi-
10 glietti per l'*Aïda* erano esauriti.

— Hai ragione. Ma avrei tanto voluto vedere l'*Aïda* domani sera.

— Sarà per un'altra volta. Dunque dove c'incontriamo?

— Dove vuoi; io non ho niente in programma per il
15 pomeriggio.

— Mi dispiace ma io sarò occupata fino alle cinque; se vuoi possiamo cenare insieme.

— Va bene; passerò a prenderti a casa della tua amica verso le sette e mezza.

20 — Va bene, ciao.

— Ciao, Nanda.

Roberto riattacca il ricevitore. Peccato! Avrebbe proprio voluto vedere l'*Aïda!* In pochi minuti finisce di guardare la posta, poi scende giù nell'atrio dell'albergo. Vorrebbe con-
25 sultare una pianta di Roma per vedere precisamente dove sono le Terme di Caracalla. Si avvicina al banco e domanda all'impiegato:

GIUSEPPE VERDI

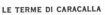

LE TERME DI CARACALLA

— Scusi, ha una pianta di Roma?

— Certo; eccola.

— Grazie.

— Dove vuole andare?

— Vado all'opera alle Terme di Caracalla stasera e vorrei sapere come si fa per andarci.

— È facilissimo; c'è l'autobus che passa proprio davanti all'albergo.

— Già, ma devo prima fermarmi a prendere un'altra persona che sta ai Parioli.

— Allora Le conviene prendere un tassí.

— Mi levi una curiosità; perché si chiama Terme di Caracalla il teatro?

— Non è mica un teatro! — dice l'impiegato, e sorride. — Le Terme di Caracalla sono un antico edificio costruito durante l'impero di Caracalla. Ai suoi tempi era usato per bagni pubblici. Oggi restano soltanto alcune rovine del vasto edificio, e durante l'estate vi danno delle opere all'aperto.

— Ah, è all'aperto!

— Sí, sotto le stelle.

— Grazie.

Roberto ritorna in camera e comincia a vestirsi. Lascia l'albergo verso le sette e arriva a casa dell'amica di Nanda alle sette e venti. Cenano in una piccola trattoria, e poi vanno alle Terme dove arrivano pochi minuti prima dell'inizio dello spettacolo.

— Non lo sapevo che era uno spettacolo all'aperto — dice Roberto.

— Ah no? È molto bello, vedrai. Ora entriamo perché l'opera sta per cominciare.

Roberto si guarda attorno con curiosità. L'effetto è veramente straordinario. Il teatro è immenso: è un vero mare di file e di posti. In fondo, le maestose rovine dell'antico edificio romano si alzano nell'oscurità dietro al palcoscenico e contrastano vivamente con le luci della ribalta. Roberto si volta verso Nanda e le dice:

— È proprio bello...anche se non danno l'*Aïda!*

Una maschera conduce i due giovani ai loro posti. Dopo poco le luci si spengono e il pubblico aspetta in silenzio l'arrivo del direttore d'orchestra.

Musica italiana

27   Il *Rigoletto,* l'opera di Giuseppe Verdi che Roberto Hamilton ha visto alle Terme di Caracalla in compagnia di Nanda, è una delle opere liriche italiane piú conosciute. Da quando fu presentata per la prima volta al Teatro della Scala a Milano nel 1851 fino ad oggi, il *Rigoletto* è stato rappresen- ⁵ tato migliaia di volte.

Quest'opera, nondimeno, è soltanto una delle tante opere che fanno parte della ricchissima tradizione operistica italiana che risale a molti secoli fa. Infatti l'opera italiana, o melodramma —cioè dramma musicato— come fu chiamata ¹⁰ dai suoi inventori, nacque a Firenze verso la fine del secolo sedicesimo. Un piccolo gruppo di musicisti, sotto la direzione di Vincenzo Galilei, padre del famoso scienziato, cominciò a riunirsi in casa del Conte Bardi con il proposito di dare alla musica un nuovo orientamento. Questo gruppo ¹⁵ fu chiamato *La Camerata dei Bardi* o *Camerata Fiorentina* e il risultato principale delle sue ricerche sulla musica degli antichi Greci fu appunto la creazione del melodramma.

Per tutto il secolo diciassettesimo il melodramma ottenne gran successo, prima nelle corti dei principi e poi nei teatri ²⁰ pubblici. Grandi musicisti, come Jacopo Peri e Claudio Monteverdi dettero al melodramma dei veri capolavori artistici.

Dalle origini fino ai tempi moderni la tradizione dell'opera in Italia non è mai stata interrotta. I nomi dei grandi ²⁵ musicisti come Giovanni Battista Pergolesi, Domenico Cimarosa, Gioacchino Rossini, Gaetano Donizetti, Vincenzo Bellini, Giuseppe Verdi, Giacomo Puccini, e Pietro Mascagni sono gli anelli di questa catena.

Che cosa è un'opera? Un'opera è un dramma o una commedia in cui gli attori non recitano la loro parte, ma la cantano. Il testo cantato di un'opera si chiama "libretto"; se il libretto è un dramma o una tragedia, il lavoro si chiama semplicemente "opera"; se invece il libretto è una commedia, il lavoro si chiama "opera buffa." Siccome l'opera fu un'invenzione italiana, la terminologia è quasi tutta italiana in tutte le lingue del mondo. Così, per esempio, i nomi che distinguono le diverse voci dei cantanti sono italiani: tenore, baritono, basso *(voci maschili)*; soprano, mezzo soprano, coloratura *(voci femminili)*. E non dimentichiamo il "Bel canto," che si riferisce alla perfetta educazione della voce, e che fiorí nei secoli diciassettesimo e diciottesimo.

Oggi l'opera è ancora uno degli spettacoli musicali piú coltivati in tutto il mondo civile, e in Italia la tradizione continua a vivere nei grandi teatri come La Scala di Milano, il San Carlo di Napoli, il Teatro dell'Opera di Roma, ed il Teatro Massimo di Palermo.

Ma l'influsso delle riforme musicali apportate dalla *Camerata dei Bardi* e dai suoi successori non si limitò all'opera solamente. Nel tardo Seicento, e nel Settecento, nacque in Italia la musica sinfonica, le cui norme compositive furono fissate dai musicisti di quel tempo, quali Domenico Scarlatti, Arcangelo Corelli, Antonio Vivaldi, Baldassare Galuppi ed altri. Anche in questo campo troviamo che la terminologia è in gran parte italiana nel nome delle composizioni *(sonata, fuga, concerto)*, nel nome degli strumenti *(violino, violoncello, pianoforte)*, e nelle parole usate per indicare il carattere di un movimento e di una composizione *(adagio, lento, allegro, con brio, fortissimo)*.

All'Italia deve molto anche la musica sacra. Finché la musica religiosa sarà coltivata il nome di Palestrina non sarà mai dimenticato, e i musicisti continueranno a scrivere quel genere di composizione musicale sacra che sorse in Italia nel secolo diciassettesimo e che fu chiamata "oratorio."

L'Italia ha dunque apportato un contributo fondamentale allo sviluppo della musica nel mondo occidentale. Oggi la musica rimane una delle arti piú coltivate in Italia, e anche se i musicisti italiani sono molto attivi nel campo della musica moderna, le antiche tradizioni non sono dimenticate del tutto.

PALERMO: TEATRO MASSIMO

Una lettera a Elio Martelli

28 Stamani alle dieci Roberto aveva un appuntamento con il professor Bertelli. Si è svegliato presto, si è alzato, e prima di colazione ha scritto questa lettera al suo amico Elio di Bologna.

TIVOLI: VILLA D'ESTE

Roma, 9 agosto, 19....

Caro Elio,

Spero che mi scuserai se non ti ho scritto
prima. Come sai Nanda è stata a Roma fino a pochi giorni fa. Ora si trova a Fregene con degli amici, e fra una settimana farà ritorno a
Milano. Mi ha detto che si fermerà un paio
di giorni a Bologna a casa vostra, e lei ti
dirà quello che ho fatto da quando ci siamo
detti addio alla stazione di Bologna. Insomma, tutto promette bene. Ieri sono andato
a vedere una camera presso una famiglia in
Via Po; è molto grande e ariosa, e c'è posto
anche per il mio cavalletto. Inoltre dà sul
giardino di Villa Borghese. Ho quasi deciso
di prenderla per quattro o cinque mesi;
quando mi sarò stabilito, ti manderò l'indirizzo preciso.

Roma è veramente affascinante: non solo
la città stessa con le sue vie, le sue piazze
e le belle fontane, ma anche la campagna
circostante con gli acquedotti, i tipici pini
a ombrello, e i graziosi paesi dei Castelli
Romani. A proposito dei Castelli Romani, ho
saputo che in ottobre a Marino ci sarà la
Sagra dell'Uva, ed io non mancherò di andarci. La Sagra dell'Uva è una festa animata
con illuminazione delle vie e delle piazze,
fuochi artificiali, processione religiosa,
benedizione dell'uva, ecc. Mi hanno detto
che durante la festa c'è una fontana che
getta vino invece di acqua!

Con Nanda una domenica siamo andati a
Tivoli a visitare la Villa d'Este, una delle

piú belle ville del Rinascimento: non ho mai
veduto tante fontane! Ma, come sai, Roma è
la città delle fontane, e alcune, come quella
di Trevi, quella dell'Esedra, e quelle di
Piazza Navona, la sera sono illuminate e
presentano un colpo d'occhio indimenticabile.

Naturalmente, dato che l'arte m'interessa
in modo speciale, ho già visitato due o tre
musei. Senza dubbio, quando avrò visitato i
principali musei e le varie gallerie, dovrò
ricominciare da capo, poiché avrò dimenticato
tante cose. Inutile dire che, anche se io
m'interesso soprattutto di arte moderna, gli
affreschi di Michelangelo nella Cappella Sistina e quelli di Raffaello nelle Stanze del
Vaticano mi entusiasmano in modo particolare.

Ho visitato anche alcune delle innumere-
voli chiese e basiliche romane. San Pietro è
un mondo in se stesso: con la sua cupola
nobile e ariosa, con le sue navate immense
ma perfettamente proporzionate, con i suoi
quarantacinque altari, e poi, con quel colonnato del Bernini che abbraccia l'immensa
piazza su cui domina l'imponente facciata
della cattedrale. Ma sai? Io mi sento attirare irresistibilmente dalle "vecchie" chiese
che, a dispetto delle trasformazioni fatte in
tempi meno remoti, riportano il visitatore ai
primi secoli del cristianesimo: San Clemente,
Santa Maria in Cosmedin, e specialmente
Sant'Agnese. Non ho ancora avuto tempo di
scendere in una delle catacombe, ma come si
fa? O prima o poi dovrò farmi una specie
d'itinerario, così tutti i giorni avrò un
programma preciso.

San Pietro in Vaticano

124

MICHELANGELO: CUPOLA DELLA BASILICA DI SAN PIETRO

Ti ricordi quando mi spiegasti la differenza fra lingua e dialetto in Italia? Ho notato che a Roma il dialetto è piuttosto facile, e che l'accento dei Romani è aperto. L'altro giorno ho sentito un proverbio che sono certo non è molto comune a Firenze: "Lingua toscana in bocca romana."

Perché non fai una scappata a Roma qualche volta? Sarei felice di rivederti e di girare un po' per la capitale in tua compagnia.

Tanti saluti cordiali a te e ai tuoi genitori, tuo

Roberto

VENEZIA: PIAZZA SAN MARCO

Risposta di Elio a Roberto

29

Bologna, 11 agosto, 19....

Caro Roberto,

Sono ritornato oggi a Bologna e ho trovato la tua lettera da Roma che era arrivata ieri l'altro. È stata proprio una gradita sorpresa e mi ha fatto tanto piacere avere tue notizie. Sono stato a Venezia, al Lido, per una settimana di meritato riposo, poiché da quando sono ritornato in Italia sto lavorando seriamente ad un lungo articolo per una rivista di economia politica.

Venezia, e particolarmente il Lido, è sempre stata per me il luogo ideale per riposare. So che tu non hai ancora avuto l'occasione di visitare quella città, ma spero che tu lo possa fare presto. È veramente una città incantevole e così diversa dalle altre città italiane, infatti da qualsiasi città del mondo, e non solo nel suo aspetto fisico, ma anche nella sua storia, nei suoi costumi e nelle sue leggende.

Sono sicuro che quando visiterai Venezia per la prima volta ti domanderai, come feci io, come questa singolare città sia nata. Molti secoli fa essa fu fondata dagli abitanti delle pianure e dei monti circostanti che, fuggendo dagli invasori, cercarono rifugio nelle paludi lungo la costa. A poco a poco si sviluppò la città, che oggi consiste di circa 160 canali che racchiudono piú di 115 isolotti comunicanti tra loro per mezzo di circa 400 ponti. Il canale maggiore,

come saprai, è il Canal Grande. Quando arriverai alla stazione di Venezia e uscirai
fuori ti troverai proprio sul Canal Grande
giacchè a Venezia non ci sono strade. Per
andare all'albergo potrai prendere o una gondola o il vaporetto che lì corrispondono
rispettivamente al tassì e all'autobus. Io
ti consiglierei di andare in gondola, così
potrai godere con agio la bellezza e il fascino della città. Tu che sei pittore ti
accorgerai subito che una delle caratteristiche di Venezia è l'abbondanza e la varietà
dei colori che dappertutto ti circondano
trasportandoti in un mondo di fantasia.

Il Canal Grande traversa tutta la città
e sbocca nella laguna vicino a Piazza San
Marco, il cuore della città. Dalla Piazzetta
attigua a Piazza San Marco, guardando verso
la laguna si vede l'isola di San Giorgio,
molto vicina, e in lontananza il Lido che
protegge la laguna e la città dai temporali
del mare. Procedendo verso Piazza San Marco
c'è il Palazzo dei Dogi a destra e il Campanile a sinistra, poi proprio davanti alla
grande piazza, sempre a destra c'è la
chiesa di San Marco. Come artista noterai
subito la prevalenza di elementi bizantini
fusi con un'armonia inaspettata con l'architettura gotica. Come sai, Venezia, che per
molti secoli fu una repubblica marinara, fu
sempre legata al Vicino Oriente e a Bisanzio,
e questo legame ha lasciato un'impronta incancellabile nell'aspetto della città. Lasciando Piazza San Marco e infilando una

delle "calli" che vi sboccano, si può girare
per ore, e ogni angolo, ogni casa, ogni canale, ha un aspetto diverso, un fascino speciale. Io passo delle ore ad ammirare nelle
vetrine dei negozi i magnifici articoli di
cuoio e d'argento; gli oggetti di vetro
della famosa isola di Murano, e i merletti
dell'isola di Burano.

Mi accorgo che invece di scriverti una
lettera ti ho presentato un documentario su
Venezia. Spero che non ti dispiaccia e che
ti sproni a visitare la "Regina dell'Adriatico" al piú presto possibile. Come sai, io
sono bolognese di nascita, ma per vocazione
mi sento veneziano.

Tanti cari saluti dai miei genitori che
ti ricordano con affetto e sperano che tu
venga presto a visitarci di nuovo. Nanda mi
ha scritto del vostro incontro a Roma e
della serata all'opera. Ricordati che le tue
lettere mi sono sempre gradite. Auguri e
saluti cordiali, tuo

VENEZIA: MERCATO DEL PESCE

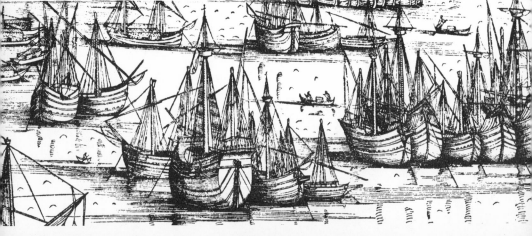

VENEZIA: PALAZZO DEI DOGI

VENEZIA: IL CAMPANILE

VENEZIA: UN RIO (PICCOLO CANALE)

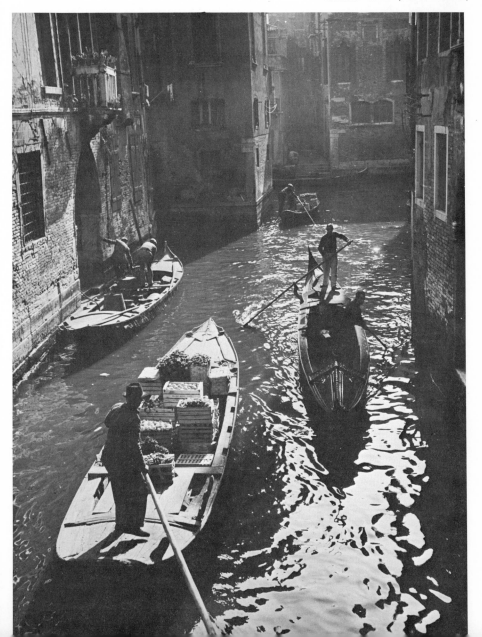

Una gita a Ostia

30

È il quindici d'agosto, o, come si dice in Italia, è Ferragosto.
È festa in tutta l'Italia, e poiché è ancora piena estate e il
tempo è bello, molti sono andati in montagna o al mare.
In Italia, quando viene l'estate, tutti vogliono andare in
villeggiatura, ma naturalmente non tutti possono permet- 5
tersi il lusso d'una lunga villeggiatura: alcuni devono contentarsi di pochi giorni. La festa di Ferragosto coincide con
una festa religiosa, l'Assunzione. Per Ferragosto tutti fug-
gono il caldo delle città: i treni e gli autobus sono gremiti
di gente, e le strade che conducono ai monti e alla spiaggia 10
formicolano di automobili e di motociclette.

Roberto è stato invitato a passare il pomeriggio a Ostia
da un amico americano che abita là con la moglie italiana.
Ostia è una delle spiagge preferite dai romani: è vicinissima
a Roma, e il treno elettrico della Metropolitana fa il tragitto 15
in poco piú di mezz'ora.

Sono le tre del pomeriggio, e Roberto è sdraiato sulla spiaggia con i suoi amici John e Marina Sutton. La bambina dei Sutton, che ha tre anni, gioca con degli altri bambini sulla sabbia.

5　*John* — A che ora sei partito stamani?

Roberto — Alle nove, ma come dicevo poco fa a tua moglie, mi sono fermato a visitare gli scavi di Ostia Antica.

John — Ti è piaciuta?

Roberto — Moltissimo. È evidente che in tempi antichi 10 era un porto molto importante.

Marina — Luisa, non andare vicino all'acqua. Luisa! Ti ho detto di non andare vicino all'acqua, hai capito?

Roberto — La vostra bambina è un amore.

Marina — A chi crede che somigli, a me o a John?

15　*Roberto* — Veramente non so, ma mi pare che abbia gli occhi e i capelli come i Suoi.

John — No, no, ti sbagli. Non vedi che è bionda come me?

Roberto — È vero. Somiglia un po' a tutti e due.

20　*Marina* — Perché non le fa un ritratto qualche volta? Mi dice John che Lei è veramente un bravo pittore.

Roberto — Volentieri. Un'altra volta porterò carta e colori, e in un'oretta le farò un ritrattino. Infatti voglio ritornare a Ostia Antica per fare uno schizzo di un bellissimo 25 mosaico.

Marina — Avete fame, ancora? Ho portato un cestino con dei panini imbottiti di mortadella e di formaggio.

John — È un'ottima idea. Non ho mangiato niente da stamani, e sono certo che anche Roberto avrà appetito.

30　*Roberto* — Io ho più sete che fame.

Marina — Ci sono due bottiglioni di aranciata e d'acqua minerale.

John — Vuoi che vada a prender Luisa? È là con quel bambino.

35　*Marina* — Sí. Dovrà mangiare qualcosa anche lei. E poi non voglio che prenda troppo sole. Portala qui sotto l'ombrellone.

Roberto — Guardi là all'orizzonte, signora, sta passando un piroscafo.

40　*Marina* — Perché mi dà ancora del Lei, Roberto? Ormai siamo amici, diamoci del tu.

Roberto — Grazie, Marina, senz'altro!

John — *(ritorna con Luisa)* Avete visto quel piroscafo? È il *Raffaello*. Viene da Genova, e sembra diretto a Napoli.

Roberto — Allora domani partirà per Nuova York. Io sono venuto in aereo, ma al ritorno voglio viaggiare in piroscafo.

John — È un'ottima idea, cosí potrai portare con te tutti i tuoi quadri e non dovrai pagare il soprappeso come dovresti fare viaggiando in aereo.

Marina — Ma sapete che voi due, sebbene siate americani, parlate l'italiano proprio bene? Lei, volevo dire, tu da quanto tempo sei in Italia, Roberto?

Roberto — Da piú di due mesi, ma mi sembra di essere sempre vissuto qua. Tu sai l'inglese, Marina?

Marina — No. Quando io e John ci siamo conosciuti, lui già sapeva l'italiano, cosicché non mi ha mai insegnato l'inglese.

Roberto — Dovresti fartelo insegnare. È vero che John si è stabilito a Roma, ma non si sa mai.

John — Il sole sta andando giú, ragazzi; mettiamoci l'accappatoio e ritorniamo a casa.

Roberto — Benissimo. Io ritornerò a Roma con il treno delle nove, ma c'è tempo.

Svaghi domenicali

31

Attraversando il centro di Roma durante la gita a Ostia, Roberto aveva notato che sebbene fosse giorno di festa, le vie erano gremite di gente. Non era la prima volta che se ne accorgeva, avendo già notato la stessa cosa altri giorni di
5 festa e la domenica in altre città italiane. Questa volta, però, incuriosito, decise di chiedere qualche spiegazione agli amici, e la sua curiosità fu presto soddisfatta.

Roberto spiegò ai suoi amici che in quasi tutte le città degli Stati Uniti il centro è deserto la domenica. La ragione
10 è che il centro delle città americane è di solito il centro del mondo degli affari e del commercio, e che poca gente vi abita. Coloro che lavorano al centro abitano nei sobborghi della città e naturalmente la domenica nemmeno si sognano di andare al centro. Gli amici di Roberto furono alquanto
15 sorpresi e si affrettarono a spiegargli che in Italia succede proprio il contrario. Il centro di una città italiana è di solito anche il centro della vita mondana. I piú grandi caffè, i teatri, molti cinematografi e altri luoghi di divertimento

VENEZIA: UN CAFFÈ IN PIAZZA SAN MARCO

sono al centro. È naturale, quindi, che la doménica la mag-
giọr parte della popolazione si riversi verso la parte centrale
della città. Questo è vero nelle grandi metròpoli, nelle pìc-
cole città, e perfino nei paesi.

Quando Roberto domandò ingenuamente che cosa facęs-   5
sero tutte queste persone al centro della città, gli amici gli
rispọsero ridendo: "Cosa vuoi che fạcciano? Passęggiano,
oppure vanno al caffè o al cinematọgrafo!" Non è raro
vedere una famịglia italiana che la doménica prende il tram
o l'ạutobus per andare al centro. Lí, passęggia per la via   10
principale o in giro alla piazza, si ferma davanti alle vetrine,
e poi verso sera riprende il tram o l'ạutobus e ritorna a casa.
In altre parole, gli abitanti delle città italiane considerano il
centro come una spęcie di ritrovo pụbblico, dove s'incọn-
trano gli amici, si discụtono gli affari o la polịtica, e si   15
passęggia per il sęmplice piacere di passeggiare.

In Italia tutto questo è reso possibile dal gran numero di caffè che si trovano dappertutto. Il caffè è veramente un'istituzione importante nella vita italiana e in quella di molti altri paesi europei. Ogni caffè, oltre alla clientela generale,
5 ha una clientela speciale; in un dato caffè si riuniscono scrittori ed artisti, in un altro uomini d'affari, in un altro gli sportivi, e così via. Come abbiamo veduto i più importanti caffè sono al centro. In alcune città più grandi come Roma e Milano, vi sono "centri rionali," ossia centri di minore
10 importanza, ma anche lí è difficile trovare chi non vada al centro almeno una volta alla settimana.

Naturalmente non tutti vanno al centro. Molti vanno ai giardini pubblici o rimangono vicino a casa, e molti vanno a fare una gita in automobile; ma in generale si può dire che grande parte della vita sociale italiana si svolge al centro della città. Forse l'esempio piú pittoresco di quanto abbiamo 5 detto è Piazza San Marco a Venezia. La domenica — ma anche la sera degli altri giorni della settimana durante l'estate — questa piazza è come un grandissimo salotto. Se il tempo lo permette mettono i tavolini dei caffè all'aperto, e centinaia di persone vi si siedono per leggere il giornale, 10 per conversare, o semplicemente per guardare i passanti. Nel resto della piazza, dove non ci sono tavolini, la gente passeggia avanti e indietro chiacchierando e guardando. Molti dei caffè hanno un'orchestrina che suona musica popolare, e la domenica c'è anche la banda municipale che dà 15 dei concerti.

Ma questo semplice passatempo domenicale e festivo non lo troviamo soltanto a Venezia: lo troviamo in tutte le città e i paesi italiani che hanno una piazza, e quale città o paese italiano non ha una piazza, anche se non cosí grande come 20 Piazza San Marco a Venezia?

Verso Cinecittà

32

Roberto si è appena alzato. Ha fatto la doccia e ora si sta vestendo in fretta. Sono già le sette e mezza passate e alle otto e un quarto deve trovarsi davanti alla pensione dove passeranno a prenderlo i suoi amici John e Marina Sutton.
5 John, che come sappiamo è in Italia da diversi anni, è regista e ha promesso a Roberto di portarlo a visitare gli studi di Cinecittà. Roberto si sta facendo il nodo alla cravatta quando la cameriera della pensione bussa alla porta.

— Signor Roberto, la colazione!

10 — Avanti, avanti, Angelina.

La cameriera entra portando il vassoio della colazione che posa sul tavolo.

— Guardi che il cappuccino è bollente.

— Va bene, grazie, Angelina — dice Roberto mentre s'in-
15 fila la giacca; e senza perder tempo si mette a sedere e comincia a mangiare uno dei due panini dopo averlo coperto abbondantemente di marmellata.

— Che piacere vederLa mangiare, ha sempre tanto appetito! Ha bisogno d'altro, signor Roberto?

20 — No, grazie; anzi sí, vorrei far pulire il mio abito grigio.

— Senz'altro; non si preoccupi, me lo dia e ci penso io. Lo faccio portare subito alla tintoria.

— Eccolo.

— Va bene. Nient'altro?

25 — Per ora no, grazie.

— Allora, si diverta a Cinecittà — dice la cameriera, e esce.

Roberto divora l'altro panino, finisce il cappuccino e scende giú nella via. Sono le otto e dieci. "È ancora presto e ora dovrò aspettare," pensa Roberto. "Avrei anche potuto mangiare con piú calma." Ma proprio allora vede spuntare all'angolo l'Alfa Romeo di John che in pochi secondi si 5 ferma davanti a lui.

— Buon giorno, buon giorno!

— Buon giorno, Marina, buon giorno, John!

— Ti dispiace se lasciamo la macchina scoperta? Così si vede meglio — dice John — e poi stamani non fa punto 10 freddo.

— No, no, cosí va benissimo — risponde Roberto. — Fa un po' freschetto, ma è una bella giornata. Dunque cosa mi farete vedere a Cinecittà?

— Vedrai gli studi. Stanno girando due pellicole ora. Hai 15 mai visto girare una pellicola?

— No, mai. Sarà interessante.

— E naturalmente ti farò conoscere qualche attore e qualche attrice — continua John.

— Specialmente qualche attrice, vero? — domanda Ma- 20 rina ridendo.

— E perchè no? — dice Roberto, ridendo anche lui. — Fa sempre piacere conoscere una bella ragazza.

— Sentilo, il Don Giovanni!

Mentre gli amici parlano e scherzano la macchina è uscita 25 da porta San Giovanni e corre sulla Via Appia Nuova. Roberto guarda verso le colline e riconosce i Castelli Romani: Frascati, Castel Gandolfo, Tivoli... Poi dice volgendosi a John:

— Come va che ti sei stabilito in Italia? 30

— Non so se veramente mi sono stabilito definitivamente in Italia — risponde John. — Venni qua per la prima volta alcuni anni fa per dirigere una pellicola americana che si girava in Italia, poi ho sempre trovato da fare, o per compagnie americane, o italiane o inglesi; e cosí sono rimasto 35 qua.

— Mi sembra che tu abbia dimenticato qualche dettaglio — dice Marina.

— Che dettaglio? — domanda John. Poi capisce e si mette a ridere. — Già, un piccolo dettaglio... ossia che ho spo- 40 sato una romana che non vuole lasciare Roma...

La macchina rallenta.

SOFIA LOREN

— Eccoci, siamo arrivati. — E cosí dicendo, John ferma la macchina al posteggio.

— È un posto enorme! — esclama Roberto guardandosi attorno.

— È uno dei piú grandi studi cinematografici del mondo — dice John. — Come saprai, dalla fine della guerra l'industria cinematografica è diventata molto importante in Italia.

— Già, infatti ho visto diverse pellicole italiane in America.

— Dove cominciamo? — domanda Marina.

— Sarà meglio cominciare dallo studio centrale — dice John. Poi volgendosi a Roberto: — Allora sei pronto a fare la conoscenza di qualche "stella"?

— Per questo sono sempre pronto — risponde Roberto sorridendo.

. E i tre si avviano verso un padiglione enorme.

Artigianato italiano

33

È stato detto e scritto molte volte che dopo la Seconda Guerra Mondiale in Italia c'è stata una specie di rinascita in vari campi: nel campo artistico e cinematografico, nella letteratura, nell'industria, nella moda, e in generale nell'artigianato. Nel dopoguerra si è notata una incoraggiante rinascita, anche nell'Italia meridionale, zona prevalentemente agricola, dove, grazie specialmente agli aiuti della Cassa del Mezzogiorno, si fanno grandi bonifiche agricole, si costruiscono strade, e sorgono anche varie industrie. Dappertutto il viaggiatore nota grande attività e ottimismo: dappertutto un grande desiderio di migliorare il tenore di vita delle classi meno abbienti.

All'estero tutti sanno che Roma è diventata un centro importante dell'industria cinematografica, e che in Italia si costruiscono delle famose automobili, macchine da cucire, e macchine da scrivere. ·Molto apprezzati sono i tessuti italiani, e in alta stima è tenuta la moda italiana, femminile e maschile. Tutti gli anni molti rappresentanti di grandi negozi e molti giornalisti stranieri si recano in Italia per assistere alla presentazione di nuove creazioni della moda italiana a Firenze e a Roma.

LA MODA ITALIANA

Il turista che visita l'Italia si rende subito conto che, sebbene l'Italia sia un paese che ha fatto passi giganteschi nell'industria moderna, rimane allo stesso tempo un paese che ha un artigianato molto cospicuo. In tutte le città, le vie
5 e le piazze hanno numerosi negozi che mettono in mostra i prodotti dell'artigianato italiano in elegantissime vetrine.

In Italia molti articoli sono ancora fatti a mano e su misura: per esempio, gran parte delle signore e degli uomini, invece di acquistare un vestito o un abito già confezionato,
10 hanno una sarta o un sarto preferito; e fino a un certo punto, questo è vero anche per le calzature: invece di comprare le scarpe già fatte, alcuni si fanno ancora fare le scarpe su misura.

Famose in tutto il mondo sono le ceramiche artistiche
15 italiane. L'arte della ceramica è antichissima, e nei musei italiani si ammirano tuttora le antiche ceramiche etrusche, che risalgono all'epoca pre-cristiana. Sebbene in Italia quest'antica arte si trovi nelle varie regioni della penisola, noti in special modo sono i prodotti di Faenza, nella valle del
20 Po, di Deruta e di Gubbio vicino a Perugia, e di Vietri vicino a Napoli.

Firenze è nota anche per gli articoli di paglia — scarpe, cappelli, borsette, cestini — per la lavorazione artistica di oggetti in cuoio — portasigarette, borse, scarpe, ecc. — e per
25 quella dell'argento. Sempre in Toscana, conosciuti in tutto il mondo sono gli oggetti in marmo che da secoli si fanno a Carrara e nei vari paesi che si trovano ai piedi delle Alpi Apuane dove sono le grandi cave di marmo. Il viaggiatore

VENEZIA: FABBRICAZIONE DI OGGETTI DI VETRO

che percorre la strada o la ferrovia che va dalla Spẹzia a Pisa, non può fare a meno di notare le montagne di marmo che riflẹttono come tanti specchi il sole del pomerịggio.

Famosi, poi, sono i merletti ricamati veneziani, e i vari oggetti di vetro — candelabri, vasi, collane, ecc. — che si fanno 5 a Venẹzia e nella vicina isoletta di Murano. Ma bisogna dire che l'arte del ricamo e del vetro sono diffusịssime in Itạlia, e bellịssimi, per esẹmpio, anche se non molto famosi sono i ricami delle donne e delle fanciulle di Taormina.

E a Nạpoli? A Nạpoli si fanno dei meravigliosi lavori in 10 corallo, in madreperla, e in tartaruga.

Sí, l'Itạlia è anche oggi un paese di contrasti: il nuovo e il vẹcchio, il moderno e l'antico, l'artigianato e la grande indụstria si danno la mano dovụnque.

152

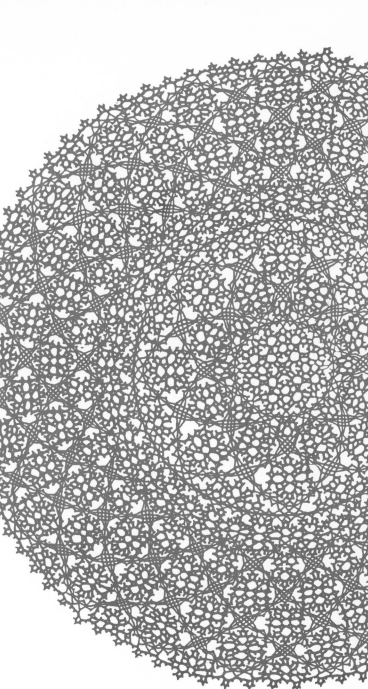

LEONARDO DA VINCI: AUTORITRATTO *Anderson Photo*

Alcuni grandi scienziati italiani

Non v'è dubbio che il popolo italiano abbia sempre avuto
un'inclinazione speciale per tutto ciò che è artistico; tuttavia,
è importante tener presente che le facoltà inventive degl'Italiani non si sono manifestate soltanto nel campo artistico, ma
5 si sono rivelate anche in quello della scienza.

Nel Medioevo furono famosissime in tutta l'Europa la
scuola di medicina di Salerno, e l'Università di Bologna, la
prima università europea, fondata nell'anno 1076.

In Italia, come nel resto dell'Europa, la scienza nel senso
10 moderno di "studio attento e controllato" della natura, sorse
nel Rinascimento, quando cioè l'uomo si liberò dalla tradizione e dallo scolasticismo, e si volse al gran libro della
natura. Al principio di questo risveglio troviamo la figura
gigantesca di Leonardo da Vinci (1452–1519), il prototipo
15 dell'*uomo universale* del Rinascimento. È vero che Leonardo
fu un sommo pittore e artista, ma egli fu altrettanto grande

34

come scienziato. Chi non ha veduto alcuni dei suoi numerosi schizzi e disegni che illustrano i suoi studi e le sue ricerche d'anatomia, zoologia, biologia, e ingegneria? Nel museo di Vinci, il piccolo paese dov'egli nacque, il visitatore resta meravigliato davanti ai modelli delle numerose macchine ⁵ ch'egli ideò, anticipando l'aliante, il paracadute, il sommergibile, il carro armato, ed altre ancora. Leonardo fu uno spirito veramente moderno, ma egli fu un solitario nel suo secolo, poiché non era ancora giunto il momento del vero studio delle scienze: c'erano ancora troppi pregiudizi, e i ¹⁰ principi che erano i mecenati degli artisti e degli studiosi, s'interessavano piú d'arte che di scienza.

La vera tradizione scientifica moderna s'inizia con un altro grande: con Galileo Galilei (1564—1642), che combatté per liberare la scienza dalla tradizione e applicò ad essa il ¹⁵ metodo matematico, difese la tesi copernicana del moto della terra intorno al sole, e con il suo telescopio iniziò l'era scientifica dell'astronomia. Galileo determinò il peso specifico dei solidi e fece delle importanti scoperte in matematica e in fisica — chi non ricorda i suoi esperimenti sulla caduta dei ²⁰ gravi e sulle oscillazioni del pendolo che fece a Pisa? — scoprí le macchie solari, le fasi di Venere, gli anelli di Saturno, ecc. Fu un allievo di Galileo, Evangelista Torricelli (1608–1647), che inventò il barometro. Ma ormai era spuntata una nuova aurora: dappertutto si fondavano accademie — come quella ²⁵ dei Lincei (1663) a Roma, e quella del Cimento (1657) a Firenze che prese per motto una frase dantesca "Provando e riprovando" — e l'insegnamento delle scienze entrava a far parte delle materie universitarie.

GALILEO GALILEI LINCEO FILOSOFO E MATEMATICO DEL SER.ᵐᵒ GRAN DVCA DI TOSC.

ENRICO FERMI

A cominciare con il Seicento il numero degli scienziati italiani aumenta rapidamente, e fra i tanti incontriamo: Marcello Malpighi (1628–1694), che a Bologna si servì per la prima volta del microscopio negli studi anatomici; Luigi Galvani (1737–1798), professore di anatomia, e ⁵ Alessandro Volta (1745–1827), insigne fisico, che fecero delle importantissime scoperte nel campo dell'elettricità, ed ai quali si devono le parole *galvanismo, galvanizzare, volta, voltaggio,* ecc.; Giovanni Schiaparelli (1835–1912), che inventò la dinamo, e molti altri.   10

Ma anche l'elenco più sommario degl'Italiani che diedero il loro contributo alle scienze non sarebbe completo senza due dei più grandi studiosi dell'era moderna: Guglielmo Marconi (1874–1937), e Enrico Fermi (1901–1954), entrambi vincitori del Premio Nobel per la fisica: al primo, inventore ¹⁵ della telegrafia senza fili, risalgono la radio e la televisione; il secondo, aprì l'età atomica producendo la prima reazione atomica a catena.

Sí, è vero che il popolo italiano è un popolo fornito di doti artistiche assai spiccate, ma è anche innegabile che è ²⁰ portato alla ricerca del nuovo, sia ch'esso risieda nella natura intima della materia, sia che si trovi al di là di mari sconosciuti (Cristoforo Colombo, Amerigo Vespucci), o sopra una vetta inaccessibile (scalata del monte K2 [*cappa due*] nell'Himalaia, compiuta da una spedizione italiana nel 1954). ²⁵

CARTA GEOGRAFICA DI CARERI, SECONDO LE INDICAZIONI DI COLOMBO E DI VESPUCCI

POMPEI: MOSAICO

Napoli e dintorni

35

— Ed ora, Signori, ecco a destra la cosiddetta *Villa dei Misteri*, una delle piú interessanti rovine dell'antica Pompei. Questo edificio era consacrato a Dionisio, e dentro vedremo i meravigliosi affreschi che rappresentano appunto il Culto di Dionisio. Prego, Signori, avanti, avanti.   5

E cosí dicendo la guida entra nell'edificio seguito da un gruppo di turisti. Tra questi c'è anche Roberto Hamilton che è a Napoli da tre giorni. Oggi ha deciso di fare un'escursione a Pompei e l'esperienza è stata veramente una delle piú singolari che abbia avuto durante il suo soggiorno in Italia. 10 Uscendo dalla *Villa dei Misteri*, Roberto si trova vicino ad uno degli altri turisti, che gli dice sorridendo:

POMPEI E IL VESUVIO

— Sembra quasi incredibile, vero? Voglio dire, vedere questa città che 2000 anni fa era piena di vita e che improvvisamente fu distrutta da quel vulcano là che sembra inerme.

— Già — risponde Roberto — una cosa tragica, ma affascinante. 5

Roberto nota che il signore con cui parla è un uomo di circa cinquant'anni, vestito molto accuratamente, che parla con un accento che non gli riesce riconoscere.

— Lei è americano? — domanda il signore.

— Sí — risponde Roberto — ma come fa a saperlo? Dal 10 modo come parlo italiano?

— No, no, anzi l'italiano lo parla bene. Me **ne** sono accorto dal Suo abito e dalle Sue scarpe.

— Davvero?

— Dovrei aggiungere che essendo proprietario di un nego- 15 zio di abiti per uomini me ne intendo un po'. . .

— Ha un negozio a Napoli?

— No, a Torino; ecco il mio biglietto da visita.

Roberto lo prende e lo legge. Poi dice:

— Grazie, piacere di conoscerLa, signor Velieri. Io mi 20 chiamo Roberto Hamilton.

E porge la mano al signor Velieri che gliela stringe con effusione.

— Mi sembrava che Lei parlasse con un accento che mi era nuovo — continua Roberto — ma non sapevo che fosse 25 piemontese.

— Mi dica, signor Hamilton, è la prima volta che visita Napoli?

— Sí, sono arrivato tre giorni fa da Roma. Resterò qui qualche altro giorno e poi andrò in Sicilia. 30

— Io vengo a Napoli tutti gli anni per una diecina di giorni e non manco mai di visitare Pompei e Ercolano. Vengo i primi di settembre perché mi piace assistere alla festa della canzonetta popolare, cioè alla Festa di Piedigrotta. Le piace Napoli? 35

— Da quello che ho visto sí. Come dicevo sono qui da tre giorni solamente. Sono stato all'opera al San Carlo, ho visitato Posillipo, il Vomero, la Galleria e il Castello Angioino.

— In tre giorni mi sembra che abbia già fatto molto.

— Ma c'è tanto da vedere. Domani farò il giro della costa 40 amalfitana; domani sera mi fermerò a Sorrento, e il giorno dopo ritornerò a Napoli.

DINTORNI DI NAPOLI: POSITANO

— E a Capri non ci va?

— Sí, dovrei andarci venerdí.

— Ah! Bene! E mi raccomando, non dimęntichi di andare ad Anacapri.

   Nel frattempo il gruppo di turisti, preceduto dalla
guida, è ritornato verso l'autobus che lo riporterà a Napoli.
Roberto e il signor Velieri sono gli ultimi a salire e durante
il viaggio di ritorno continuano a conversare. L'autobus
5 finalmente si ferma a Piazza del Plebiscito e tutti i turisti
scendono.

   — Signor Hamilton — dice il signor Velieri — mi permette
di offrirLe qualcosa? Possiamo andare nella Galleria che è a
due passi.

10 — Grazie; accetterei volentieri ma proprio non posso. Ho
un appuntamento tra un'ora per cena con un amico americano di passaggio per Napoli. Anzi, giacchè Lei conosce bene
Napoli, potrebbe indicarmi un buon ristorante?

   — Senz'altro. Le piace il pesce?

15 — Sí, molto.

   — Allora vada ad uno dei ristoranti sulla marina, in Via
Partenope, proprio davanti all'albergo Excelsior.

   — Grazie. È stato proprio un piacere conoscerLa.

   — Il piacere è stato mio. Non dimentichi di andare a
20 vedere la Festa di Piedigrotta. E mi raccomando, se capita
a Torino non manchi di farmi una visita.

Feste italiane

36 Abbiamo veduto che per molti secoli l'Italia fu un paese diviso in numerosi piccoli stati, ciascuno dei quali ebbe la propria storia e le proprie vicende. Politicamente l'Italia non fu unificata fino alla fine del secolo scorso. La nuova Italia ereditò i costumi, le tradizioni, e le feste delle varie 5 città e dei vari stati, ma naturalmente, dopo l'unificazione, le differenze fra una parte e l'altra del paese si attenuarono, e oggi molte feste, tradizioni e costumi sono scomparsi. Tuttavia, l'orgoglio locale e l'attaccamento al passato hanno tenuto in vita molte tradizioni, e tutt'oggi l'Italia è uno dei 10 paesi più ricchi di folklore.

In Italia vi sono varie feste: feste religiose, feste civili, fiere locali che spesso hanno luogo il giorno del Santo protettore di un dato paese o borgo, e fiere annuali, generalmente di carattere industriale e commerciale, come la Fiera 15 Campionaria Internazionale di Milano (12–27 aprile), e la Fiera del Levante di Bari (in settembre).

Di tutte le feste italiane le più belle e le più numerose
sono quelle religiose: fra queste interessanti in modo particolare sono la Festa del Redentore a Venezia, la Festa della
Madonna di Piedigrotta a Napoli, la Festa dei Ceri a Gubbio,
lo Scoppio del Carro a Firenze, e l'Infiorata a Genzano.

La Festa del Redentore risale a un voto dei Veneziani
per la liberazione dalla pestilenza del 1575. Ha luogo la
terza domenica di luglio, e consiste in una regata di gondole
riccamente addobbate e illuminate sulle quali allegre comi-
tive cantano e suonano percorrendo i canali. Quindi c'è il
tradizionale spettacolo pirotecnico.

La Festa della Madonna di Piedigrotta è senza dubbio la
più famosa e la più briosa festa napoletana. Dopo diverse
cerimonie di carattere religioso che iniziano la festa (i primi
giorni di settembre) vicino all'antico santuario di Piedigrotta, seguono dei giorni di gara fra compositori di canzoni

popolari. Le canzoni vengono cantate davanti a un pubblico numerosissimo che ascolta e indica con applausi più o meno calorosi la canzone che gli piace di più. Il dialetto napoletano si presta in modo speciale alla canzonetta, e molte delle canzoni che furono in tempi passati applaudite a Piedigrotta, sono diventate famose in tutto il mondo: *'O sole mio, Torna a Sorrento, Santa Lucia, Funiculì-Funiculà*, e altre.

La Festa dei Ceri si celebra ogni anno a Gubbio, vicino ad Assisi, il 15 di maggio, in onore di Sant'Ubaldo. Un cero è una grossa candela di "cera", ma in questo caso i Ceri sono tre torri poligonali alte circa quindici piedi. In cima a ogni cero c'è la statua del Santo protettore di una data Corporazione. Su quello dei muratori c'è la statua di Sant'Ubaldo. I ceri sono portati sulle spalle di uomini robusti, i "ceraioli", che, a un dato segno, fanno di gran corsa tre volte il giro di una piazza e poi salgono sul monte dove c'è il monastero di Sant'Ubaldo.

Lo Scoppio del Carro risale al rito religioso di bruciare il fuoco sacro il giorno del Sabato Santo. Il primo carro fu costruito nel 1305 dopo una vittoriosa Crociata in Terra Santa. Il carro attuale, che fu costruito nel 1700, è alto più di sessanta piedi. Il giorno del Sabato Santo il carro viene tirato da tre paia di buoi infiorati davanti alla porta del Duomo, dove, per mezzo di un filo, si collega all'Altare Maggiore. Ad una certa ora si dà fuoco a un caratteristico fuoco d'artificio chiamato "La Colombina" che corre lungo il filo e va a "incendiare" il carro.

Interessantissima e tipica di altre simili feste in varie parti della penisola è l'*Infiorata* che ha luogo a Genzano, vicino a Roma, per il Corpus Domini. In questa occasione la

MUSICISTI AMALFITANI

SIENA: IL PALIO — IL MOMENTO DEL TRIONFO

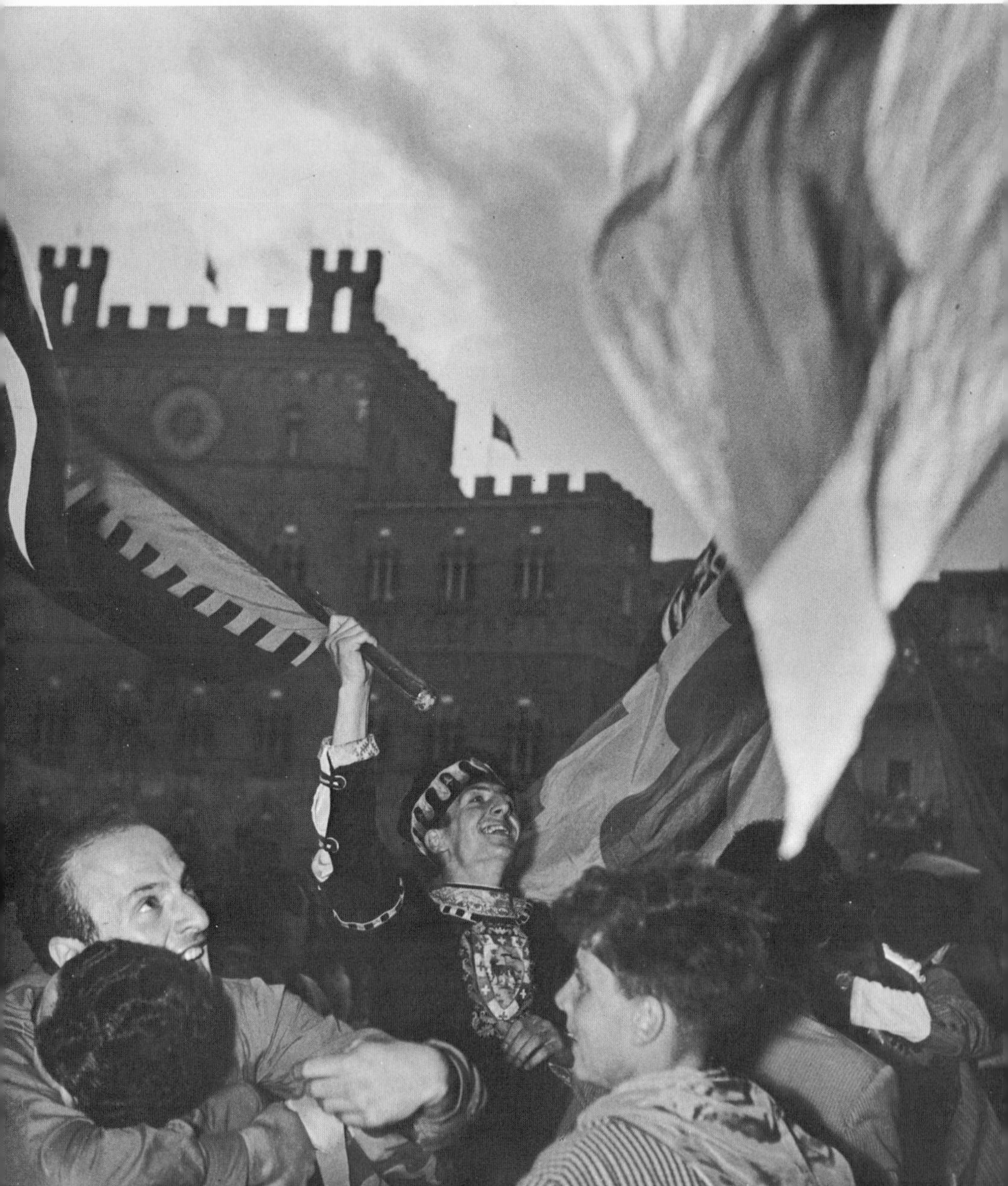

TRIONFO DEL CARNEVAL

via che sale verso la chiesa viene coperta da uno spesso tappeto di fiori. Ogni casa che dà sulla via è addobbata a festa.
Il tappeto di fiori che copre la via è fatto di milioni di petali
di vari fiori distribuiti in modo da formare dei disegni geo-
metrici bellissimi. Di solito, a un certo punto della via c'è
un grande disegno che rappresenta un'immagine religiosa.
Tutto questo lavoro per dilettare l'occhio dei presenti per
poche ore, poiché a un certo momento la via è naturalmente
riaperta alla circolazione!

Fanno parte delle feste religiose anche i presepi, cioè la
rappresentazione che si fa nelle chiese, e in piccolo anche
nelle case, della stalla in cui nacque Gesú. Alcuni presepi
sono delle vere opere d'arte.

Altre feste tradizionali risalgono a tempi remoti, e rie-
vocano la storia e le glorie passate: i costumi, medioevali e
rinascimentali, e le antiche armature offrono uno spettacolo
indimenticabile. Fra queste il primo posto spetta al Palio
di Siena; ma ve ne sono altre, come per esempio il Gioco del

Calcio di Firenze, la Giostra del Saracino di Arezzo, e il Gioco del Ponte a Pisa.

D'interesse internazionale poi, sono: il Maggio Musicale Fiorentino, durante il quale si danno opere, balletti, e concerti sinfonici nel Giardino dei Boboli, nel Teatro Comunale e nel grandioso Palazzo Pitti, e il Festival del Cinema che ha luogo a Venezia alla fine d'agosto e i primi di settembre, che attira artisti di ogni nazionalità.

Viaggio notturno a Palermo

Roberto è a Napoli da una settimana. Non ha veduto tutto quello che c'è da vedere, però ha visitato i luoghi di maggiore interesse, e poiché oggi è il dodici di settembre, ha avuto anche la fortuna di poter partecipare, come spettatore s'intende, alla Festa di Piedigrotta.

37

Questa sera parte per la Sicilia, e infatti ha già comprato il biglietto, ed è salito a bordo del *Campania Felix,* uno dei piroscafi che fanno servizio fra Napoli e Palermo. Un cameriere di bordo gli ha indicato la sua cabina, e in questo momento sta conversando con Giorgio Mancini, un giovane diciannovenne che occupa la stessa cabina.

— Lei è stato altre volte in Sicilia? — chiede Roberto.

— No, questo è il mio primo viaggio. Ho una sorella che abita con suo marito a Trapani, e vado a farle una visita. E Lei?

— Io, come Le dicevo, sono americano. Prima che incomincino le piogge e il freddo, ho pensato di fare il giro dell'isola e di vedere i punti più interessanti.

— Si tratterrà a lungo a Palermo?

— Soltanto due giorni: poi proseguirò per Selinunte, e da lí andrò a Siracusa, a Catania, a Taormina, e a Messina dove prenderò il treno per Roma.

— Conosce qualcuno a Palermo?

— No. Mi fermerò in un albergo. Ho visto qui nella guida dell'Italia meridionale che a Palermo ce ne sono diversi.

— Allora, se non ha nulla in contrario, possiamo andare allo stesso albergo. Io ho portato con me la mia motocicletta, e domani possiamo visitare la città insieme.

— Grazie. Troppo gentile!

— Le pare! È sempre piú divertente visitare una città che non si conosce con un'altra persona.

— Vogliamo salire sul ponte? Ho visto che stava salendo molta gente a bordo.

— Sí. Sa perché? Stamani è arrivato il *Michelangelo*, da Nuova York, e c'erano diversi passeggeri diretti a Palermo . . . Guardi, il *Michelangelo* è quel piroscafo laggiú.

— Già! Questo spiega tutto questo movimento di passeggeri.

I due giovani si appoggiano alla ringhiera e osservano gli altri passeggeri, e i facchini che portano i bagagli a bordo. Dopo un'oretta tolgono la passerella, e un fischio prolungato annuncia che il vapore sta per partire. Infatti, dopo pochi minuti il rombo dei motori si fa piú forte, e il vapore si stacca dal molo e si allontana verso il mare aperto.

— È un colpo d'occhio incantevole — dice Roberto.

— Sí. La luna è piena, e si vede anche il Vesuvio. Guardi! Vede quelle luci a destra? Sono le luci di Sorrento. C'è stato?

— Sí. Tre giorni fa ho fatto il giro della penisola sorrentina in autopullman.

— Adesso capisco perché i napoletani decantano le bellezze del loro mare e della loro costa.

— (Roberto canta) *Vedi il mare quant'è bello,*
    Spira tanto sentimento . . .

— Ah! Anche in America si canta *Torna a Sorrento?*

— Sí . . . ma di solito in inglese! *(Gli offre una sigaretta)* Fuma?

— Sí, grazie. Vogliamo andare nella sala di lettura? Qui sul ponte fa freschino.

— Guardi — dice Giorgio — ci sono due poltrone libere in quell'angolo.

— Scusi se Le sembro curioso, ma Lei di dov'è?

— La mia famiglia abita ad Ancona, sull'Adriatico, ma io vado all'Università di Urbino. C'è stato a Urbino?

— No, ma so dov'è. È il paese di nascita di Raffaello.
5 Quella zona non la conosco affatto.

— Prima di ritornare in America Lei dovrebbe andarci; creda che vale la pena.

— Sí, sí. Forse in primavera. Se non mi sbaglio Urbino e Ravenna sono piuttosto vicine, e voglio assolutamente ve-
10 dere la tomba di Dante e i mosaici bizantini delle chiese di Ravenna.

— *(Prende due riviste da un tavolo)* Vuole una di queste riviste?

— No, grazie. Voglio leggere questa guida dell'Italia
15 meridionale.

(Fra sè, sfogliando il libro) Basilicata...Calabria...Sicilia. Eccola!

La Sicilia

38

La Sicilia, la piú grande delle isole italiane, è una delle regioni piú affascinanti d'Italia. La Sicilia è separata dalla penisola italiana dallo stretto di Messina che è largo solamente tre chilometri, quindi le comunicazioni col continente sono state sempre relativamente facili e la storia dell'isola è ⁵ strettamente legata a quella dell'Italia.

Data la sua posizione strategica (quasi al centro del Mediterraneo), il suo clima mite e la fertilità del suo terreno, durante la sua lunga storia la Sicilia è stata invasa molte volte, e sul suo suolo sono fiorite diverse e splendide civiltà. ¹⁰ Due città, Siracusa e Palermo, sono state i centri principali dell'isola attraverso la sua storia. Siracusa era già nel quinto secolo a.C. (avanti Cristo) il centro della civiltà greca che ormai fioriva in tutta l'isola. Anche dopo che il dominio di Roma si estese su tutta l'isola (terzo secolo a.C.), Siracusa ne ¹⁵ rimase la città principale. Fu soltanto nel secolo nono dell'era cristiana, durante il dominio arabo, che l'altra grande città, Palermo, diventò la metropoli dell'isola, e tale rimase du-

VECCHIO OLIVO

rante il dominio dei Normanni e poi sotto il regno di Federico II di Svevia che durò fino al 1250. Dopo la morte di
Federico II Palermo rimase la capitale attraverso il periodo
delle dominazioni francese e spagnola fino ai tempi moderni,
5 e anche oggi essa è il centro amministrativo e culturale della
Sicilia.

Il clima della Sicilia è così svariato come la sua storia.
Quasi due terzi della superficie dell'isola sono un altipiano
situato a circa 300 metri sul livello del mare. In questa zona
10 il clima è asciutto, a volte arido, e in estate vi tira lo Scirocco,
un vento afoso che viene dall'Africa. Lungo la costa il clima
perde parte della sua aridità, ma dappertutto il carattere
semitropicale dell'isola è evidente nella ricchezza e nella profusione della sua vegetazione. Per il turista la Sicilia è un
15 vero paradiso, tanto d'inverno quanto d'estate: sia per quelli
che vogliono semplicemente riposare, come per coloro che
sono appassionati allo sport. E di tutti i posti dell'isola nessuno è così caro ai turisti come Taormina. Questa piccola

SICILIA: L'ETNA VEDUTO DA TAORMINA

città, che è situata sulla costa orientale, un po' al nord dell'Etna, è una vera meraviglia di bellezza naturale. Specialmente al principio della primavera il panorama nei pressi di Taormina è incantevole; in questa stagione l'Etna è ancora coperto di neve, mentre lungo la costa e nella pianura i 5 mandorli sono in fiore. Il tempo è bello, l'aria è calma e chiara, e la natura che si risveglia dà nuova intensità ai colori dei fiori e delle piante.

La Sicilia è ricca di città pittoresche e storiche: Messina, distrutta quasi totalmente dal terremoto e maremoto 10 nel 1908 e poi completamente ricostruita; Marsala, famosa per il vino dello stesso nome che vi si produce, e perchè fu di quí che Garibaldi iniziò la conquista dell'Italia meridionale con i suoi "Mille"; Agrigento, nota per la sua valle popolata di templi greci; Catania, piú volte distrutta dal- 15 l'Etna, sempre risorta e oggi una città moderna e fiorente.

SEGESTA: TEMPIO GRECO

Economicamente le condizioni in Sicilia sono molto migliorate negli ultimi anni. La scoperta del petrolio in alcune località ha dato nuovo impulso alla ripresa economica, e l'avvenire si presenta, se non roseo, certo promettente. Oggi la Sicilia, pur facendo parte dello Stato Italiano, gode di una certa autonomia e possiede un proprio parlamento che ha giurisdizione sui problemi locali. L'autonomia amministrativa concessa all'isola è un fatto politico di grande importanza poiché essa permette la soluzione di molti problemi che sono particolari alla regione e che possono essere risolti soltanto localmente, tenendo conto delle condizioni locali.

MONREALE: MOSAICO *Alinari Photo*

Sul Monte Pellegrino

39

Roberto e Giorgio sono seduti sulla vetta del Monte Pelle-grino, un masso roccioso alto circa 600 metri, che si trova all'entrata del grande golfo di Palermo. Dal Monte Pelle-grino si gode una splendida veduta della città e della grande valle retrostante che, per la sua forma, è chiamata la "Conca d'Oro." È una valle fertilissima, dove crescono aranci, li-moni, olivi e molti alberi da frutta.

I due giovani sono saliti sulla montagna in motocicletta, ed hanno visitato il Santuario di Santa Rosalia, la santa pre-ferita dei Palermitani, che nel 1624 liberò Palermo da un'epi-demia micidiale. La grotta del santuario è bellissima, ed è uno dei posti visitati ed ammirati da artisti italiani e stra-nieri. Famosa è la visita che vi fece il grande poeta tedesco Goethe, che è commemorata da una lapide.

Il sole sta calando sull'orizzonte, ma i due giovani non hanno fretta: osservano e conversano.

— Io sono rimasto meravigliato dall'aspetto orientale di alcuni edifici di Palermo — dice Roberto.

— Anch'io — risponde Giorgio — ma non bisogna dimenti-care che dal sesto all'undicesimo secolo Palermo fu dominata dagl'imperatori bizantini e dagli Arabi.

— Dice la guida che a un certo punto a Palermo c'erano circa 300 moschee.

— La storia di Palermo è veramente affascinante; da quando fu fondata dai Fenici a quando fu annessa al Regno d'Italia nel 1860.

— Certo che da quassú si vede quasi tutta la città. Sembra di essere in elicottero. Proprio non m'immaginavo che a Palermo vi fossero tante ville con dei grandi giardini.

— Quale villa Le è piaciuta di piú?

— *La Favorita,* dove c'è la *Palazzina Cinese.* È un vero parco di cipressi e di pini.

— Guardi in quella direzione. Riconosce quelle cupole rosse?

— Certo. Sono le cupole di San Giovanni degli Eremiti. Le confesso che se non avessi letto che era una chiesa costruita dai Normanni, l'avrei scambiata per una moschea.

— Infatti ne ha proprio l'aspetto. C'è stato ancora a Venezia e a Padova?

— No, perché?

— Bè, quando ci andrà vedrà che anche la cattedrale di San Marco a Venezia e la chiesa di Sant'Antonio a Padova sono sormontate da cupole di gusto bizantino.

— Ho letto che nel diciottesimo secolo, quando fu aperta la tomba dell'imperatore Federico II, che morí nel 1250, sulla sua veste fu trovata un'iscrizione in arabo.

— Aspetti un momento. Non è quella la cattedrale in cui è sepolto Federico II?

— No. La cattedrale è piú in là. Quella, se non mi sbaglio, è la Cappella Palatina.

— Credo che abbia ragione. Quanto è bella quella cappella!

— È una delle piú belle ch'io abbia mai visto. È piena di marmi e di mosaici di un gusto squisito.

— E parlando di mosaici, non bisogna dimenticare quelli del Duomo di Monreale che abbiamo visitato stamani.

— È vero. Ha veduto? Le pareti sono completamente coperte di mosaici che svolgono il ciclo del Vecchio e del Nuovo Testamento.

— E il chiostro? Che meraviglia! Tutto luce e policromia. Ci sono 216 colonnette incrostate di mosaici.

— E anche da lí vicino c'è una bella veduta della città.

— Bè, il sole sta andando sempre piú giú. Scendiamo in città?

PALERMO: LA CHIESA DI SAN GIOVANNI DEGLI EREMITI

— Sarà meglio. Ma senta, prima di ritornare all'albergo vorrei vedere per lo meno dall'esterno il Teatro Massimo.

— Senz'altro. Lo voglio vedere anch'io.

— Ho sentito dire che è uno dei piú grandi teatri italiani.

— (Roberto canta)   5

> *O che bel mestiere,*
> *Fare il carrettiere,*
> *Andar di quà e di là...*

— È vero che siamo in Sicilia, ma come Le viene in mente un'aria della *Cavalleria Rusticana?*   10

— Cosí! Pensavo a quel carreto dipinto di fresco che per poco non abbiamo investito proprio fuori Palermo.

— Ah già! *Carretto, carrettiere!* Farò piú attenzione al ritorno.

CARRETTO SICILIANO

ESSINA: LA PARTENZA DEL TRAGHETTO

25 settembre 19....

Cara Nanda,

Come vedi mantengo finalmente la promessa
che ti avevo fatta di scriverti almeno una
lettera. Ti scrivo dal treno che mi riporta
a Napoli dopo la mia visita in Sicilia. Sono
le dieci di mattina e da un'oretta il treno
corre lungo la costa occidentale della Calabria. Sai? Stamani ho attraversato lo Stretto
di Messina in uno dei traghetti che portano
anche il treno che va a Napoli. Non c'erano
molti turisti perchè ormai siamo in autunno,
ma c'erano molti siciliani - donne e uomini -
che portavano frutta e legumi a un mercato
in Calabria. Durante la traversata, che dura
circa venti minuti; ho veduto uno dei nuovi
aliscafi che sono velocissimi, e che fanno
la traversata in pochi minuti. Come ti
scrissi nella cartolina che ti mandai da Monreale, andai da Napoli a Palermo in piroscafo. A bordo conobbi un giovane che aveva

una motocicletta, e insieme girammo tutta
Palermo ripetutamente, anche se a volte
pericolosamente.

La Sicilia è stata per me una rivelazione. È cosí diversa dal resto dell'Italia
che ho visto finora, e il miscuglio di vicino
oriente e d'occidente, di antico e di moderno
le dà un fascino tutto suo. Certo tu, come
italiana, dovresti fare un viaggio simile al
piú presto possibile, e ti assicuro che sarà
anche per te un'esperienza indimenticabile.

Non starò a raccontarti tutto il mio
viaggio e tutte le mie impressioni perché
finirei per scrivere un libro. Da Palermo
avrei voluto fare tutto il giro dell'isola,
ma ci sarebbe voluto troppo tempo, cosí mi
sono dovuto contentare di visitare solamente
Siracusa, Catania, Taormina e Messina dove
ho preso il treno per il viaggio di ritorno.

Devo confessare che malgrado la ricchezza
di monumenti e di vestigia di antiche civiltà
che si trovano in tutte queste città, Taormina è quella che mi ha specialmente affascinato. Dovevo rimanerci un giorno e mezzo
e ci sono rimasto invece quattro giorni interi. Meno male che ci sono venuto alla fine
del mio giro perché altrimenti non credo che
sarei andato oltre. Mi sono fermato all'albergo San Domenico, il piú noto, anche se
piuttosto caro per uno studente come me. San
Domenico era nel secolo quindicesimo un con-
vento domenicano. La trasformazione in albergo è stata fatta con grande abilità giacché
sono riusciti a conservare il carattere rinascimentale dell'edificio senza sacrificare

nessuna delle comodità moderne. Dall'albergo c'è una veduta magnifica della piccola baia e delle spiagge. Sebbene sia già quasi ottobre, sono potuto andare a nuotare tutti i giorni. La spiaggia dove andavo, Isola Bella, è piuttosto rocciosa e vi è pochissima sabbia ma la bellezza del luogo ti fa presto dimenticare questo piccolo difetto. Oltre al nuotare e a molti bagni di sole, ho fatto anche qualche dozzina di schizzi. Ma piú che altro, mi sono completamente riposato e ho

TAORMINA: TEATRO GRECO

lasciato Taormina pieno di energia e di ambizione. E ora eccomi in treno attraverso la
Calabria. Da quello che posso vedere dal
treno anche questa regione ha dei posti in-
cantevoli e vorrei potere fermarmi a mio
agio. Ma mancano il tempo e il denaro. Se mi
potessi permettere un lusso simile vorrei
comprare una piccola automobile e girare dappertutto, senza fretta, fermandomi dove mi
pare e per quanto mi pare. Ma per questo
bisognerà aspettare. Nel frattempo non vedo
l'ora di arrivare a Roma e di mettermi al
lavoro. Come sai mi sono già sistemato in
una pensione, e giacché le lezioni all'Accademia cominceranno fra due settimane non mi
resta molto tempo libero.
   Il tempo passa più rapidamente di quel
che vorrei, e a volte già penso con tristezza
al momento quando dovrò lasciare l'Italia.
Ma dovranno passare molti mesi ancora, ed è
meglio non pensarci ora. Scrivimi presto.
Salutami i tuoi, e fammi sapere se una mia
visita a Natale ti farebbe piacere.
   Dimenticavo di dirti che una della cose
piú interessanti che abbia visto in Sicilia
è stata una rappresentazione dei "Pupi" a
Palermo. I costumi sono dei veri capolavori
e gli spettacoli sono divertentissimi.

                    Saluti cordiali, tuo

                    Roberto

Exercises

The following exercises cover the forty chapters of the text. Each exercise consists of: (a) fifteen questions to be answered by the student as fully as possible; (b) ten incomplete statements to be completed by the student; and (c) five expressions or idioms to be used by the student in original phrases.

1. QUANDO PARTE ROBERTO?

(a) *Rispondete alle domande seguenti:*

1. Dov'è l'Università di Stanford?
2. È un maestro Roberto?
3. Dov'è in questo momento Roberto?
4. Studia all'Università di Stanford il signor Ferri?
5. Per dove parte Roberto quando finisce gli studi?
6. Quando finiscono le lezioni?
7. Perché Roberto non prende l'aviogetto San Francisco-Roma?
8. Conosce New York il maestro di Roberto?
9. Lei canta al Lincoln Center durante la stagione lirica?
10. È americana la madre di Roberto?
11. Tutti ricordano con nostalgia i cantanti del Metropolitan?
12. Dov'è il nuovo Metropolitan Opera House?
13. Perché Roberto va via?
14. Perché Roberto desidera ritornare domani?
15. Quando è libero il maestro Ferri?

(b) *Completate le frasi seguenti:*

1. Roberto Hamilton è _____.
2. Roberto desidera tanto _____ a studiare in Italia.
3. Il signor Fulvio Ferri è _____.
4. Quando Roberto _____, parte per l'Italia.
5. Roberto non prende l'aviogetto San Francisco-Roma perché quello _____.

193

6. Roberto _____ passare una settimana a New York _____ di una zia.
7. New York è la città americana che il signor Ferri _____.
8. Noi ammiriamo _____ grattacieli di New York.
9. Anche la madre di Roberto _____ i cantanti del Metropolitan.
10. Ora vado via, ma ritorno domani _____ questo quadro.

(c) *Scrivete frasi originali per ciascuna di queste espressioni:*
   1. ultimo anno
   2. in questo momento
   3. un volo diretto
   4. come artista
   5. stagione lirica

2. STUDENTI STRANIERI IN ITALIA

(a) *Rispondete alle domande seguenti:*
   1. È uno studente italiano Roberto?
   2. Studia solamente la lingua italiana Roberto?
   3. Perché parla italiano Roberto?
   4. È maestro di lingua italiana il signor Ferri?
   5. Quando parte per Roma Roberto?
   6. Che cosa desidera continuare all'Accademia di Belle Arti di Roma Roberto?
   7. Perché molti studenti americani partono per l'Italia?
   8. Viaggia con un gruppo di studenti Roberto?
   9. Tutti gli studenti restano un anno in Italia?
   10. Dove manda molti studenti l'Università di Stanford?
   11. E l'Università di California?
   12. Che cosa frequentano molti studenti in giugno, luglio, o agosto?
   13. Dove troviamo centri per studenti stranieri in Italia?
   14. Che cosa ha l'Università di Siena durante l'estate?
   15. Di che cosa sono felici gli studenti americani quando ritornano negli Stati Uniti?

(b) *Completate le frasi seguenti:*
   1. Roberto è _____ di ultimo anno in _____.
   2. Studia arte, ma prende anche _____ dal maestro Ferri.
   3. Roberto parla italiano perché la madre di Roberto _____ con Roberto.
   4. Appena _____ gli esami, Roberto _____ per Roma.
   5. Non tutti gli studenti viaggiano da soli, alcuni viaggiano _____.
   6. Non tutti gli studenti americani restano sei mesi o un anno in una data università italiana, alcuni restano _____.

7. Ogni anno l'Università di Stanford _____ molti studenti a _____
8. Anche Siena ha un eccellente _____ per stranieri.
9. I centri per stranieri offrono _____ di lingua e di _____.
10. Quando _____ gli studenti sono felici dell'esperienza in Italia.

(c) *Scrivete frasi originali per ciascuna di queste espressioni:*
1. lezioni private
2. fra tre settimane
3. da solo
4. un certo numero
5. durante il mese di agosto

3. L'ULTIMA CONFERENZA AL CIRCOLO ITALIANO

(a) *Rispondete alle domande seguenti:*
1. Dove ha parlato Elio Martelli?
2. Chi è Elio Martelli?
3. Quando è venuto in America?
4. Cosa è una borsa di studio?
5. Chi fa delle domande?
6. Cosa farà ora il Signor Martelli?
7. In che città andrà Elio?
8. Con chi è venuto in America?
9. Che ha studiato a Chicago?
10. Cosa spera di fare Elio?
11. Come trova Elio gli studenti americani?
12. Cosa è una preparazione storica?
13. Tornerà negli Stati Uniti Elio?
14. Chi ringrazia Elio?
15. Ha mai visitato l'Italia Lei?

(b) *Completate le frasi seguenti:*
1. L'ultima conferenza è appena _____.
2. Elio è venuto al _____ dell'anno scolastico.
3. Gli studenti fanno delle _____.
4. Elio è laureato dalla _____ di Bologna.
5. Partirà _____ quattro giorni.
6. Dopo una _____ spera di lavorare.
7. È arrivato in America circa _____.
8. È venuto per _____.
9. Ha _____ due corsi.
10. Li trova pieni di _____.

(c) *Scrivete frasi originali per ciascuna di queste espressioni:*
1. fare delle domande
2. circa
3. anno scolastico
4. per conto mio
5. sperare di

4. STUDENTI ITALIANI NEGLI STATI UNITI

(a) *Rispondete alle domande seguenti:*
1. Cosa è il vecchio mondo?
2. Dove vengono oggi molti studenti stranieri?
3. Chi è Elio Martelli?
4. Perché è cambiata la situazione?
5. Cosa ha avuto luogo negli Stati Uniti?
6. Costano poco le ricerche scientifiche?
7. Cosa è necessario per le ricerche?
8. Cosa è l'archeologia?
9. Chi continua a visitare l'Europa?
10. Che possibilità hanno gli Stati Uniti?
11. Quali sono le scienze sociali?
12. Ci sono studenti stranieri nella Sua scuola?
13. Sono importanti gli scambi di studenti?
14. È mai stato all'estero Lei?
15. Quale paese preferisce visitare?

(b) *Completate le frasi seguenti:*
1. Una volta gli studenti americani andavano in _____.
2. La situazione è molto _____.
3. Elio è uno dei numerosi studenti _____.
4. Le ragioni sono _____.
5. Molto importante è il progresso _____.
6. Il costo delle ricerche scientifiche è _____.
7. Gli Stati Uniti sono un paese _____.
8. Molti studenti americani continuano a visitare _____.
9. Gli Stati Uniti hanno la _____ di aiutare altre nazioni.
10. Gli studenti sono _____ di pace.

(c) *Scrivete frasi originali per ciascuna di queste espressioni:*
1. appunto
2. ricerca scientifica
3. richiedere
4. avere la possibilità
5. ambasciatore di pace

5. IN AVIOGETTO DA NEW YORK A MILANO

(a) *Rispondete alle domande seguenti:*

1. Sono già tutti a bordo i passeggeri?
2. Che cosa fa Roberto?
3. Quando il giovanotto domanda a Roberto se il posto è occupato, che cosa risponde Roberto?
4. Come si chiama il giovanotto?
5. Perché Roberto desidera migliorare la sua conoscenza dell'italiano?
6. In che cosa consiste la strana combinazione?
7. Si è laureato all'Università di Chicago Roberto?
8. Che cosa ha ricevuto per andare a studiare in America Elio?
9. Quando è venuto in America il signor Ferri?
10. Perché tutti i passeggeri guardano dal finestrino?
11. Che cosa domanda Elio alla "hostess"?
12. Anche Roberto va alla casa della zia di Elio?
13. Che cosa faranno domani Roberto e Elio?
14. Quando si daranno un appuntamento?
15. Lei ha attraversato le Alpi in aeroplano?

(b) *Completate le frasi seguenti:*

1. L'aviogetto parte da _____ e va a _____.
2. L'aviogetto è della _____ Alitalia.
3. No, questo posto non è occupato, _____!
4. Andiamo in Italia e desideriamo _____ la nostra conoscenza dell'italiano.
5. Roberto si è laureato all'Università di Stanford, e Elio _____ all'Università di Bologna.
6. Parlano italiano perché _____ a scuola.
7. Elio ha già volato sulle Alpi _____.
8. In questo momento la "hostess" serve il caffè _____.
9. Elio resterà a Milano _____ giorni.
10. Quando l'aeroplano comincia a discendere Roberto _____ dal finestrino.

(c) *Scrivete frasi originali per ciascuna di queste espressioni:*

1. stare per
2. a bordo
3. s'accomodi!
4. una borsa di studio
5. pressappoco

6. UN PO' DI GEOGRAFIA

(a) *Rispondete alle domande seguenti:*

1. Perché l'Italia ha un aspetto caratteristico?
2. Quale catena di monti separa l'Italia dal resto dell'Europa?

3. Quale pianura è ai piedi delle Alpi?
4. Dove si trovano gli Appennini?
5. Qual è la larghezza della penisola italiana?
6. Quali sono i due principali porti italiani?
7. Quali sono tre piccole isole italiane?
8. Quali sono tre principali fiumi italiani?
9. Ci sono vulcani in Italia?
10. In che zona è situata l'Italia?
11. Come varia il clima italiano?
12. Sapete il nome di cinque regioni italiane?
13. Come dividono il loro paese gl'Italiani?
14. Dove sono principalmente agricole le regioni d'Italia?
15. Quali stati indipendenti ci sono dentro i confini italiani?

(b) *Completate le frasi seguenti:*
1. L'Italia ha una superficie che è _____ quella della California.
2. L'Italia è un paese prevalentemente _____.
3. La costa del Mare Adriatico è ricca di _____.
4. Il fiume _____ passa per Firenze e Pisa.
5. Un famoso lago italiano è il Lago _____.
6. Le due grandi isole italiane sono la _____ e la _____.
7. Il clima italiano _____ molto dal nord al sud.
8. Le regioni italiane sono divise in _____.
9. I due grandi centri industriali dell'Italia sono _____ e _____.
10. I confini naturali dell'Italia coincidono quasi perfettamente con _____.

(c) *Scrivete frasi originali per ciascuna di queste espressioni:*
1. con l'eccezione di
2. più precisamente
3. dal nord al sud
4. ricca di spiagge
5. livello di produzione

7. ALL'AEROPORTO DI MILANO

(a) *Rispondete alle domande seguenti:*
1. Che cosa aspettano nella sala della dogana i passeggeri?
2. Che cosa domanda la guardia doganale a Roberto?
3. Quante sigarette ha Roberto nella valigia?
4. Perché Roberto porta pennelli e colori in una valigia?
5. Che cosa fa Elio all'uscita?
6. Ha guardato in tutte le valige di Elio la guardia doganale?
7. Vanno in città con un tassí Elio e Roberto?
8. Dove si ferma l'autobus quando arriva a Milano?
9. Dove e quando s'incontreranno i due amici?

10. Che cosa faranno dopo colazione?
11. Passerà molto tempo a Milano Roberto?
12. Che cosa sarà molto interessante per Roberto?
13. Che cosa è il Duomo?
14. Lei conosce una chiesa magnifica nella nostra città?
15. Lei ha una zia? Dove abita?

(b) *Completate le frasi seguenti:*
1. Roberto ha aperto le _____.
2. Elio aspetta Roberto vicino a _____.
3. Elio dice che la guardia è stata _____.
4. Per gli stranieri l'ispezione doganale è _____.
5. Durante la sua assenza Elio ha lasciato la sua automobile a_____.
6. L'autobus procede lentamente perché _____.
7. Roberto osserva lo spettacolo con _____.
8. Quando Roberto vede il Duomo dice: _____ .
9. Elio indica _____ a Roberto.
10. Elio prende un tassí perché _____.

(c) *Scrivete frasi originali per ciascuna di queste espressioni:*
1. aspettare il turno
2. a destra
3. fare un giro
4. essere d'accordo
5. al centro della città

8. LE CITTÀ ITALIANE
(a) *Rispondete alle domande seguenti:*
1. Come si può verificare che la civiltà italiana è urbana?
2. Quante città italiane hanno piú di due milioni di abitanti?
3. Quali città italiane sono vere metropoli?
4. Quale città è la capitale della Sicilia?
5. Fra le numerose piccole città italiane quali occupano un posto speciale?
6. Dove sono situate alcune di queste cittadine?
7. Come è l'aspetto di molte città italiane?
8. Che caratteristica delle città e dei paesi italiani nota immediatamente lo straniero?
9. Perché l'aspetto di molte città italiane non è cambiato molto attraverso i secoli?
10. Dove sono situate molte città italiane?
11. Che cosa colpisce il viaggiatore in Italia?
12. Vi sono città identiche in Italia?

13. Quale è una delle bellezze dell'Italia?
14. Perché la storia d'Italia è come un affresco?
15. Quando diventa una nazione indipendente l'Italia?

(b) *Completate le frasi seguenti:*
  1. La civiltà italiana è essenzialmente _____.
  2. Ciascuna regione ha _____ piú o meno importanti.
  3. Uno dei centri della moda italiana è _____.
  4. L'origine di quasi tutte le città italiane è _____.
  5. Data la configurazione geografica della penisola tutte le città italiane sono piú o meno vicine a _____.
  6. In Italia non vi sono due città _____.
  7. La storia italiana è come un _____.
  8. Per molti secoli la storia d'Italia non è la storia di una _____.
  9. Ciascuna città ha una storia _____.
  10. Oggi l'Italia ha un _____ centrale.

(c) *Scrivete frasi originali per ciascuna di queste espressioni:*
  1. essere situato
  2. notare immediatamente
  3. dare uno sguardo
  4. per molti secoli
  5. vera e propria

9. UN APPUNTAMENTO NELLA GALLERIA DI MILANO

(a) *Rispondete alle domande seguenti:*
  1. Come ha mantenuto la promessa Elio Martelli?
  2. Chi ha portato Elio all'albergo di Roberto?
  3. Come parla l'inglese Nanda?
  4. Che cosa hanno visitato i tre giovani?
  5. Dove sono essi ora?
  6. È andato in Italia per insegnare l'inglese Roberto?
  7. Perché è stanca Nanda?
  8. Quando è gratuita l'entrata alla Pinacoteca di Brera?
  9. E' sempre aperta la Pinacoteca?
  10. Che cosa è la Galleria?
  11. Perché i tre amici visitano Santa Maria delle Grazie?
  12. Come si chiama il teatro principale di Milano?
  13. Dove danno delle opere durante l'estate in Italia?
  14. Perché c'è sempre tanto traffico a Milano?
  15. Lei guarda il semaforo prima di attraversare la via?

(b) *Completate le frasi seguenti:*
1. Elio ha mantenuto la _____.
2. Nanda è una signorina di _____ anni.
3. Roberto non vede l'ora di entrare nella sala dove è lo _____ di Raffaello.
4. La _____ è chiusa nel pomeriggio.
5. L'Ultima Cena è di _____.
6. La Galleria è tutta _____.
7. Milano è un centro di comunicazione con _____.
8. Tutti gli anni, in aprile, a Milano c'è _____.
9. Anche gli Stati Uniti partecipano con _____.
10. Roberto ritornerà a Milano perché desidera visitare _____.

(c) *Scrivete frasi originali per ciascuna di queste espressioni:*
1. mantenere la promessa
2. parlare correntemente
3. avere occasione (di)
4. non vedere l'ora (di)
5. una bella giornata

10. DA MILANO A BOLOGNA IN AUTOMOBILE

(a) *Rispondete alle domande seguenti:*
1. Che cosa fa Roberto mentre la macchina corre per la campagna?
2. È nuova la macchina di Elio?
3. Quando rallenta Elio?
4. Perché il traffico presenta un grave problema in Italia?
5. È un problema che riscontriamo solamente in Italia?
6. Conosce Lei qualche macchina da corsa italiana?
7. Quando fu costruita la Via Emilia e da chi?
8. In che parte dell'Italia è Parma?
9. Che cosa è la Certosa?
10. Perché si sono fermati ad una stazione di servizio i due amici?
11. Che cosa ha spiegato Elio a Roberto?
12. Sono noti a Roberto i nomi delle stazioni di servizio?
13. Che cosa fanno Elio e Roberto durante il viaggio?
14. Quando arrivano a Bologna Elio e Roberto?
15. Quando dice: "Ecco Bologna" Elio?

(b) *Completate le frasi seguenti:*
1. La macchina di Elio è una _____.
2. La strada che seguono corre diritta per _____.
3. Negli ultimi anni in Italia il numero di automobili è _____.
4. Un giorno _____ formeranno una rete per tutta la penisola.
5. Fra tutte le automobili italiane le Fiat sono le piú _____.

6. Da Milano a Bologna i due giovani seguono _____.
7. I due amici hanno traversato il Po a _____.
8. A Parma hanno fatto _____.
9. I due giovani ora viaggiano in _____.
10. Quando vedono Bologna in lontananza il sole è _____.

(c) *Scrivete frasi originali per ciascuna di queste espressioni:*
   1. in ottime condizioni
   2. aspettare l'occasione
   3. fare colazione
   4. un po' di tutto
   5. in silenzio

11. ARRIVO A BOLOGNA

(a) *Rispondete alle domande seguenti:*
   1. A che ora arrivano a Bologna Elio e Roberto?
   2. Perché Roberto desidera andare a un albergo?
   3. Di chi è la camera libera nella casa di Elio?
   4. Che cosa sono "Garisenda" e "Asinelli"?
   5. Perché sono comodi i portici?
   6. Sono larghe le vie di Bologna?
   7. Che cosa c'è a Via Zamboni?
   8. Dove abitano quasi tutte le famiglie italiane in una città?
   9. Quanti piani hanno i vecchi palazzi di Bologna?
   10. Che cosa fa il portiere di un palazzo?
   11. Che cosa è il portone?
   12. Chi c'è a casa di Elio quando arrivano i due giovani?
   13. Quante stanze ci sono nell'appartamento di Elio?
   14. Ci sono molti canali alla televisione italiana?
   15. Con che accento parla l'annunciatore?

(b) *Completate le frasi seguenti:*
   1. Il fratello di Elio è _____ a Forte dei Marmi.
   2. A Bologna quasi ogni palazzo ha un _____.
   3. I palazzi italiani di solito hanno _____ piani.
   4. L'appartamento del portiere è al _____.
   5. Elio non ha mandato un telegramma perché voleva _____.
   6. I due giovani vanno in salotto e aprono il televisore per guardare il _____.
   7. Il televisore di Elio non è americano, è _____.
   8. In Italia ci sono due canali: il primo canale e il _____.
   9. Roberto ha notato che c'è una differenza _____ da una città all'altra.
   10. Mentre i due giovani parlano _____ è entrata in casa.

(c) *Scrivete frasi originali per ciascuna di queste espressioni:*
1. essere in vacanza
2. molti secoli fa
3. al pian terreno
4. fare la spesa
5. fare una sorpresa

12. LINGUA E DIALETTI

(a) *Rispondete alle domande seguenti:*
1. Qual è la popolazione dell'Italia?
2. C'è in Italia uniformità etnica?
3. Quante volte è stata invasa l'Italia?
4. Quando incominciarono le invasioni dell'Italia?
5. Che cosa sono i "dialetti"?
6. Da quale lingua deriva l'Italiano?
7. Quali altre lingue sono lingue romanze?
8. Perché molti italiani sono bilingui?
9. Che dialetto parlano a Torino?
10. Quando si formarono i dialetti in Italia?
11. Che cosa rispecchia la suddivisione linguistica in Italia?
12. Quale dialetto si affermò come lingua letteraria? Perché?
13. In che lingua scrisse Dante?
14. Crede Lei che i dialetti sopravviveranno?
15. Perché oggi parliamo di uniformità di lingua?

(b) *Completate le frasi seguenti:*
1. In tempi remoti notiamo in Italia una certa suddivisione di _____.
2. Le invasioni d'Italia durarono _____.
3. Roberto ha notato che i Milanesi e i Bolognesi parlano italiano con un _____.
4. Oltre alla lingua italiana in Italia ci sono i _____.
5. La lingua italiana è una lingua _____.
6. In generale, ogni _____ ha il suo dialetto.
7. Alcuni dialetti _____ tra loro; altri sono molto _____.
8. I dialetti si formarono _____.
9. I dialetti italiani hanno _____ molto profonde.
10. La scuola, la radio, la televisione e il cinema tendono a creare _____ di lingua.

(c) *Scrivete frasi originali per ciascuna di queste espressioni:*
1. riuscire a dare
2. di modo che
3. somigliarsi tra loro
4. affermarsi
5. avere radici profonde

13. ALLA STAZIONE DI BOLOGNA

(a) *Rispondete alle domande seguenti:*

1. Perché sono alla stazione Elio e Roberto?
2. Che cosa possiamo comprare a un'edicola?
3. Che cosa è *Il Resto del Carlino*?
4. A che ora arriverà il treno?
5. Che cosa fanno i due giovani dopo che hanno attraversato una cancellata?
6. Che cosa ha promesso di fare Elio?
7. Quando si rivedranno i due amici?
8. Che cosa nota Roberto quando sale in treno?
9. Perché sono differenti i finestrini dei treni italiani?
10. Signor (Signorina). . . vuole descrivere i due passeggeri che sono nello scompartimento con Roberto?
11. Che cosa domanda il signore a Roberto?
12. Perché il signore ha un'aria annoiata?
13. Quando prendiamo un facchino alla stazione o a un aeroporto?
14. Di che cosa parla il signore?
15. Perché sorride Roberto quando esce nel corridoio?

(b) *Completate le frasi seguenti:*

1. Roberto e Elio sono alla stazione davanti a _____.
2. Elio sceglie un _____ e due _____.
3. Il "Carlino" era un _____.
4. I due giovani attraversano una _____.
5. Una voce grida _____ quando il treno sta per partire.
6. Le carrozze dei treni italiani sono divise in _____.
7. Il signore dice: "Avevamo un orario ma mia moglie lo ha _____."
8. Il controllore entra e dice: "_____."
9. Roberto cerca di _____ il giornale ma il signore continua a parlare.
10. Roberto esce nel corridoio e si ferma davanti a un _____.

(c) *Scrivete frasi originali per ciascuna di queste espressioni:*

1. una volta
2. in primavera
3. da un lato
4. per caso
5. meno male

14. UN PO' DI STORIA

(a) *Rispondete alle domande seguenti:*

1. Perché Roberto ha facilmente riconosciuto il Campanile di Giotto?

2. Quale città è stata importante forse quanto Roma nella storia d'Italia?
3. Perché l'avvento del Cristianesimo e la caduta dell'Impero Romano cambiarono la storia di Roma?
4. Come continuò a dominare Roma durante il Medioevo?
5. Che cosa era il Comune?
6. Cosa alterò l'eredità romana in Italia?
7. Come si chiama il periodo che seguí il Medioevo?
8. Come si chiamava il capo del nuovo stato?
9. Politicamente che risultati ebbe il Rinascimento in Italia?
10. Quale secolo si chiama il secolo barocco?
11. Quale periodo si chiama Risorgimento?
12. Sotto le Signorie cosa fu sostituito alle libere istituzioni?
13. Che cosa vuol dire la parola Risorgimento?
14. Che cosa è la *Casa di Savoia?*
15. Quando diventò una repubblica l'Italia moderna?

(b) *Completate le frasi seguenti:*
1. Il Duomo e il Campanile di Giotto sono _____ di Firenze.
2. Firenze fu il centro del _____.
3. Dopo la caduta dell'Impero Romano il centro politico si spostò a _____.
4. Il Medioevo va dal secolo _____ al secolo_____.
5. Il Comune era governato da uno o piú individui _____ dal popolo.
6. Le invasioni _____ l'eredità romana della penisola.
7. Durante il Rinascimento i Comuni diventarono _____.
8. Durante il Rinascimento la divisione in tanti piccoli stati portò alla_____.
9. L'Italia riacquistò l'indipendenza dopo _____ secoli di divisione.
10. Nel 1870 l'Italia diventò un regno unito sotto la _____.

(c) *Scrivete frasi originali per ciascuna di queste espressioni:*
1. essere simbolo di
2. spostarsi
3. svilupparsi in opposizione a
4. verso la fine
5. trovarsi ridotto a

15. L'UNIVERSITÀ PER STRANIERI DI FIRENZE
(a) *Rispondete alle domande seguenti:*
1. Che cosa fa Roberto quando arriva a Firenze?
2. Chi ha consigliato a Roberto la pensione dov'è andato?
3. In che parte di Firenze è situata la pensione?

4. Che veduta c'è dalla finestra della camera di Roberto?
5. Chi abita nella stessa pensione?
6. A che ora esce Roberto per andare all'Università per Stranieri?
7. Prendono un tassí per andare all'Università?
8. Che lezioni ha Mario?
9. Perché Mario non conosce Leopardi?
10. Quando sono incominciate le lezioni?
11. Quante sessioni ci sono a Firenze per gli studenti stranieri?
12. Dov'è la Casa dello Studente a Firenze?
13. Quale università voleva frequentare Roberto?
14. Che cosa decise di fare invece?
15. Chi è molto carina?

(b) *Completate le frasi seguenti:*
1. La pensione di Roberto è situata _____.
2. Dalla finestra c'è una splendida veduta della chiesa di _____.
3. L'amico di Roberto si prepara per _____.
4. I due amici vanno a _____ perché i filobus sono pieni.
5. Roberto conosce bene la storia _____.
6. *La Ginestra* è una _____ di Leopardi.
7. La sessione estiva finirà il _____.
8. All'Università di Perugia danno un corso di _____ che Roberto voleva seguire.
9. Tutti i borsisti devono passare le prime due _____ a Perugia.
10. I due amici si lasciano all'entrata della _____.

(c) *Scrivete frasi originali per ciascuna di queste espressioni:*
1. dare su
2. andare a piedi
3. seguire un corso
4. esserci posto
5. avere l'intenzione (di)

16. LA SCUOLA ITALIANA
(a) *Rispondete alle domande seguenti:*
1. Ci sono in America università per stranieri?
2. Perché l'istruzione varia negli stati americani?
3. Sono diverse le università italiane da quelle americane?
4. A chi è affidata l'istruzione pubblica in Italia?
5. Cosa tende a creare l'organizzazione centrale?
6. In che modo le università italiane e americane sono di orientamento diverso?
7. È grande il numero di studenti italiani che frequentano le università?

8. Fino a che età i ragazzi italiani devono frequentare la scuola?
9. A che età possono cominciare la scuola i bambini italiani?
10. Quale scuola frequenta uno studente che vuole diventare maestro di scuola elementare?
11. Vanno al Liceo tutti gli studenti?
12. Quanti anni dura il Liceo?
13. Come possono accedere all'Università gli studenti italiani?
14. Quali istituti durano cinque anni?
15. Che cosa è essenzialmente un'università italiana?

(b) *Completate le frasi seguenti:*
1. L'orientamento del sistema scolastico italiano è _____ da quello delle scuole americane.
2. In America l'istruzione pubblica è sotto la giurisdizione dei _____.
3. In Italia _____ ha completa giurisdizione su tutte le scuole della nazione.
4. L'organizzazione centrale tende a creare un livello di _____.
5. I bambini italiani di quattro o cinque anni frequentano le _____.
6. La scuola elementare dura _____ anni.
7. Il giovane italiano deve scegliere tra il Liceo Classico, Scientifico o Artistico secondo _____.
8. Per andare all'università lo studente italiano deve avere frequentato _____.
9. La maggior parte degli studenti _____ agli Istituti Tecnici.
10. Lo studente universitario italiano ha _____.

(c) *Scrivete frasi originali per ciascuna di queste espressioni:*
1. in compagnia di
2. affidare
3. essere obbligato a
4. con il risultato che
5. secondo la legge

17. SOGGIORNO FIORENTINO
(a) *Rispondete alle domande seguenti:*
1. Perché Roberto deve cambiare un paio di assegni per viaggiatori?
2. Che cosa ha fatto stamani Roberto?
3. Com'è la prima colazione all'italiana?
4. Signor (Signorina) . . . vuole descrivere che giornata è?
5. Dove va prima di tutto Roberto quando arriva all'American Express?
6. Che cosa dice a Roberto la signorina che distribuisce la posta?
7. Che cosa farà Roberto quando partirà per Roma?
8. Perché Roberto deve fare la coda?

9. Perché Roberto va al reparto di viaggi?
10. Con chi parla a lungo Roberto?
11. Perché si ferma in una libreria?
12. Che cosa vuole vedere alle Cappelle Medicee?
13. Quale statua preferisce l'impiegato?
14. Dov'è il David di Michelangelo?
15. Che cosa troverà Roberto nella guida che ha comprato?

(b) *Completate le frasi seguenti:*
   1. Roberto ha finito i soldi che ha cambiato a _____.
   2. In pochi minuti Roberto dalla pensione arriva al _____.
   3. In cielo vi sono delle nuvole _____.
   4. Allo sportello del cambio Roberto deve fare _____.
   5. Roberto deve mostrare il suo _____ all'impiegato.
   6. Come sempre il Ponte Vecchio è _____.
   7. Le vetrine sono piene di _____ e di _____.
   8. Roberto desidera una piccola _____ di Firenze.
   9. Roberto ha visto le statue di Michelangelo tante volte nei _____.
  10. Roberto ha già visitato il _____ dell'Accademia.

(c) *Scrivete frasi originali per ciascuna di queste espressioni:*
   1. cambiare un assegno
   2. in ogni modo
   3. fare seguire
   4. quanta gente!
   5. fare la coda

18. L'ARTE ITALIANA

(a) *Rispondete alle domande seguenti:*
   1. Perché Roberto ha visitato l'Accademia di Belle Arti?
   2. A quale periodo risale la tradizione artistica italiana?
   3. Quale città era il centro dell'arte bizantina in Italia?
   4. A quale periodo dell'architettura appartengono il Duomo di Pisa e Sant'Ambrogio di Milano?
   5. Che cosa è *La Piazza dei Miracoli*?
   6. Ricorda Lei il nome di due famosi edifici gotici italiani?
   7. Chi era Giotto?
   8. Chi era Michelangelo Buonarroti?
   9. Come si chiamava il pittore della Monna Lisa?
  10. Quale pittore del Rinascimento italiano era famoso per le sue Madonne?
  11. Quale periodo segue il Rinascimento?
  12. La Basilica di San Pietro è un esempio di quale architettura?

13. Perché l'arte fu coltivata meno in Italia nel secolo diciannovesimo?
14. Che posto occupa oggi l'Italia nell'arte mondiale?
15. Conosce Lei un pittore italiano contemporaneo?

(b) *Completate le frasi seguenti:*
   1. Uno dei capolavori creati durante il Rinascimento è il David di _____.
   2. Il periodo bizantino fu nei secoli _____.
   3. I mosaici delle chiese di Ravenna sono esempi di arte _____.
   4. Il Duomo di Pisa comprende la chiesa, il Battistero e la _____.
   5. Un pittore molto importante del periodo gotico fu _____.
   6. La Basilica di San Pietro è a _____.
   7. La fine del _____ segnò la fine di un'epoca eccezionale nella storia dell'arte.
   8. Nel secolo diciannovesimo gli sforzi degl'Italiani furono diretti alla lotta per _____ politica.
   9. Anche nel secolo diciannovesimo la _____ in Italia non morì.
   10. Dopo l'indipendenza l'arte trovò nuova _____.

(c) *Scrivete frasi originali per ciascuna di queste espressioni:*
   1. capolavoro d'arte
   2. senza interruzioni
   3. sembrare una meraviglia
   4. potere ricordare
   5. recarsi ad ammirare

19. A TAVOLA NON S'INVECCHIA

(a) *Rispondete alle domande seguenti:*
   1. Dov'è Roberto questo dato sabato?
   2. Dov'è Pontassieve?
   3. Chi è Paolo Fasetti?
   4. Come si sono conosciuti Roberto e Paolo Fasetti?
   5. Perché Paolo invitò Roberto ad andare con lui?
   6. Sono andati a Pistoia con il filobus?
   7. Perché sono andati a Pontassieve?
   8. Che cosa vuol dire "A tavola non s'invecchia?"
   9. È giusto il proverbio "È meglio pagare il conto dell'oste che il conto del medico?"
   10. Con che cosa mangiano il melone in Italia?
   11. C'è grande varietà nella cucina italiana?
   12. Quale è una specialità di Napoli?
   13. Lei signor (signorina) . . . conosce qualche altra specialità italiana?
   14. Che cosa bevono con i pasti gl'Italiani?
   15. Quando il cameriere porta il conto paga Roberto?

(b) *Completate le frasi seguenti:*
1. Roberto è seduto con un altro giovane a un tavolo di un _____.
2. Paolo _____ a prendere Roberto.
3. Sono arrivati a Pontassieve verso _____.
4. Roberto ha notato che gl'Italiani restano a _____ molto tempo.
5. Il prosciutto è buono anche con i _____.
6. A Milano Roberto ha mangiato il _____.
7. Le _____ sono dei piccoli molluschi.
8. In Italia "bar" ha lo stesso significato di _____.
9. Il ristorante è _____ di gente.
10. Quando fa caldo Roberto preferisce un _____ alla frutta.

(c) *Scrivete frasi originali per ciascuna di queste espressioni:*
1. conoscersi
2. passare a prendere
3. fare una corsa
4. tenerci (a)
5. fare caldo

20. LO SPORT IN ITALIA

(a) *Rispondete alle domande seguenti:*
1. Qual è uno degli sport preferiti fra gl'Italiani?
2. Quale squadra di calcio partecipa ai campionati del mondo?
3. Che cosa sono i "tifosi"?
4. Giocavano il calcio a Firenze nel Rinascimento?
5. Qual è il Santo Patrono di Firenze?
6. Che cosa erano le antiche corporazioni?
7. Che ricevono in premio i vincitori?
8. Come sono vestite le squadre del calcio "in livrea"?
9. Che cosa è il *Giro d'Italia?*
10. Perché è importante l'autodromo di Monza?
11. Qual è un centro per gli sport invernali in Italia?
12. Dove sono gli Abruzzi?
13. Che giornale legge un italiano che s'interessa dello sport?
14. Qual è il Suo sport preferito?
15. A quali competizioni sportive partecipa Lei?

(b) *Completate le frasi seguenti:*
1. Il calcio italiano è uno sport per _____.
2. Il calcio attira il maggior numero di _____.
3. Il _____ in Italia ha una lunga tradizione.
4. Il calcio "in livrea" a Firenze ha luogo nella _____.
5. Nel calcio "in livrea" le due squadre rappresentano _____.
6. La partita è preceduta da un _____.

7. Un altro sport popolare in Italia è il _____.
8. Invece della bicicletta molti italiani oggi comprano _____.
9. L'Abetone è un centro invernale in _____.
10. I giornali quotidiani dedicano _____ agli eventi sportivi.

(c) *Scrivete frasi originali per ciascuna di queste espressioni:*
1. senza dubbio
2. trasmettere per televisione
3. tenere presente
4. avere una scelta
5. dedicare una pagina

21. A UNA CONFERENZA SU DANTE

(a) *Rispondete alle domande seguenti:*
1. Da quanto tempo è a Firenze Roberto?
2. Che cosa fanno Roberto e Mario?
3. Ha comprato un ombrello Roberto?
4. Quando ci mettiamo l'impermeabile?
5. Dove si recano i due amici?
6. Quando e perché lasciò la sua patria Dante?
7. Che cosa c'è nel Palazzo della Lana?
8. Che cosa fanno i vigili negli incroci?
9. Che cosa è *La Nazione*?
10. Perché è caratteristica la "terza pagina" dei giornali italiani?
11. A che ora incomincia la conferenza?
12. Che cos'è l'*Inferno*?
13. Che cosa rappresenta l'affresco di Michelangelo?
14. Com'è il Palazzo della Lana?
15. Di che cosa parlerà il conferenziere?

(b) *Completate le frasi seguenti:*
1. Roberto e Mario camminano verso _____.
2. Roberto ha un _____ che gli hanno prestato.
3. Dante dovè lasciare la patria per ragioni _____.
4. L'aria è piena del suono delle _____.
5. La conferenza comincia alle _____.
6. La casa di Dante si _____ a quella che hanno ricostruita.
7. Dante scrisse varie opere in italiano e in _____.
8. Della *Divina Commedia* ci sono molte edizioni _____.
9. Il conferenziere di oggi è _____.
10. Nella sala c'è già molta _____.

(c) *Scrivete frasi originali per ciascuna di queste espressioni:*
1. mettersi l'impermeabile
2. rivista settimanale
3. a due passi
4. fare il buffone
5. al primo piano

22. UN PO' DI LETTERATURA ITALIANA

(a) *Rispondete alle domande seguenti:*
1. Dove e quando nacque Dante Alighieri?
2. Perché possiamo dire che Dante fu il padre della letteratura italiana?
3. Quali altri scrittori troviamo all'inizio della letteratura italiana?
4. Per che cosa è ricordato Boccaccio?
5. Perché è facile leggere le opere degli inizi della letteratura italiana?
6. Quale letteratura ammirarono gli scrittori del Rinascimento?
7. Che cosa scrisse Benvenuto Cellini?
8. Cosa vuol dire *Gerusalemme Liberata*?
9. Che cosa è *Il Principe*?
10. Quali sono alcuni personaggi della Commedia dell'Arte?
11. È conosciuta oggi la letteratura italiana negli Stati Uniti?
12. Ha mai letto Lei un romanzo di un autore italiano?
13. Chi è un poeta italiano contemporaneo?
14. Ha mai sentito parlare di Pirandello?
15. Qual è l'ultimo romanzo che Lei ha letto?

(b) *Completate le frasi seguenti:*
1. Dante morí a _____ nel _____.
2. Francesco Petrarca fu un grande _____.
3. La donna che ispirò Dante si chiamava _____.
4. Chaucer fu un sincero _____ di Boccaccio.
5. Il Rinascimento abbraccia il _____ e il _____.
6. L'autore dell'*Orlando Furioso* è _____
7. Torquato Tasso scrisse _____.
8. Carlo Goldoni nacque a _____.
9. Carlo Goldoni scrisse circa _____ commedie.
10. Oggi in America molti legono _____ italiani.

(c) *Scrivete frasi originali per ciascuna di queste espressioni:*
1. all'inizio
2. essere ricordato
3. attraverso i secoli
4. diventare di moda
5. non tanto recente

23. DA FIRENZE A SIENA

(a) *Rispondete alle domande seguenti:*
1. Che cosa voleva fare Roberto?
2. Perché ha cambiato proposito?
3. Che cosa è Fregene?
4. Che cosa domandava Nanda a Roberto nella lettera?
5. Come viaggiano Nanda e Roberto?
6. Che cosa vedono sulle colline dall'autobus?
7. Che cosa incomincia a recitare Roberto?
8. È stata mai a Siena Nanda? Perché?
9. Che cosa c'è a Siena il sedici agosto?
10. Che cosa è il Palio?
11. Che cosa sono le contrade?
12. Dove si ferma l'autobus a Siena?
13. Chi ha parlato a Roberto di San Gimignano?
14. Che cosa ci vuole per visitare tutti i paesetti italiani?
15. Come riconosce Nanda il Duomo di Siena?

(b) *Completate le frasi seguenti:*
1. Due giorni fa Roberto ha ricevuto una _____.
2. Fregene è una piccola città _____ vicino a Roma.
3. Nanda arriverà a Firenze il _____ del 23.
4. Numerose _____ separano Firenze da Siena.
5. I lavoratori caricano il _____ su carri rossi.
6. Nanda recita un _____ di Giosuè Carducci.
7. Il Palio risale al _____.
8. Il _____ in costume dura circa due ore.
9. Roberto non ha mai _____ del Palio.
10. San Gimignano ha conservato l'aspetto di _____.

(c) *Scrivete frasi originali per ciascuna di queste espressioni:*
1. qualche giorno di piú
2. gremito di spettatori
3. verso le otto
4. imparare a memoria
5. volerci

24. IN VIAGGIO PER ROMA

(a) *Rispondete alle domande seguenti:*
1. A che ora arrivò a Siena l'autobus di Nanda e Roberto?
2. Che cosa visitarono dopo colazione?
3. Perché Roberto trovò la passeggiata interessante?
4. Che cosa decise l'autista? Perché?
5. Perché la campagna aveva un aspetto triste?

6. Come era intitolato il libro di Roberto?
7. Quando fu fondata Roma?
8. Perché pensa Lei che Roma sia una città affascinante?
9. Ricorda Lei i nomi di tre monumenti di Roma antica?
10. In che secolo furono costruite quasi tutte le fontane romane?
11. Che popolazione ha Roma?
12. Perché l'aspetto di Roma cambia di anno in anno?
13. Perché Nanda svegliò Roberto?
14. Cosa rende Roma una città unica al mondo?
15. Che tempo faceva quando l'autobus arrivò a Roma?

(b) *Completate le frasi seguenti:*
1. I due giovani fecero un lungo _____ per la città.
2. Le strade di Siena ritengono il loro carattere _____.
3. Il cielo si era _____ nuvole.
4. La campagna sotto la pioggia aveva un aspetto _____.
5. A poco a poco Roberto s'era _____.
6. Roma è sempre stata un centro della _____ occidentale.
7. _____ danno un carattere speciale a molti quartieri di Roma.
8. Roma è _____ una città moderna.
9. Nuovi quartieri sorgono con una rapidità _____.
10. Roberto invece si era _____.

(c) *Scrivete frasi originali per ciascuna di queste espressioni:*
1. avere un aspetto
2. intitolarsi
3. Roma imperiale
4. essere in aumento
5. essere buio

25. LETTERA DA ROMA

(a) *Rispondete alle domande seguenti:*
1. A chi ha scritto Roberto?
2. Perché non ha scritto prima?
3. Che farà Roberto domani sera?
4. Perché Roberto non si è ancora abituato alla vita nuova?
5. Da quanto tempo è in Italia Roberto?
6. A chi è sempre stato un paese caro l'Italia?
7. Che cosa spera Roberto?
8. Di che cosa ringrazia Roberto il suo professore?
9. Con chi ha parlato Roberto al telefono la sera prima?
10. Che tempo ha trovato Roberto in Italia?
11. Dove vuole fare una scappata Roberto?

12. Com'è l'inverno a Roma?
13. In generale come ha trovato gl'Italiani Roberto?
14. Di che cosa vuole essere degno Roberto?
15. Qual è l'indirizzo di Roberto?

(b) *Completate le frasi seguenti:*
1. Quando si viaggia manca il tempo di fare tutto quello che si _____.
2. Il viaggio da New York a Parigi fu _____ e _____.
3. Nanda in questi giorni _____ a Roma.
4. Non mi sento _____ di parlargliene.
5. L'aspetto dell'Italia è una continua _____ per gli artisti.
6. Roberto ha già fatto numerosi _____.
7. Roberto ha un appuntamento con il maestro Bertelli per _____.
8. La lingua per ora non è stata un _____.
9. Roberto spera di fare _____.
10. Roberto vuole esprimere la sua _____ al suo professore.

(c) *Scrivete frasi originali per ciascuna di queste espressioni:*
1. mancare il tempo
2. trovarsi
3. non sentirsi in grado
4. rendersi conto
5. fare una scappata

26. ALLE TERME DI CARACALLA
(a) *Rispondete alle domande seguenti:*
1. Cosa dicono in Italia quando rispondono al telefono?
2. Che faceva Roberto quando squillò il telefono?
3. Che cosa è riuscita a trovare Nanda?
4. Che cosa ha in programma per il pomeriggio Roberto?
5. Che cosa vorrebbe consultare Roberto?
6. Che cosa sono le Terme di Caracalla?
7. Dove cenano Nanda e Roberto?
8. Che impressione riceve Roberto delle Terme di Caracalla?
9. Quando comincia lo spettacolo?
10. Che opera vedranno i due giovani?
11. Chi conduce i due giovani ai loro posti?
12. Che opera avrebbe preferito vedere Roberto?
13. Che cosa dice Roberto a Nanda?
14. Quando spengono le luci?
15. Ha mai visto uno spettacolo all'aperto Lei? Dove?

(b) *Completate le frasi seguenti:*
1. Roberto aveva _____ la posta all'American Express.
2. I biglietti per l'*Aida* erano tutti _____.
3. Roberto passerà a _____ Nanda a casa della sua amica.
4. Roberto _____ il ricevitore.
5. L'autobus passa _____ davanti all'albergo.
6. L'impiegato dice: "Le _____ prendere un tassí."
7. Durante l'estate si danno delle opere _____.
8. I due amici arrivano pochi minuti _____ dello spettacolo.
9. Roberto si guarda attorno con _____.
10. Dopo poco le luci si _____.

(c) *Scrivete frasi originali per ciascuna di queste espressioni:*
1. scendere giú
2. essere esaurito
3. dispiacere
4. sotto le stelle
5. spengere le luci

27. MUSICA ITALIANA

(a) *Rispondete alle domande seguenti:*
1. Che cos'è il *Rigoletto?*
2. Quante volte è stato rappresentato il *Rigoletto?*
3. Che cosa è un melodramma?
4. Che voleva fare Vincenzo Galilei?
5. Dove ottenne i primi successi il melodramma?
6. Che cosa è il libretto?
7. E che cosa è un'opera?
8. Cosa vuol dire "opera buffa?"
9. Perché la terminologia dell'opera è quasi tutta italiana?
10. Quale opera preferisce Lei, signor (signorina) . . . e perché?
11. Lei signor (signorina) . . . conosce il nome di alcuni teatri italiani?
12. Quali termini italiani indicano l'influsso dell'Italia nella musica sinfonica?
13. Quando sentiamo parlare di Palestrina, a che musica pensiamo?
14. In che secolo sorse l'oratorio?
15. Lei, signor (signorina) . . . conosce il nome di qualche compositore italiano moderno?

(b) *Completate le frasi seguenti:*
1. Il *Rigoletto* è stato rappresentato _____ di volte.
2. *La Camerata dei Bardi* era un gruppo di _____.
3. Dalle origini fino a oggi la tradizione dell'opera italiana non è stata mai _____.

4. In un'opera gli attori _____ la loro parte.
5. Un "soprano" è una voce _____.
6. La musica detta sinfonica nacque in Italia nel secolo _____.
7. Una fuga è una composizione _____.
8. Molti strumenti musicali hanno _____ italiani.
9. Finché la musica sacra sarà coltivata il nome di _____ non sarà mai dimenticato.
10. L'Italia ha apportato un contributo _____ nel campo della musica.

(c) *Scrivete frasi originali per ciascuna di queste espressioni:*
1. fare parte
2. ottenere gran successo
3. soprano
4. musica sinfonica
5. pianoforte

28. UNA LETTERA A ELIO MARTELLI

(a) *Rispondete alle domande seguenti:*
1. Quando ha scritto la lettera a Elio, Roberto?
2. Perché non ha scritto prima?
3. Dove si trova Nanda?
4. Quanto si fermerà a Bologna, Nanda?
5. Che cosa è andato a vedere ieri Roberto?
6. Dove pensa di stabilirsi Roberto?
7. Come sono i pini tipici di Roma?
8. Che cosa è la Sagra dell'Uva?
9. Dov'è Villa d'Este?
10. Quali affreschi entusiasmano in modo particolare Roberto?
11. Quanti altari ci sono a San Pietro?
12. Da cosa è attirato Roberto? Perché?
13. Che cosa dovrà fare prima o poi Roberto?
14. Come ha trovato il dialetto di Roma, Roberto?
15. Perché Roberto dice che il proverbio non è certo molto comune a Firenze?

(b) *Completate le frasi seguenti:*
1. Nanda _____ a Milano fra una settimana.
2. Roberto e Nanda _____ alla stazione di Bologna.
3. La camera che Roberto è andato a vedere è grande e _____.
4. Nella campagna _____ ci sono i graziosi paesi dei _____.
5. Roberto non ha mai veduto tante fontane come a _____.
6. Roberto ha già visitato due o tre _____.
7. Roberto _____ soprattutto di arte moderna.

8. San Pietro è un mondo in _____.
9. Roberto non ha ancora avuto tempo di scendere in una _____.
10. L'accento dei Romani è _____.

(c) *Scrivete frasi originali per ciascuna di queste espressioni:*
 1. stabilirsi
 2. fuochi artificiali
 3. ricominciare da capo
 4. sentirsi attirare
 5. fare una gita

29. RISPOSTA DI ELIO A ROBERTO

(a) *Rispondete alle domande seguenti:*
 1. Ha aspettato molto Elio a rispondere alla lettera di Roberto?
 2. Di che cosa ha avuto piacere Elio?
 3. Perché era andato a Venezia Elio?
 4. Che cosa ha fatto Elio dopo che è ritornato in Italia?
 5. Che cosa spera Elio?
 6. Perché Venezia non si somiglia alle altre città?
 7. Perché cercarono rifugio nelle paludi gli antichi abitanti delle pianure del Veneto?
 8. Nacque tutto ad un tratto Venezia?
 9. Come comunicano fra loro gli isolotti che formano Venezia?
 10. Se a Venezia non ci sono vere strade, come si va dalla stazione a uno degli alberghi?
 11. Perché crede Lei sia preferibile andare in gondola?
 12. È vero che il Lido è una spiaggia molto conosciuta, ma qual è un'altra funzione importante del Lido?
 13. Perché è caratteristica l'architettura di San Marco?
 14. Per che produzione sono note le isole di Murano e di Burano?
 15. Che cosa sperano i genitori di Elio?

(b) *Completate le frasi seguenti:*
 1. La lettera di Roberto è stata una _____ sorpresa per Elio.
 2. Elio è stato a Venezia per una settimana di _____.
 3. Quando Roberto visiterà Venezia per la prima volta si domanderà come questa città _____.
 4. Venezia ha _____ canali.
 5. Elio consiglia a Roberto di prendere una _____ dalla stazione.
 6. Una delle caratteristiche di Venezia è _____ dei colori.
 7. Venezia fu sempre legata al _____.
 8. Ogni angolo di Venezia ha un _____ speciale.
 9. Invece di scrivere una lettera Elio ha presentato un _____ di Venezia.
 10. Elio è bolognese ma per vocazione è _____.

(c) *Scrivete frasi originali per ciascuna di queste espressioni:*
1. fare piacere
2. cercar rifugio
3. lungo la costa
4. a poco a poco
5. accorgersi

30. UNA GITA A OSTIA

(a) *Rispondete alle domande seguenti:*
1. Come si chiama in Italia il quindici di agosto?
2. In Italia dove vogliono andare tutti in estate?
3. Dove passa le vacanze d'estate Lei?
4. Dov'è stato invitato a passare il pomeriggio Roberto?
5. Quanto tempo ci vuole per andare da Roma a Ostia?
6. Con chi gioca Luisa?
7. A chi somiglia Luisa?
8. Perché vuole ritornare a Ostia Antica Roberto?
9. Che cosa ha portato da bere Marina?
10. Che cosa passa all'orizzonte?
11. Perché è un'ottima idea per Roberto di ritornare in America in piroscafo?
12. Perché i tre amici parlano in italiano?
13. Perché John non ha insegnato l'inglese a Marina?
14. Perché i tre amici si mettono l'accappatoio?
15. Ha fretta di tornare a Roma, Roberto?

(b) *Completate le frasi seguenti:*
1. La festa di Ferragosto coincide con la festa dell' _____.
2. Le strade _____ di automobili e di motociclette.
3. Roberto è _____ sulla spiaggia.
4. La bambina dei Sutton gioca sulla _____.
5. Nei tempi antichi Ostia era un _____ importante.
6. John dice che Roberto è veramente un bravo _____.
7. Marina ha portato un cestino con dei panini _____.
8. Roberto ha piú sete _____ fame.
9. Il piroscafo viene da _____ ed è _____ a Napoli.
10. Roberto ritornerà a Roma con il treno _____.

(c) *Scrivete frasi originali per ciascuna di queste espressioni:*
1. come si dice
2. andare in villeggiatura
3. contentarsi
4. dare del lei
5. non si sa mai

31. SVAGHI DOMENICALI

(a) *Rispondete alle domande seguenti:*

1. Cosa aveva notato varie volte Roberto?
2. Perché il centro delle città americane è deserto la domenica?
3. Perché in Italia succede il contrario?
4. Che cosa fanno gl'Italiani quando vanno al centro?
5. Come vanno al centro molte famiglie italiane?
6. Come considerano molti Italiani il centro della loro città?
7. È importante il "caffè" nella vita italiana? Perché?
8. Che cosa sono i "centri rionali?"
9. Tutti gl'Italiani vanno al centro la domenica?
10. Ci sono giardini pubblici nella nostra città? Dove?
11. A che cosa somiglia la Piazza San Marco di Venezia?
12. Quando è vero questo, soltanto la domenica?
13. Quando mettono i tavolini dei caffè all'aperto in Italia?
14. In alcuni caffè che cosa c'è per attirare la clientela?
15. Sono tipici di Venezia questi passatempi domenicali?

(b) *Completate le frasi seguenti:*

1. Roberto decise di chiedere _____ agli amici.
2. La sua curiosità fu presto _____.
3. In Italia succede _____ il contrario.
4. Il centro d'una città italiana è anche il centro della vita _____.
5. La domenica la maggior parte della popolazione _____ al centro.
6. Molte famiglie prendono il _____ o l'autobus per andare al centro.
7. Ogni caffè ha una _____ generale.
8. Molti vanno ai _____ pubblici.
9. San Marco è come un grandissimo _____.
10. La domenica la banda _____ dà dei concerti.

(c) *Scrivete frasi originali per ciascuna di queste espressioni:*

1. una gita al mare (o in montagna)
2. il centro della vita mondana
3. la maggior parte
4. uomini d'affari
5. all'aperto

32. VERSO CINECITTÀ

(a) *Rispondete alle domande seguenti:*

1. Che cosa ha fatto Roberto appena si è alzato?
2. Dove deve trovarsi alle otto e un quarto?
3. Che cosa fa John Sutton?

4. Che hanno promesso gli amici a Roberto?
5. Come si chiama la cameriera della pensione di Roberto?
6. Che cosa mangia Roberto per colazione?
7. Ha mai assaggiato il cappuccino Lei?
8. Perché ad Angelina piace vedere Roberto che mangia?
9. Dove farà portare l'abito di Roberto la cameriera?
10. Che cosa vuol dire "Cinecittà"?
11. Che macchina ha John?
12. Che via seguono gli amici per andare a Cinecittà?
13. Quando è venuto in Italia per la prima volta John?
14. Ha mai visto una pellicola italiana Lei?
15. Dove cominciano la loro visita?

(b) *Completate le frasi seguenti:*
1. John ha promesso a Roberto di _____ a visitare Cinecittà.
2. Roberto si sta facendo _____ alla cravatta quando la cameriera _____.
3. Roberto dice alla cameriera: "Vorrei _____ il mio abito."
4. Roberto pensa: "Avrei anche potuto mangiare con _____."
5. A Cinecittà _____ due pellicole.
6. Roberto guarda verso le colline e riconosce i _____ Romani.
7. John non sa se si è veramente _____ in Italia.
8. John ferma la macchina al _____.
9. Oggi l'industria _____ è molto importante in Italia.
10. Gli amici si avviano verso un _____ enorme.

(c) *Scrivete frasi originali per ciascuna di queste espressioni:*
1. fare la doccia
2. ci penso io
3. vedere spuntare
4. mettersi a ridere
5. avviarsi

33. ARTIGIANATO ITALIANO

(a) *Rispondete alle domande seguenti:*
1. Che cosa c'è stato in Italia dopo la seconda guerra mondiale?
2. A che cosa è dovuta in gran parte la rinascita dell'Italia meridionale?
3. Qual è il grande desiderio delle classi meno abbienti?
4. Si costruiscono soltanto macchine da cucire in Italia?
5. Quale aspetto dell'artigianato italiano rappresenta l'illustrazione a pagina 149?
6. Chi si reca in Italia tutti gli anni e perché?
7. È vero che l'industria moderna ha distrutto l'artigianato in Italia?

8. Che cosa fanno anche oggi su misura in Italia?
9. Di che cosa è un esempio l'illustrazione a pagina 151?
10. È un'arte moderna quella della ceramica?
11. Per quali articoli è nota Firenze?
12. Per che cosa è famosa Carrara?
13. Per quali prodotti dell'artigianato è famosa Napoli?
14. In Italia i merletti si fanno soltanto a Murano?
15. Perché è un paese di contrasti l'Italia?

(b) *Completate le frasi seguenti:*
1. L'Italia meridionale è una zona prevalentemente _____.
2. Dappertutto c'è un grande desiderio di migliorare la vita delle classi _____.
3. I tessuti italiani sono molto _____.
4. In Italia molti articoli sono ancora fatti _____.
5. Molte persone in Italia hanno un _____ preferito.
6. Le ceramiche etrusche risalgono all'epoca _____.
7. Firenze è nota per la _____ di oggetti di cuoio.
8. Le montagne di marmo _____ come tanti specchi il sole.
9. L'arte del ricamo e del vetro sono _____ in Italia.
10. _____ e la grande industria si danno la mano dovunque.

(c) *Scrivete frasi originali per ciascuna di queste espressioni:*
1. all'estero
2. l'industria cinematografica
3. fatto a mano
4. su misura
5. non poter fare a meno (di)

34. ALCUNI GRANDI SCIENZIATI ITALIANI

(a) *Rispondete alle domande seguenti:*
1. Perché si dice che gli Italiani hanno un'inclinazione speciale per l'arte?
2. Quale scuola di medicina era famosa nel Medioevo?
3. In che anno fu fondata la prima università europea?
4. Chi era Leonardo da Vinci?
5. Perché il secolo di Leonardo non fu propizio alla scienza?
6. Quale tesi difese Galileo Galilei?
7. Che famoso esperimento fece Galileo a Pisa?
8. Chi inventò il barometro?
9. Cosa vuol dire "provando e riprovando"?
10. Chi si serví per la prima volta del microscopio negli studi anatomici?
11. Da quale nome è derivata la parola "voltaggio"?

12. Chi era Enrico Fermi?
13. Dove ebbe luogo la prima reazione atomica a catena?
14. Perché Guglielmo Marconi ricevé il Premio Nobel?
15. Perché il nome di Amerigo Vespucci è legato al continente americano?

(b) *Completate le frasi seguenti:*
1. L'Italia ha anche una tradizione_____.
2. La scienza nel senso moderno sorse nel _____.
3. Leonardo nacque nel piccolo paese di _____.
4. Leonardo fu un _____ nel suo secolo.
5. Galileo iniziò l'era scientifica dell'astronomia con il suo _____.
6. Una famosa accademia fondata nel secolo diciassettesimo è l'accademia _____.
7. Luigi Galvani era professore di _____.
8. _____ inventò la dinamo.
9. Il popolo italiano è portato alla _____ del nuovo.
10. Una spedizione italiana scalò la vetta K2 nel _____.

(c) *Scrivete frasi originali per ciascuna di queste espressioni:*
1. tuttavia
2. tener presente
3. restare meravigliato
4. servirsi
5. assai spiccato

35. NAPOLI E DINTORNI
(a) *Rispondete alle domande seguenti:*
1. Perché la *Villa dei Misteri* è importante dal punto di vista artistico?
2. Roberto visita Pompei da solo?
3. Che cosa sembra incredibile secondo uno dei turisti?
4. Che cosa non riesce a riconoscere Roberto?
5. Come si accorge quel signore che Roberto non è italiano?
6. Che cosa dà quel signore a Roberto?
7. Che cosa non sapeva Roberto dell'accento del signor Velieri?
8. Questa era la prima visita a Pompei per il signor Velieri?
9. Che cos'è la Festa di Piedigrotta?
10. Che cos'è il San Carlo?
11. Che cosa intende di fare Roberto prima di ritornare a Napoli?
12. Che cosa fanno Roberto e il signor Velieri durante il viaggio di ritorno in autobus?
13. Che cosa offre di fare il signor Velieri dopo che sono scesi a Piazza del Plebiscito?

14. Perché Roberto non accetta?
15. Dove andrà Roberto a cena con il suo amico americano?

(b) *Completate le frasi seguenti:*
1. E cosí dicendo _____ entra nell'edificio.
2. Roberto ha deciso di fare _____ a Pompei.
3. Il signore con cui Roberto parla è vestito molto _____.
4. Il signor Velieri dà il suo biglietto _____ a Roberto.
5. Roberto _____ la mano al signor Velieri.
6. Roberto non sapeva che il signor Velieri _____ piemontese.
7. Il signor Velieri non _____ di visitare Pompei e Ercolano.
8. Al signor Velieri sembra che in tre giorni Roberto _____ fatto molto.
9. Capri era un posto di _____ al tempo dei Romani.
10. Roberto ha un appuntamento con un amico _____ per Napoli.

(c) *Scrivete frasi originali per ciascuna di queste espressioni:*
1. fare un'escursione
2. intendersene
3. non mancare mai (di)
4. un biglietto da visita
5. dal modo come parla

36. FESTE ITALIANE
(a) *Rispondete alle domande seguenti:*
1. Quando fu unificata l'Italia?
2. Che tradizioni e costumi sono scomparsi?
3. Che parola usano gli Italiani per "folklore"?
4. Che specie di feste ci sono in Italia?
5. Dove ha luogo la festa del Redentore?
6. In cosa consiste la festa del Redentore?
7. Che cosa è la festa di Piedigrotta?
8. Come è decisa la popolarità delle canzoni alla festa di Piedigrotta?
9. Dov'è Gubbio? E Assisi dov'è?
10. Chi sono i "ceraioli"?
11. Quando ha luogo lo Scoppio del Carro?
12. Che evento storico celebra lo Scoppio del Carro?
13. Che cosa è il presepio?
14. Aveva mai sentito parlare del Palio di Siena Lei?
15. Che cosa si danno durante il Maggio Musicale Fiorentino?

(b) *Completate le frasi seguenti:*
1. Dopo l'unificazione le differenze tra una parte e l'altra del paese si _____.

2. Di tutte le feste italiane le piú _____ sono quelle religiose.
3. Durante la Festa del Redentore c'è il tradizionale spettacolo_____.
4. Seguono dei giorni _____ fra i compositori di canzoni popolari.
5. Il dialetto napoletano _____ alla canzonetta.
6. Un cero è una grossa _____.
7. Il carro viene tirato da _____ di buoi.
8. Ogni casa che dà sulla via è _____ a festa.
9. Il primo posto _____ al Palio di Siena.

(c) *Scrivete frasi originali per ciascuna di queste espressioni:*
   1. aver luogo
   2. in modo particolare
   3. prestarsi
   4. di solito
   5. rievocare la storia

37. VIAGGIO NOTTURNO A PALERMO

(a) *Rispondete alle domande seguenti:*
   1. Che cosa ha visitato Roberto a Napoli e nei dintorni?
   2. Che fortuna ha avuto Roberto?
   3. Perché Roberto è a bordo del *Campania Felix?*
   4. Come ha trovato la sua cabina?
   5. Chi è Giorgio Mancini?
   6. È stato altre volte in Sicilia Giorgio Mancini?
   7. Perché va in Sicilia Giorgio Mancini?
   8. Perché Roberto ha pensato di fare il giro della Sicilia ora?
   9. Visiterà solamente Palermo Roberto?
   10. Che cosa dice Giorgio che faranno insieme domani?
   11. Perché i due giovani salgono sul ponte?
   12. Perché c'è un grande movimento di passeggeri?
   13. Che cosa annuncia il fischio prolungato?
   14. Che cosa vedono mentra il piroscafo si allontana?
   15. Che cosa dice Giorgio che Roberto dovrebbe fare prima di ritornare in America?

(b) *Completate le frasi seguenti:*
   1. Roberto ha visitato i luoghi di _____.
   2. Giorgio Mancini è un giovane _____.
   3. A Palermo di alberghi _____ diversi.
   4. Se non ha _____, possiamo andare allo stesso albergo.
   5. I due giovani si _____ alla ringhiera.
   6. Dopo un'oretta tolgono la _____.
   7. È un _____ incantevole, dice Roberto.

8. Roberto _____ una sigaretta.
9. Sul ponte faceva _____.
10. Se _____ Urbino e Ravenna sono vicine.

(c) *Scrivete frasi originali per ciascuna di queste espressioni:*
1. prima che finisca l'inverno
2. non avere nulla in contrario
3. un colpo d'occhio
4. paese di nascita
5. valere la pena

38. LA SICILIA

(a) *Rispondete alle domande seguenti:*
1. Sono facili le comunicazioni tra la Sicilia e la penisola? Perché?
2. Quanto è largo lo stretto di Messina?
3. Come è il clima della Sicilia?
4. Perché la Sicilia è stata invasa molte volte?
5. Quali città sono state i centri principali nella storia della Sicilia?
6. Qual è l'origine di Siracusa?
7. Qual è il centro amministrativo e culturale della Sicilia oggi?
8. Che cosa è lo Scirocco?
9. Vi sono montagne in Sicilia?
10. Dov'è situata Taormina?
11. Perché è famosa Marsala?
12. Chi erano i "Mille"?
13. Che cosa hanno scoperto recentemente in Sicilia?
14. Di che cosa gode oggi la Sicilia politicamente parlando?
15. Su che cosa ha giurisdizione il parlamento siciliano?

(b) *Completate le frasi seguenti:*
1. La Sicilia è la _____ delle isole italiane.
2. La storia della Sicilia è _____ a quella dell'Italia.
3. La Sicilia è situata quasi al _____ del Mediterraneo.
4. Siracusa fu il centro della civiltà _____.
5. Palermo diventò la metropoli durante il dominio _____.
6. Quasi due terzi dell'isola sono un _____.
7. Dappertutto il carattere _____ dell'isola è evidente.
8. Per il turista la Sicilia è un vero _____.
9. Messina fu quasi completamente distrutta dal _____.
10. L'avvenire della Sicilia si presenta _____.

(c) *Scrivete frasi originali per ciascuna di queste espressioni:*
1. essere evidente
2. appassionato a

3. essere caro a
4. dare impulso
5. avere giurisdizione

39. SUL MONTE PELLEGRINO

(a) *Rispondete alle domande seguenti:*
1. Dov'è situata Palermo?
2. Perché è bello fare una gita sul Monte Pellegrino?
3. Che cos'è la Conca d'Oro?
4. Come si spiega che Santa Rosalia è la santa preferita dei Palermitani?
5. Che cosa ammirano gli artisti sia Italiani che stranieri?
6. Che cosa commemora la lapide che vediamo nella grotta del santuario?
7. Perché dovrebbero aver fretta i due giovani?
8. Di che cosa è rimasto sorpreso Roberto?
9. Perché a un certo momento della storia di Palermo in questa città c'erano circa trecento moschee?
10. Perché il Monte San Pellegrino fa pensare a un elicottero?
11. Se Lei guarda le cupole nell'illustrazione a pagina 185 a che cosa pensa? A una chiesa di architettura tipicamente italiana?
12. Perché a un certo punto Giorgio parla di Padova e di Venezia?
13. Dove possiamo vedere dei mosaici squisiti a Palermo?
14. Signor (Signorina) ..., ci saprebbe dire che cosa è un chiostro?
15. Perché a un certo punto Roberto comincia a cantare un'aria?

(b) *Completate le frasi seguenti:*
1. Il Monte Pellegrino è alto quasi 600 _____.
2. Il sole _____ all'orizzonte ma i due giovani non avevano fretta.
3. Una volta a Palermo c'erano circa 300 _____.
4. La Sicilia fu _____ al Regno d'Italia nel 1860.
5. Sul Monte Pellegrino sembra di essere in _____.
6. La cattedrale di San Marco è _____ da cupole di gusto bizantino.
7. Quella è la cattedrale in cui è _____ Federico II.
8. I mosaici _____ il ciclo del Vecchio e del Nuovo Testamento.
9. Ci sono 216 colonnette _____ di mosaici.
10. Ma come _____ di cantare quest'aria?

(c) *Scrivete frasi originali per ciascuna di queste espressioni:*
1. fare attenzione
2. venire in mente
3. sentire dire
4. piacere di piú
5. in motocicletta

40. LETTERA DAL TRENO

(a) *Rispondete alle domande seguenti:*
1. Da dove e a chi scrive Roberto?
2. Come ha attraversato lo stretto di Messina Roberto?
3. Quanto dura la traversata dello stretto?
4. Come è andato Roberto da Napoli a Palermo?
5. Come girò per Palermo Roberto?
6. Perché la Sicilia è stata una rivelazione per Roberto?
7. Che cosa consiglia di fare Roberto a Nanda?
8. Quale città ha specialmente affascinato Roberto?
9. Che cosa era l'albergo San Domenico nel secolo quindicesimo?
10. C'era molta sabbia alla spiaggia d'Isola Bella?
11. Che cosa manca a Roberto per fermarsi in Calabria?
12. Perché Roberto non vede l'ora di arrivare a Roma?
13. Dove si sistemerà a Roma Roberto?
14. A che cosa pensa con tristezza Roberto?
15. Cosa sono i "pupi"?

(b) *Completate le frasi seguenti:*
1. Il treno corre lungo la costa _____ della Calabria.
2. Roberto ha veduto uno dei nuovi _____ che sono velocissimi.
3. La Sicilia è un miscuglio di _____ e di occidente.
4. Da Palermo avrei voluto fare _____ dell'isola.
5. Roberto doveva rimanere a Taormina un giorno e mezzo e invece _____ quattro giorni interi.
6. La trasformazione in albergo è stata fatta con _____.
7. Roberto ha fatto una dozzina di _____.
8. Roberto ha lasciato Taormina pieno di energia e _____.
9. Se _____ permettere un lusso simile Roberto vorrebbe comprare un'automobile.
10. Fammi sapere se la mia visita a Natale ti _____.

(c) *Scrivete frasi originali per ciascuna di queste espressioni:*
1. mantenere la promessa
2. fare la traversata
3. dappertutto
4. il tempo passa
5. dimenticare di dire

Vocabulary

FOREWORD

1. A preposition in parentheses after a verb indicates that the verb requires that preposition before an infinitive.

2. Italian words are generally stressed on the next-to-the-last syllable (amico). No marking is used to show the stressed syllable in this type of words.

3. An inferior dot indicates stress in words other than those mentioned in paragraph 2 (arido, rispondere).

4. A final vowel that bears a written accent is always stressed (università).

5. Open e's and o's are always stressed. These are indicated by an inferior hook (medico, automobile).

6. Voiced s's and z's are italicized (frase, zero, azzurro).

7. No special list of "idioms" is provided: idioms will be found under the key word.

ABBREVIATIONS

adj.	adjective	*m.*	masculine
adv.	adverb	*m.pl.*	masculine plural
cond.	conditional	*n.*	noun
ecc.	et cetera	*past abs.*	past absolute
f.	feminine	*pl.*	plural
f.pl.	feminine plural	*pres.*	present
fut.	future	*pron.*	pronoun
imp.	imperfect	*sing.*	singular
ind.	indicative	*subj.*	subjunctive
lit.	literally		

A

a, ad at, to, in, on, for, until, with, from

abbacchio lamb *(butchered)*

abbandono abandonment

abbastanza enough, rather

abbellire to beautify, to make beautiful

abbia *(pres. subj. of* **avere**) has

abbiamo *(pres. ind. of* **avere**) we have

abbiente rich, well-off; **le classi meno abbienti** the most indigent people

abbondantemente abundantly

abbondanza abundance

abbracciare to embrace

abilità ability, skill

abitante *m.* inhabitant

abitare to live, to dwell

abito suit of clothes

abituarsi to become accustomed

abitudine *f.* habit

Abruzzi *m.pl. a region in central Italy*

accademia academy; **accademia di belle arti** academy of fine arts

accappatoio beach robe

accedere to enter, to go

accento accent, intonation

accettare to accept

accompagnare to accompany

accordo agreement; **essere d'accordo** to agree; **siamo d'accordo** it is understood

accorgersi (di) to notice, to be aware, to realize

accorto *(past part. of* **accorgere**): **me ne sono accorto** I noticed

accuratamente carefully

acqua water

acquedotto aqueduct

acquistare to acquire, to purchase

adagio slowly; adagio

addio good-bye

addobbato decorated

addormentarsi to fall asleep

adesso now

Adige *m. a large river in northern Italy*

Adriatico Adriatic *(sea)*

adulto adult

aereo airplane; **in aereo** by airplane

aeroplano airplane; **in aeroplano** on the airplane

aeroporto airport

affare *m.* business *(one transaction);* **gli affari** business *(in general);* **uomini d'affari** businessmen

affascinante fascinating

affascinare to fascinate

affatto at all

affermarsi to affirm oneself, to assert oneself

affetto affection

affidare to entrust

affollato (di) crowded (with)

affresco fresco painting

affrettarsi to hasten

afoso sultry

aggiornato up to date

aggiungere to add

agio leisure

agli = **a** + **gli**

Agnese Agnes

agosto August

agricolo agricultural

agricoltura agriculture

Agrigento *f. a city in Sicily*

ai = **a** + **i**

Aïda Aida *(one of Verdi's best-known operas)*

aiutare to help

aiuto help, aid

al = **a** + **il**

albergo hotel

albero tree; **albero da frutta** fruit tree

alcolico alcoholic

alcuno some, any

Alessandro Alexander

Alfa Romeo *f. an Italian automobile*

aliante *m.* glider

aliscafo hydrofoil boat

Alitalia *an Italian air line*

all' = **a** + **l'**

alla = **a** + **la**

alle = **a** + **le**

allegro cheerful, gay; allegro

allievo pupil

allo = **a** + **lo**

allontanarsi to go (far) away

allora then; well then, in that case

almeno at least

Alpi *f.pl.* Alps; **Alpi Apuane** Apuan Alps *(a chain of mountains located at northern tip of Tuscany)*

alquanto somewhat

altare *m.* altar

alterare to alter, to change

altipiano plateau

alto tall, high

altrettanto equally

altrimenti otherwise

altro other, another; **senz'altro** of course, that's true; **più che altro** more than anything else; **altro?** anything else?

altrove elsewhere

altrui others, other people; someone

alzare to rise, to raise; **alzarsi** to get up, to rise

Amalfi *f. a city near Naples*

amalfitano of Amalfi, Amalfitan

amante *m.* lover

amare to love

ambasciatore *m.* ambassador

ambizione *f.* ambition

Ambrogio Ambrose

americano American

amico friend

amministrativamente administratively

amministrativo administrative

ammirare to admire

ammiratore *m.* admirer

amore *m.* love; **è un amore** is a doll, is lovely

Anacapri *f. town in upper Capri*

anatomico anatomical

anche also, too; even

Ancona *a city on Adriatic coast*

ancora still, yet, also; even; **ancora una volta** once again

andare to go; **andiamo?** shall we go?; **com'è andata?** how did it go?; **come va che...?** how did it happen that ...?

andrà *(fut. of andare)* will go

andrò *(fut. of andare)* I shall go

anello ring

angelo angel

Angioino Angevin *(from the French royal family of the Anjou)*

angolo corner

anima soul

animato animated, gay

annesso *(past part. of annettere)* annexed

anno year; **avere ... anni** to be ... years old; **di anno in anno** from one year to the next; **avrà ... anni** is probably ... years old

annoiarsi to be (to get) bored

annoiato bored

annotato with notes

annuale annual

annunciare to announce

annunciatore *m.* announcer

anticipare to anticipate

antico ancient, old

Antonio Anthony

anzi on the contrary; as a matter of fact

aperto *(past part. of aprire)* open, opened; **all'aperto** in the open air

apparecchio set

apparire to appear

appartamento apartment

appartenere to belong

appartengono *(pres. ind. of appartenere)* belong

appassionato (a) fond (of)

appena hardly, just; as soon as

Appennini *m.pl.* Apennines

appetito appetite; **avere appetito** to be hungry

Appia: Via Appia Appian Way, *an old Roman road;* **Via Appia Nuova** *a modern street named after the old one*

applauso *(usually used in the plural)* applause

applicare to apply

appoggiarsi (a) to lean (against)

apportare to bring, to contribute; to bring about

apposta on purpose

apprezzare to appreciate, to esteem

approfittare to profit, to take advantage

appuntamento appointment

appunto exactly, in fact

aprile *m.* April

aprire to open; to turn on

arabo Arab; Arabic

aranciata orangeade

arancio orange, orange tree

archeologia archeology

architettura architecture

ardire (di) to dare

Arena di Verona *ancient Roman amphitheater in Verona*

Arezzo *f. a city east of Florence*

argento silver

aria air; aria *(operatic)*

aridità aridity

arido arid

arioso airy

Arlecchino Harlequin

armadio clothes closet; armadio a muro wall closet

armato armored

armatura armor

armonia harmony

Arno *a river in central Italy*

arrampicarsi to climb

arrivare to arrive

arrivederci good-bye

arrivederLa good-bye

arrivo arrival, coming

arte *f.* art

articolo article

artigianato handicraft

artista *m. and f.* artist

artistico artistic

Ascensione *f.* Ascension

ascensore *m.* elevator

asciutto dry

Asia Asia

Asinelli (Torre degli) *a leaning tower in Bologna*

aspettare to wait, to wait for

aspetto appearance, shape; ne ha l'aspetto looks like one

assaggiare to taste

assai very

assegno check; assegno per viaggiatori traveler's check

assenza absence

assicurare to assure

Assisi *f. a city in central Italy; birthplace of Saint Francis*

assistere to assist, to witness

assolutamente absolutely

Assunzione *f.* Assumption *(of the Virgin Mary into Heaven)*

astronomia astronomy

Atlantico Atlantic (ocean)

atletica athletics; atletica leggera track sports

atomico atomic

atrio lobby

attaccamento attachment

attaccare to attach, to hitch

attento attentive, careful

attenuare to attenuate, to minimize

attenzione *f.* attention; fare attenzione to pay attention

atterrare to land

attigua adjoining

attirare to attract

attività activity

attivo active

atto *(poetic)* posture

attore *m.* actor

attorno around; si guarda attorno looks around

attraversare to cross

attraverso through

attrice *f.* actress

attuale present-day

auguri *m.pl.* best wishes

aumentare to increase

aumento increase; è in continuo aumento grows continuously

aurora dawn

austero austere, sombre

austriaco Austrian

autista *m. and f.* driver

autobus *m.* bus

autocratico autocratic

autodromo automobile racing track

automobile *f.* automobile; automobile da corsa racing car

automobilistico of the automobile; servizio automobilistico bus service

autonomia autonomy

autopullman *m. (inter-city)* bus

autore *m.* author

autostrada highway

autotreno truck-trailer

autunnale of the fall

autunno autumn, fall

avanti before; ahead; **avanti e indietro** back and forth; **avanti!** come in! go in!

avere to have

avrà *(fut. of* avere) will have

avrebbe *(cond. of* avere) would have

avrei *(cond. of* avere) I would have

avvenire *m.* future

avvento advent

avvertire to warn

avviarsi to start out

avvicinarsi to approach, go to

avviso notice

azzurro blue

aviogetto jet

B

bagaglio baggage

bagno bath; bathroom

baia bay, inlet

balletto ballet

balneare on the sea; sea resort

bambina little girl

bambino child, little boy

banco counter, desk

banda band

bandiera flag

bar *m.* coffeehouse

barbarico barbarian

barca boat

Bardi, Conte Giovanni (1534-1612) *Florentine patron of music*

Bari *f. a seaport in Apulia*

barocco baroque

barometro barometer

basato based

Basilicata *a region in southern Italy*

basso *adj.* low; short; *n.* bass

bastare to be sufficient, to be enough; **basta!** enough!

battezzare to baptize

battistero baptistry

be' *(colloquial) form of* bene well

bel *form of* bello

bellezza beauty

Bellini, Vincenzo (1801–1835) *Italian composer, author of "Norma," "La Sonnambula," etc.*

bellissimo very beautiful

bello beautiful, lovely, handsome

ben, bene well; good; **va bene** all right, it is all right

benedice *(pres. ind. of* benedire) blesses

benedizione *f.* blessing

benignamente kindly, benignly

benissimo very well

benzina gasoline

bere to drink

Bernini, Giovanni Lorenzo (1598–1680) *Italian sculptor and architect*

bevanda drink, beverage

bevono *(pres. ind. of* bere) drink

bianco white

bicchiere *m.* drinking glass

bicicletta bicycle

biglietto ticket, card

bilingue bilingual

binario track

biologia biology

biondo blond

Bisanzio *f.* Byzantium, Istanbul

bisognare to be necessary; **non bisogna dimenticare** one must not forget; **bisognava prendere** we should have gotten

bisogno need; **avere bisogno di** to need

bistecca beefsteak

bizantino Byzantine

bocca mouth

Boccaccio, Giovanni (1313–1375) *author of the "Decameron"*

bollente boiling-hot

bollettino bulletin, catalog

Bologna *a city in northern Italy*

bolognese *from Bologna*

bonifica reclamation *(of land)*

bordo: a bordo on board

borgo village

borsa bag; **borsa (di studio)** scholarship

borsetta handbag

borsista *m. and f.* fellowship holder

bottiglia bottle; **bottiglione** *m.* large bottle

bove *m.* ox

bravo fine, good

breve short, brief

brio cheerfulness, vitality; con brio with fire, "con brio"

brioso lively

bruciare to burn

bue (pl. buoi) m. ox

buffo comical, comic

buffone m. clown; fare il buffone to clown

buio dark, pitch-black

buono good

Burano f. an island near Venice, famous for its lace

burro butter

bussare to knock

C

cabina stateroom

cacciare to drive out

caduta fall

caffè m. coffee, coffeehouse

Cagliari f. a city in Sardinia

Calabria a region in southern Italy

calare to descend

calcio soccer

caldo adj. warm; n. heat; fare caldo to be warm

calle f. narrow street (in Venice)

calma calm

caloroso warm, enthusiastic

calzature f.pl. footwear

cambiamento change

cambiare to change, to exchange

cambio exchange, exchange office

camera bedroom

camerata group

cameriera maid

cameriere m. waiter; cameriere di bordo steward

camicia shirt

camion m. truck

camminare to walk; to run, to perform (of an automobile)

campagna country, countryside

campana bell

Campania a region in southern Italy

campanile m. bell tower

campionato championship

campo field

canale m. canal, channel

cancellata iron gate

candela candle

candelabro chandelier

cannellone m. a variety of large macaroni

cantante m. and f. singer

cantare to sing

canto canto; singing

canzone f. song

capello hair

capire to understand

capitale f. capital

capitano captain

capitare to happen, to come

capitolo chapter

capo head, chief; da capo from the beginning, all over again

capolavoro masterpiece

cappella chapel; Cappelle Medicee Medici's Chapels (in Florence); Cappella Sistina Sistine Chapel (famous chapel in the Vatican); Cappella Palatina Palatine Chapel (a highly decorated chapel in Palermo)

cappello hat

cappuccino coffee with hot milk added

Capri f. small island in gulf of Naples

Caracalla a Roman emperor

carattere m. character, nature

caratteristica n. characteristic

caratteristico characteristic

caricare to load

caricaturale burlesque, comical

carico (di) loaded (with)

carino pretty

Carlo Charles; Il San Carlo a theater in Naples

carnevale m. carnival

caro dear; expensive

Carrara a town on Tyrrhenian coast, near Pisa, famous for its marble quarries

carrettiere m. cart driver

carretto two-wheeled cart

carro cart, car

carrozza carriage, car (of train); in carrozza! all aboard!

carta paper; map; **carta geografica** map; **carta stradale** road map

cartello sign

cartolina postcard

casa house, firm; **a casa** home; **a casa sua** at her house

caso case; **per caso** by chance, perchance

Cassa del Mezzogiorno *Bank for the Development of the South*

cassata *an Italian ice cream*

Cassia Cassian Way, *a road originally built by the Romans*

castano chestnut brown

castel *form of* castello, castle; **Castel Sant'Angelo** *a round stronghold, originally built (2nd century A.D.) as a tomb for emperor Hadrian, in Rome;* **Castel Gandolfo** *a town on hills south of Rome*

castello castle; **Castelli Romani** *name given to a hilly region near Rome, dotted with little towns*

catacomba catacomb, *an underground meeting place and burial ground of early Christians*

Catania *a city on coast of Sicily*

categoria category, class

catena chain; **catena a reazione** chain reaction

cattedrale *f.* cathedral

cava quarry

cavalleresco of chivalry

cavalleria chivalry; **Cavalleria Rusticana** *(Rustic Chivalry) a well-known opera by Pietro Mascagni which has a Sicilian setting*

cavalletto easel

cavallo horse; **a cavallo** on horseback

celebrare to celebrate, to hold *(a festival)*

celto Celt

cena supper

cenare to have supper

centinaio *(pl.* le centinaia) *(about)* one hundred

centrale central

centro center, down town; **al centro** down town

cera wax

ceraiolo man who carries a "cero"

ceramica ceramics

cercare (di) to look for; to try, to seek

cerimonia ceremony

cero a wax candle *(but see description of festival in chapter 32)*

certamente certainly

certo *adj.* certain; *adv.* certainly; **certo che** there is no doubt that

Certosa *a famous Carthusian monastery in Parma*

cestino basket

che who, whom, that which, what; what a; than

che cosa? what?

chi who, whom, whoever, he who, him who; a person who

chiacchierare to chat

chiamare to call; **chiamarsi** to be called; **mi chiamo** my name is

chiaramente clearly

chiaro clear

chiave *f.* key

chiedere to ask

chiesa church

chilometro kilometer ($5/8$ *of a mile*)

chiostro cloister

chiudere to close

chiuso *(past part. of* chiudere) closed

ci us, to us, ourselves; each other, one another

ci there; **c'è** there is; **ci sono** there are

ciao! so long! good-bye! *also* hello!

ciascuno each, each one

CIAT (compagnia italiana autotrasporti turistici) *an Italian bus line*

ciclismo bicycle racing

ciclo cycle

cielo sky, heaven; **in cielo** in the sky

cima summit, top; **in cima (a)** at the top (of)

Cimarosa, Domenico (1749–1801) *Italian composer*

Cimento: Accademia del Cimento *an academy in Florence*

Cinecittà "Cinema City", *the center of the Italian movie industry, outside Rome*

cinema *m.*, cinematografo cinema, movies
cinematografico cinematographic
cinese Chinese
cinquanta fifty
Cinquecento sixteenth century
ciò this, that; ciò che that which, what
cioè namely, that is to say
cipresso cypress tree
circa about, approximately
circolazione *f.* circulation, traffic
circolo circle, club
circondare to surround
circostante surrounding
città city, town; Città del Vaticano Vatican City
cittadina *n.* small city
cittadino of the city
civile civil, civilized; civic
civiltà civilization
classe *f.* class, classroom
classico classical
Clemente Clement
clientela clientele, patrons
clima *m.* climate
coda tail; fare la coda to stand in line
coincidere to coincide
colazione *f.* lunch, luncheon; fare colazione to have lunch; prima colazione breakfast
collana necklace
collegare to link, to communicate, to connect
collina hill
colomba dove
colonna column
colonnato colonnade
coloratura coloratura
colore *m.* color; a colori in color
coloro they, them; those, those people
Colosseo Colosseum
colpire to strike
colpo blow; colpo d'occhio view
coltivare to cultivate
comando command
combattere to fight
combinazione *f.* coincidence
come as, such as, like; as a
cominciare (a) to begin; a cominciare con beginning with

comitato committee
comitiva group (*of people*)
commedia comedy; Commedia dell'Arte Improvised Comedy
commediografo comedy writer
commemorare to commemorate
commensale *m.* table companion
commerciante *m.* merchant, businessman
commercio commerce, trade
commovente moving
comodità convenience, comfort
comodo convenient; comfortable; restare comodo to be convenient
compagnia company; line; in compagnia di with, together with
compagno companion, friend
compatto compact
competizione *f.* competition
compiere to accomplish
completamente completely
completare to complete, to finish
completo complete
complicato complicated
componevano (*imp. ind. of* comporre) composed, made up
compositivo of composition
compositore *m.* composer
composizione *f.* composition
comprare to buy
comprendere to understand; *also* to comprise, to include
comprensione *f.* understanding
comunale of the city; Teatro Comunale *a theater in Florence*
comune *adj.* common; *n.* city, state
comunicante communicating
comunicazione *f.* communication
con with
conca shell, basin; Conca d'Oro Golden Shell, *basin surrounding Palermo*
concerto concert
concesso (*past part. of* concedere) granted
condire to season, to dress
condizione *f.* condition; in ottime condizioni in excellent condition
conduce (*pres. ind. of* condurre) leads
conducono (*pres. ind. of* condurre) lead

conferęnza lecture; **tenere una confe-ręnza** to give a lecture

conferenzięre *m.* lecturer

confessare to confess

confezionare to make

configurazione *f.* configuration, shape

confine *m.* boundary, border

confusione *f.* confusion

confuso confused

conobbi *(past abs. of* conọscere) I met, I made the acquaintance of

conoscęnza acquaintance, knowledge

conọscere to know, to meet, to be acquainted with; **fare conọscere** to introduce

conosciuto known

conquista conquest

consacrare to consecrate

conseguęnza consequence; **per conse-guęnza** consequently

conservare to preserve, to keep

considerare to consider

consideręvole considerable

considerevolmente considerably

consigliare **(di)** to advise; to suggest

consistere to consist

consolazione *f.* consolation

constatare to note, to find out

consultare to consult

conte *m.* Count

contemporạneo contemporary

contentarsi **(di)** to be satisfied (with)

continęnte *m.* continent

continuare **(a)** to continue

contịnuo continuous, constant

conto bill, check, account; **ręndersi conto** to realize; **tenẹr conto di** to take into account; **per conto mio (suo,** etc.**)** by myself (himself, etc.)

contrada district, zone

contrariamente contrarily; contrary

contrạrio contrary, opposite; **non avere nulla in contrạrio** to have no objections

contrastare to contrast

contrasto contrast

contributo contribution

controllare to control

controllore *m.* conductor

convenire to be to someone's advan-

tage, to pay, to be fitting, to suit

conversare to converse

conversazione *f.* conversation

convięne *(pres. ind. of* convenire): **Le convięne pręndere un tassì** it pays you to get a taxi

copernicano Copernican

copęrto *(past part. of* coprire) **(di)** covered (with)

cọpia copy, number

cọr(e) *(poetic for* cuọre) *m.* heart

corallo coral

cordiale cordial

Coręlli, Arcạngelo (1653–1716) *Italian composer*

cọrno *(pl.* le cọrna) horn

corporazione *f.* corporation, guild

Cọrpus Dọmini *m.* Corpus Christi, *a religious holiday in late spring*

correntemente fluently

cọrrere to run, to speed

corridọio corridor, aisle

corrięre *m.* courier

corrispọndere to correspond

corsa race; **fare una corsa** to run a race, *also* to go for a fast drive; **corsa su strada** road race; **corsa in pista** track race; **di gran corsa** at full speed, as fast as they can run

corso course; **corso di perfezionamento** advanced course

corte *f.* court

cortęo procession, parade

corto short

cọsa thing; **qualche cọsa** something; **cọsa?** what?

così so, thus; this way; **così!** like that! for no special reason!

cosicché so that

cosiddetto so-called

cospịcuo conspicuous

cọsta coast; slope

Costantinọpoli *f.* Constantinople

costare to cost

cọsto cost

costruire to build

costruzione *f.* construction

costume *m.* costume, custom

cotechino *a variety of spiced sausage*

cravatta necktie

creare to create

creazione *f.* creation, invention

crędere to believe, to think; **se crede** if it's all right with you

crescere to grow

cristallo crystal

cristianęsimo Christendom, Christianity

cristiano Christian; **precristiano** pre-Christian

Cristo Christ

Cristǫforo Colombo Christopher Columbus

croce *f.* cross

crociata crusade

cucina kitchen; cooking, cuisine

cucire to sew; **mącchina da cucire** sewing machine

cugina *f.* cousin

cui which, whom; *def. art. plus* **cui** whose

culla cradle

culto cult

cultura culture

culturale cultural

culturalmente culturally

cuǫio leather

cuǫre *m.* heart

cupola dome

curiosità curiosity; **mi lęvi una curiosità** satisfy my curiosity

curioso curious

curva curve

D

da from, by, to, for, since; with; at *or* to the house (office, shop, place, *etc.*) of

dà *(pres. ind. of* **dare**) gives; **dà su . . .** faces. . .

dagli = da + gli

dai = da + i

dal = da + il

dall' = da + l'

dalla = da + la

dalle = da + le

dallo = da + lo

danno *(pres. ind. of* **dare**) give

Dante Alighięri (1265–1321) *the greatest Italian poet* ; **dantesco** dantesque

dantista *m.* Dante Scholar

dappertutto everywhere

dapprima at first

dare to give; **dare del Lęi** to address as "Lęi"; **dare del tu** to address as "tu"; **darsi la mano** to shake hands, to meet; **dare su** to face

daremo *(fut. of* **dare**) we shall give

dato given; **dato che** since

davanti (a) before, in front (of)

Dạvid *m.* David (*a famous statue by Michelangelo*)

davvero really, indeed

Decamerone *m.* Decameron

decantare to praise to the sky

decịdere to decide

decise *(past abs. of* **decịdere**) decided

deciso *(past part. of* **decịdere**) decided

dedicare to dedicate, to devote

definire to define, to call

definitivamente definitely

degli = di + gli

degno worthy

dei = di + i

del = di + il

delizioso delicious

dell' = di + l'

della = di + la

delle = di + le

dello = di + lo

democrạtico democratic

denaro money

dentro inside, within

derivare to derive

Deruta *a town in central Italy noted for its ceramics*

descrịvere to describe

desęrto deserted

desiderare to wish

desidęrio desire

destare to awaken; **dęstala!** awaken her!

destinazione *f.* destination

dęstro: a dęstra to the right

determinare to determine

dettạglio detail

dęttero *(past abs. of* **dare**) gave

detto *(past part. of* **dire**) said, told; *n.* saying dęve *(pres. ind. of* dovere) must

devęn = divięne *(pres. ind. of* divenire) becomes

dęvo *(pres. ind. of* dovere) I must

dęvono *(pres. ind. of* dovere) must; owe

di of, from, than, about, by, in; di + *def. art.* some, any

dia *(pres. subj. of* dare) give

dialętto dialect

diamo *(pres. ind. of* dare) we give

dica *(pres. subj. of* dire) tell, say

dice *(pres. ind. of* dire) says, tells; come si dice? how do you say?

dicęndo *(gerund of* dire) saying; va dicęndo says, keeps on saying

diceva *(imp. ind. of* dire) used to say

dicevo *(imp. ind. of* dire) I was saying

diciannǫve nineteen

diciannovęnne nineteen years old

diciannovęsimo nineteenth

diciassętte seventeen

diciassettęsimo seventeenth

diciottęsimo eighteenth

dịcono *(pres. ind. of* dire) say, tell

dięci ten

diecina about ten; una diecina di giorni about ten days

dię́dero *(past abs. of* dare) gave

dię́tro (a) behind, after

difese *(past abs. of* difęndere) defended

difętto defect

differęnte different

differęnza difference

differire to differ

difficile difficult, hard

diffuso diffused, spread out; popular

dilettante *m.* amateur

dilettare to please

dimenticare (di) to forget

diminuire to diminish

dịnamo *f.* dynamo

dintorni *m.pl.* surroundings

Dionịsio Dionysos, *ancient God of wine and drama*

dipịngere to paint

dipinto *(past part. of* dipịngere) painted

diplǫma *m.* degree; diplǫma di matu-

rità "certificate of maturity", *a certificate required for admission to the University*

diramarsi to extend, to stretch

dire to say, to tell; volere dire to mean; come si dice? how do you say?

direttamente directly

dirętto directed; who is going; straight

direttore *m.* director

direzione *f.* direction; leadership

dirigere to direct

diritto straight

discęndere to descend

discutere to discuss

disegno drawing

dispętto spite; a dispętto di in spite of

dispiạccia *(pres. subj. of* dispiacere) mind, are sorry

dispiacere to be sorry; mi dispiace I'm sorry; ti dispiace? do you mind?

distanza distance

distịnguere to distinguish, to single out

distribuire to distribute; to arrange

distrutto *(past part. of* distruggere) destroyed

disturbare to disturb, to bother

ditta firm, factory

diventare to become

divęrso different; *pl.* several

divertęnte amusing, enjoyable

divertimento amusement

divertirsi to enjoy oneself, to have a good time

divịdere to divide

divięn = divięne *(pres. ind. of* divenire) becomes

divino divine

divisione *f.* division

diviso *(past part. of* divịdere) divided

divorare to devour

dizionạrio dictionary

dobbiamo *(pres. ind. of* dovere) we must; we owe

dǫccia shower; fare la dǫccia to take a shower

documentạrio documentary

dogana customs

doganale of the customs

Dǫge *m*. Doge, *title of the head of the old Venetian republic*

dolce sweet, gentle

dolcezza sweetness

dǫllaro dollar

domandare (a) to ask

domani tomorrow; **domani l'altro** day after tomorrow

domęnica Sunday; **la domęnica** on Sundays

domenicale of Sunday; *s*vago domenicale Sunday amusement

domenicano Dominican

domęstico domestic

dominare to dominate, to rule

dominazione *f*. rule, domination

dominio rule, domination

Don Mr., sir; **Don Giovanni** Don Juan; **sęntilo, il Don Giovanni!** listen to this Don Juan!

Donizetti, Gaetano (1798-1848) *famous composer of such operas as "Lucia di Lammermoor," "La Favorita," and others*

dǫnna woman, lady

dopo after, afterwards; **pǫco dopo** a little later

dopoguęrra *m*. postwar period

dorato gilt

dormire to sleep

dotato gifted

dǫte *f*. gift, talent

dottore *m*. doctor

dove where; **di dove ę Lęi?** where are you from?

dovere to have to, must; to be supposed to; to owe

dovrà *(fut. of* **dovere**) will have to

dovrai *(fut. of* **dovere**) you will have to

dovranno *(fut. of* **dovere**) will have to

dovręi *(cond. of* **dovere**) I should, I ought to

dovresti *(cond. of* **dovere**) you should

dovrǫ *(fut. of* **dovere**) I shall have to

dozzina dozen

dramma *m*. drama, play

dubbio doubt

due two

dunque then, so

duǫmo cathedral

durante during

durare to last

durata duration

duraturo lasting

E

e, ed and

ę *(pres. ind. of* **ęssere**) is

ębbe *(past abs. of* **avere**) had

ębbero *(past abs. of* **avere**) had

ębbi *(past abs. of* **avere**) I had

ecc. (eccętera) etc.

eccętto except

eccezionale exceptional

eccezione *f*. exception

ęcco here is, here are, there is, there are; **ęccoci!** here we are!; **ęccola!** here it is!; **ęccomi!** here I am!

economia economics

economicamente economically

econǫmico economical

edicola (dei giornali) newsstand

edifịcio building

edizione *f*. edition

educazione *f*. education, training

effętto effect; belonging

effusione *f*. effusion, warmth

egli he

egręgio dear *(formal form of address in correspondence)*

eguagliare to equal

Elba *island off coast of Tuscany*

elegante elegant

elementare elementary

elemento element

elęnco list

elętto elected

elettricità electricity

elęttrico electric

elicǫttero helicopter

Ęlio *proper name*

ella she

Emilia *a region in northern Italy;* **Via Emilia** *a road, originally built by the Romans*

energia energy

enǫrme enormous

Enrico Henry

ęnte *m*. group, organization

entrambi both

entrare (in) to enter; **che c'entra?** what does that have to do with it?

entrata entrance; admission

entusiasmare to enthuse, to thrill

entusiasta *m.* and *f.* enthusiast

ẹpico epic

epidemia epidemic

episọdio episode

ẹpoca epoch, period

ẹra *(imp. ind. of* ẹssere) was, were; *n.* era

ẹrano *(imp. ind. of* ẹssere) were

Ercolano *f.* Herculaneum *(a Roman city near Naples, destroyed by an eruption of Vesuvius in 79 A.D.)*

eredità heredity, inheritance

ereditare to inherit

eremita *m.* hermit

errare to be wrong, to err

esame *m.* examination; **dare un esame** to take an exam

esatto exact, fitting

esaurito sold out

ẹsce *(pres. ind. of* uscire) leaves; leave

esclamare to exclaim

esclusivamente exclusively

escursione *f.* excursion

Esẹdra: **Fontana dell'Esẹdra** *a very large circular fountain in Rome*

esẹmpio example

esercitare to practice

esẹrcito army

esiguo exiguous, small

esistere to exist

esperiẹnza experience

esperimento experiment

esportare to export

espressione *f.* expression, phrase

esprimere to express

essa it, she

esse *f.pl.* they, them

essenzialmente essentially, mainly

ẹssere to be

essi they, them

esso it, he

ẹst *m.* east

estate *f.* summer

Ẹste *family name of an ancient noble family;* **Villa d'Ẹste** *a lovely villa with gardens and fountains near Rome*

estẹrno exterior; **dall'estẹrno** from the outside

ẹstero foreign; **all'ẹstero** abroad

estese *(past abs. of* estẹndere) spread

estivo of the summer

estremamente extremely

età age

Ẹtna *m.* Aetna *(large volcano in Sicily)*

ẹtnico ethnical

etrusco Etruscan *(ancient inhabitant of central Italy)*

Eugẹnio Eugene

Eurọpa Europe

europẹo European

Evangelista *man's given name*

evẹnto event

evidentemente evidently

F

fa ago; *(pres. ind. of* fare) does, makes

fạbbrica factory

fabbricare to build

facchino porter

fạccia face; *(pres. subj. of* fare) do, make

facciamo *(pres. ind. of* fare) we do, make

fạcciano *(pres. subj. of* fare) do, make

facciata façade, front

facẹndo *(gerund of* fare) doing, making

facẹssero *(imp. subj. of* fare) did

facẹvano *(imp. ind. of* fare) did, made; played *(a game)*

fạcile easy

facilitare to make easy, to facilitate

facilmente easily

facoltà faculty

Faẹnza *a city in northern Italy, noted for its majolica and ceramics*

fai *(pres. ind. of* fare) you do, make

falegname *m.* carpenter

fame *f.* hunger; **avere fame** to be hungry

famiglia family

famoso famous

fanciulla girl, young woman
fanno (*pres. ind. of* **fare**) they do, make
fantasia fantasy
fantastico fantastic
fantino jockey
fare to do, to make, to let; **fare delle domande** to ask questions; **fare il falegname (meccanico,** *etc.***)** to be a carpenter (mechanic, *etc.*); **fare pensare** to remind one; **fare vedere** to show; **ho trovato da fare** I found something to do; **fare** *or* **farsi fare** to have made; **farsi** to become; **come fa a saperlo?** how can you tell?; **come si fa per andarci** how one goes there; **come si fa?** what can one do?
faremo (*fut. of* **fare**) we shall do, we shall make
fascino fascination, charm
fase *f.* phase
fatto (*past part. of* **fare**) done, made; *n.* fact, deed
fattoria farm, farmhouse
favore *m.* favor; **per favore** please; **a favore di** in favor of
favorito favorite; **La Favorita** *a park with a lovely palace in Palermo*
fece (*past abs. of* **fare**) did, made
fecero (*past abs. of* **fare**) did, made
feci (*past abs. of* **fare**) I did, I made
fedele *m.* faithful
Federico Frederick
felice happy, gay
femminile feminine, female
Fenicio *m.* Phoenician
fenomeno phenomenon
fermarsi to stop, stop over
fermata stop
Ferragosto *Italian middle-of-August vacation period*
Ferrari *f. an Italian automobile*
ferrovia railroad
ferroviario of the railroad; **servizio ferroviario** railroad service
fertile fertile
fertilità fertility
festa festival; holiday; **è festa** it is a holiday; **a festa** festively

festivo festive, of holidays
festoso festive, gay
feudale feudal
fiasco flask, bottle
Fiat *f. an Italian automobile*
fico fig
fieno hay
fiera fair; **Fiera Campionaria Internazionale** *International Industrial Fair (of Milan)*
Fiesole *f. a town overlooking Florence*
figlio son
figura figure
fila row
filo wire; **senza fili** wireless
filobus *m.* trackless trolley
filosofia philosophy
finalmente finally
finchè as long as
fine *f.* end
finestra window
finestrino window (*of train, airplane*)
finire to finish; to use up; **finire per** to end up by
fino (a) as far as, until
finora until now
fiore *m.* flower, blossom; **Santa Maria del Fiore** *the Cathedral of Florence*
fiorente flourishing
fiorentino Florentine; **alla fiorentina** Florentine style
fiorire to flourish
Firenze *f.* Florence (*principal city of Tuscany; cradle of Italian Renaissance*)
firmare to sign
fischio whistle
fisica physics
fisico *adj.* physical; *n.* physicist
fissato fixed
fiume *m.* river
Flaminia Flaminian Way (*a road originally built by the Romans*)
folla crowd
fondamentale fundamental, basic
fondare to found
fondazione *f.* foundation
fondo background, makeup; **in fondo** in the background

fontana fountain

forma shape

formaggio cheese

formalità formality

formare to form

formicolare (di) to teem, to overflow (with)

fornito endowed

foro forum

forse perhaps

forte strong; loud; aloud

Forte dei Marmi *f. a seaside resort on the Tyrrhenian sea*

fortuna fortune, luck

fortunatamente fortunately, luckily

forza strength, force, might

fosse *(imp. subj. of* **essere***)* was

fotografia photograph

fra within, between, among

francamente frankly

Francesca Frances

Francesco Francis

francese French

Frascati *f. a town on hills south of Rome*

frase *f* phrase

fratello brother

frattempo: nel frattempo in the meantime, meanwhile

freddo cold, cold weather; **fare freddo** to be cold

frequentare to attend

frequente frequent

fresco cool, fresh; **fare fresco** to be cool; **di fresco** freshly, recently

fretta haste; **avere fretta** to be in a hurry

fritto *(past part. of* **friggere***)* fried

frutto *(pl.* **la** *or* **le frutta***)* fruit

fu *(past abs. of* **essere***)* was, were

fuga fugue; flight

fuggire to flee

Fulvio *proper name*

fumare to smoke

fungo mushroom

Funiculí-Funiculà *title of a popular Neapolitan song, from* **funicolare** *funicular, a cable car that used to go up Mount Vesuvius*

funzione *f.* function; **avere la funzione di** to correspond

fuoco fire; **dare fuoco** to set fire; **fuoco artificiale** *or* **fuoco d'artificio** firework

fuori outside, out

furioso furious, mad

furono *(past abs. of* **essere***)* were

fuso *(past part. of* **fondere***)* fused, blended

G

gabbia cage

galleria gallery, arcade; tunnel

Gallo Gaul *(inhabitant of ancient Gaul)*

Galuppi, Baldassarre (1706–1785) *Italian composer*

galvanismo galvanism

galvanizzare to galvanize

gara contest, competition

Garda: Lago di Garda Lake Garda *(in northern Italy)*

Garibaldi, Giuseppe (1807–1882) *Italian patriot*

Garisenda *one of leaning towers of Bologna*

gastronomico gastronomic

gazzetta gazette

gelato ice cream

generale general

generalmente generally

genere *m.* kind, type; genre

genio genius

genitore *m.* parent

Genova Genoa *(an Italian city; largest seaport in Italy)*

gente *f.* people

gentile kind, polite; **troppo gentile!** you're too kind!

gentilezza kindness, courtesy

Genzano *f. a town a few miles south of Rome*

geografia geography

geografico geographic

geometrico geometric

Gerusalemme *f.* Jerusalem

gesticolare to gesticulate

Gesú Jesus

gettare to throw; to spout

già already; già! that's right, of course!

giacché since

Giacomo James

giardino garden; giardino dei Boboli *a park connected with the Pitti Palace in Florence*

gigantesco gigantic

ginestra broom plant

ginnasio *Italian secondary school*

ginnastica gymnastics

ginocchio *(pl.* le ginocchia) knee

giocare to play

giocatore *m.* player

gioco play, game; campo di gioco playing field

gioiello jewel

Giorgio George

giornale *m.* newspaper

giornalista *m.* journalist, newspaperman

giornata day *(descriptive)*

giorno day; buon giorno good morning; tutti i giorni every day; giorno di festa holiday; un volta al giorno once a day

giostra joust

Giosuè Joshua

Giotto (1276–1337) *great Florentine painter and architect*

giovane *adj.* young; *m.* youth, young man

giovanile youthful

Giovanni John; Porta San Giovanni *an ancient Roman city gate*

giovanotto young man

giovedí *m.* Thursday

gioviale jovial, cheerful

giraffa giraffe

girare to go about; to tour; to turn; to shoot *(a film)*

giro tour; fare un giro to take a walk, a stroll; in giro a around

gita excursion, outing

giú down, downstairs

giugno June

giunto *(past part. of* giungere) arrived

giurisdizione *f.* jurisdiction, control

Giuseppe Joseph

giusto just, correct

gli *(pl. of* lo) the; *pron.* to him

gloria glory

glorioso glorious

godere (di) to enjoy

golfo gulf, bay

gondola gondola

gotico Gothic

governare to govern, to rule

governo government

gradire to appreciate

gradito pleasant, welcome

grado degree; non mi sento in grado di I do not feel qualified to, I do not feel I can

gran *form of* grande

grande *adj.* large, great, big; grand; *n.* great man

grandezza size; greatness

grandioso grandiose, imposing

grattacielo skyscraper

gratuito gratis, free

grave *adj.* grave, serious; *m.* body

grazie thanks, thank you; grazie di tutto thanks for everything; tante grazie many thanks

grazioso pretty, lovely

Grecia Greece

greco Greek

gremito (di) crowded (with)

grigio gray

grillo cricket

grosso large, thick

grotta grotto

gruppo group

guanto glove; in guanti bianchi wearing white gloves

guardare to look, to look at; guardi che . . . be careful . . .

guardia guard, officer, official

Gubbio *f. a town in central Italy, near Perugia*

guerra war; guerra mondiale world war

guglia spire

Guglielmo William

guida guide, guide book

gusto taste

H

ha (*pres. ind. of* **avere**) has, have
hai (*pres. ind. of* **avere**) you have
hanno (*pres. ind. of* **avere**) have
ho (*pres. ind. of* **avere**) I have

I

i the
idea idea
ideale ideal
ideare to conceive, to invent
identico identical
ieri yesterday; **ieri l'altro** the other day, day before yesterday; **ieri sera** last night
il the
illuminare to illuminate, to light up
illuminazione *f.* illumination, lighting
illuminismo Illuminism
illustrare to illustrate
illustrato illustrated
illustrazione *f.* illustration
imbottito (di) stuffed (with)
imitare to imitate
immaginare (di) *or* **immaginarsi (di)** to imagine
immagine *f.* image
immediatamente immediately, at once
immenso immense
imparare to learn
impazientemente impatiently
imperiale imperial
impermeabile *m.* raincoat
impero empire
impeto impetus
impiegato clerk, employee
imponente imposing
importante important, main
importanza importance
importare to matter; to import
impossibile impossible
impressione *f.* impression
impronta impression, mark
improvvisamente suddenly
improvvisare to improvise
impulso impetus
in in, into, on, within, at, to, during
inaccessibile inaccessible
inaspettato unexpected

incancellabile indelible
incantevole charming, enchanting
incendiare to set fire to
inclinazione *f.* inclination
incominciare to begin, to start
incomparabile incomparable
incontrare to meet; **dove c'incontriamo?** where shall we meet?
incontro meeting
incoraggiante encouraging
incredibile incredible
incrocio crossroads
incrostare to encrust
incuriosito having become curious
indicare to indicate, to point out; to suggest
indicazione *f.* information, explanation; direction
indietro back; **avanti e indietro** back and forth
indimenticabile unforgettable
indipendente independent
indipendentemente independently
indipendenza independence
indirizzo address
individuo individual
indossare to wear
industria industry
inerme harmless
infatti in fact
inferno hell
infilare to enter (*lit.* to thread); to slip on
infiorato decorated with flowers; **Infiorata** flower decoration (*for the festival at Genzano*)
influsso influence
infondere to infuse
informazione *f.* information; **delle informazioni** some information
ingegneria engineering
ingenuamente naively, candidly
inglese *adj.* English; *m.* Englishman
iniziare to begin
iniziativa initiative
inizio beginning
innegabile undeniable
innumerevole countless
inoltre furthermore

insalata salad
insegnamento teaching
insegnare to teach
insieme together
insigne distinguished
insomma in short
intendere to intend, to plan; to understand; intendersene to be a good
judge *(of something)*, to be able to
tell; s'intende of course
intensità intensity
intenzione *f.* intention
interessante interesting
interessare to interest
interesse *m.* interest
internazionale international
interno interior; all'interno in the interior, inland
intero entire, whole; per intero completely
interrompere to interrupt
interrotto *(past part. of* interrompere*)*
interrupted, broken
interruzione *f.* interruption
intimo intimate, innermost
intitolato titled
intorno around
inutile useless; inutile dire it is useless to say
invasione *f.* invasion
invaso *(past part. of* invadere*)* invaded
invasore *m.* invader
invecchiare to grow old; s'invecchia
one grows old
invece instead, on the other hand
inventare to invent
inventivo inventive
inventore *m.* inventor
invenzione *f.* invention
invernale of the winter
inverno winter
investire to hit *(with a vehicle)*
invitare to invite
io I
Ionio Ionian *(sea)*
ippica horse racing
ippodromo horse racing track
irresistibilmente irresistibly
Ischia *small island near Naples*
iscriversi to register, to go, to attend

iscrizione *f.* inscription
isola island, isle
isolotto small island
ispezione *f.* inspection
ispirare to inspire; ispirarsi a to be
inspired by
ispirazione *f.* inspiration
Istituto Magistrale, Normal School; Istituto Tecnico *an Italian secondary
school*
istituzione *f.* institution
istruzione *f.* instruction, education
Italia Italy
italianizzarsi to become Italianized
italiano Italian; all'italiana Italian
style
italico Italic, Italian
itinerario itinerary

L

l' the; *pron.* him, her, it, you
la the; *pron.* her, it, you
là there; al di là beyond; più in là
farther out
labbia *(poetic)* countenance
laggiù down there, out there
lago lake
laguna lagoon
lana wool; Palazzo della Lana *an ancient palace in Florence, originally
the home of the Wool Guild*
Lancia *an Italian automobile*
lapide *f.* plaque
larghezza width
largo wide
lasciare to leave
latino Latin
lato side; da un lato on one side
latte *m.* milk
laudare *(poetic)* = lodare to praise
laurea diploma
laurearsi to graduate *(from a university)*
lavorare to work
lavoratore *m.* worker
lavorazione *f.* workmanship
lavoro work; mettersi al lavoro to start
working
Lazio Latium *(region in central Italy)*
le the; *pron.* them; you; to her; to you

legame m. bond

legare to tie, to bind

legge f. law

leggenda legend

leggere to read

leggero light; gentle

legume m. vegetable

lei she, her; Lei you; dare del Lei to address as "Lei"

lentamente slowly

lento slow; lento (musical term)

Leonardo da Vinci (1452–1519) well-known artist and scientist of the Renaissance

Leopardi, Giacomo (1798–1837) Italian lyric poet

lesse (past abs. of leggere) read

lettera letter

letterario literary

letteratura literature

letto (past part. of leggere) read; n. bed

lettura reading; sala di lettura reading room

Levante m. Levant, Near East

levare to remove

lezione f. lesson, class

li them; you; also = gli

lí there; lí vicino near there

liberare to free, to deliver

liberazione f. liberation

libero free

libertà freedom

libreria bookstore

libretto booklet, libretto (of opera)

libro book

Liceo an advanced secondary school

lido beach; Lido small island in Venice with large beach

lieve gentle, slight

Ligure m. Ligurian (ancient inhabitant of northern Italy)

Liguria a region in northern Italy

limitare to limit, to confine

limone m. lemon, lemon tree

Lincei: Accademia dei Lincei an academy in Rome

lingua language, tongue; lingua toscana in bocca romana lit. the Tus-

can language in the Roman mouth (namely, the perfect Italian is the Tuscan dialect spoken with a Roman pronunciation)

linguistico linguistic

lirico lyric

livello level

Livorno f. Leghorn (a seaport in Tuscany)

livrea costume

lo the; pron. him, it

locale local

località locality

localmente locally

locandiera innkeeper

logicamente logically

Lombardia Lombardy (a region in northern Italy)

longobardo Longobard

lontananza distance; in lontananza in the distance

lontano far, far away

Lorenzo Lawrence

loro pers. pron. they, them, to them; themselves; you, to you; poss. adj. or pron. their, theirs, yours

lotta struggle

luce f. light

Lucia Lucy; Santa Lucia a section of Naples

Ludovico Ludwig

luglio July

lui he, him

Luigi Louis

Luisa Louise

luna moon

lunedí m. Monday

Lungarno name given to streets along the Arno river

lungo long; along; a lungo at length; a long time

luogo place; avere luogo to take place, to occur

lusso luxury

lussureggiante luxuriant

M

ma but, however

macchia spot

macchina machine, automobile; **macchina da corsa** racing car
Madonna Virgin Mary
madre *f.* mother
madreperla mother-of-pearl
maestoso majestic
maestro teacher; maestro
magari perhaps even; **magari!** I only wish it!
maggio May; **Maggio Musicale** May Music Festival *(in Florence)*
maggiore major, larger, largest; **Lago Maggiore** Lake Maggiore *(in northern Italy)*
magnifico magnificent
magro lean, thin, slender
mai never, ever
male bad, badly; **meno male** it's a good thing
malgrado despite, notwithstanding
mancare (di) to lack, to be missing; to fail
mandare to send
mandorlo almond tree
mangiare to eat
manifestare to manifest, to show
manifestazione *f.* manifestation
mano *f.* hand; **fare a mano** to make by hand; **darsi la mano** to shake hands, to meet
mantenere to keep, to maintain
mantengo *(pres. ind. of* **mantenere***)* I keep, I maintain
marca make, brand
Marcello *proper name*
Marche *f.pl.* Marches *(a region in central Italy)*
marciapiede *m.* sidewalk
Marco Mark; **Piazza San Marco** *the largest and most beautiful square in Venice*
mare *m.* sea
maremoto tidal wave *(submarine earthquake)*
Maria Mary
marina waterfront
Marina *proper name*
marinaio sailor, seaman
marinaro maritime

Marino *f. name of a town south of Rome*
marito husband
marittimo seafaring, maritime
marmellata marmalade, jam
marmo marble
Marsala *a town on western tip of Sicily*
Marte *m.* Mars
Mascagni, Pietro (1863–1945) *composer, author of "Cavalleria Rusticana"*
maschera mask; usher, usherette
maschile masculine, male
Maserati *f. an Italian racing car*
massimo greatest, very great; **Teatro Massimo** *a theatre in Palermo*
masso monolith
matematica mathematics
matematico mathematical
materia subject *(school);* matter
materno maternal
mattina morning; **di mattina** in the morning
maturo ripe
me me, to me
meccanico mechanic
mecenate *m.* patron
medicina medicine
medico doctor, physician
medio medium, average
mediocre mediocre
medioevale Medieval
Medioevo Middle Ages
Mediterraneo Mediterranean *(sea)*
meglio better, best; **sarà meglio** it's a good idea
melodramma *m.* opera *(lit. "musical drama")*
melone *m.* melon
memoria memory; **imparare a memoria** to memorize
meno less; **di meno** less; **non può fare a meno di notare** cannot help noticing; **per lo meno** at least
mentale mental
mente *f.* mind; **venire in mente** to think, to remember; **come Le viene in mente?** how do you happen to think? what makes you think?

mentre while

meraviglia surprise, amazement; marvel

meravigliato struck, amazed

meraviglioso wonderful, marvelous

mercato market

meridionale southern, of the south

meritare to deserve

merletto lace, lacework

mese *m.* month

messa mass

Messina *seaport in Sicily, which gives name to the straight between Sicily and Italy*

messo (*past part. of* **mettere**) put, placed

mestiere *m.* trade

metà middle; half

metodo method

metro meter (*39.37 inches*)

metropoli *f.* metropolis

Metropolitana subway

mettere to put, to place; **mettersi** to put on (*clothes*); **mettersi a** to start; **mettersi a sedere** to sit down

mezzo half, middle; **per mezzo di** by means of

mezzogiorno noon; **mezzogiorno e mezzo** 12.30 p.m.

mi me, to me, myself

mica at all

Michelangelo Buonarroti (1475–1564) *great artist of the Renaissance*

Michelino *Florentine painter of the 15th century*

micidiale murderous, deadly

microscopio microscope

miei (*pl. of* **mio**) my, mine

migliaio (*pl.* **le migliaia**) (about) one thousand

miglio (*pl.* **le miglia**) mile

migliorare to improve, to better

migliore better, best

milanese from Milan; **alla milanese** Milanese style

Milano *f.* Milan (*a large city in northern Italy*)

milione *m.* million

militare military

mille one thousand; **I Mille** *the thousand soldiers with whom Garibaldi landed in Sicily*

millefoglie *m. a cake* (*lit.* "one thousand layers")

minaccioso threatening

minerale mineral

ministero ministry

minore minor

minuto minute

mio my, mine

miracol = miracolo

miracolo miracle

mirare to look, to look at, to see

miscuglio mixture

mistero mystery

misura measure; **fare su misura** to make to order

mite mild, gentle

mobile *m.* piece of furniture

moda fashion; **di moda** fashionable

modello model

Modena *a city in the Po valley*

moderno modern

modesto modest

modo manner; **di modo che** so that; **in ogni modo** at any rate; **in modo speciale** particularly; **in modo da** in such a way as to

moglie *f.* wife

Molise *m. a region in central Italy*

mollusco mollusk

molo wharf, pier

moltiplicare to multiply

molto *adj.* much; *adv.* very, very much, a great deal

momento moment

monastero monastery, convent

mondano social

mondiale of the world

mondo world; **in tutto il mondo** the world over; **al mondo** in the world

moneta coin

monotono monotonous

Monreale *f. a suburb of Palermo*

montagna mountain; **in montagna** in (*or* to) the mountains

montare to climb, to get on, to go aboard

monte *m.* mountain

Montereggioni *f. a small Medieval walled town near Siena*

Monteverdi, Claudio (1567–1643) *Italian composer*

montuoso mountainous

monumento monument

morire to die

mortadella *a variety of Italian salami*

morte *f.* death

mosaico mosaic

moschea mosque

mostra display; **mettere in mostra** to display

mostrare to show

mostrasi *(poetic)* = **si mostra**

moto motion

motocicletta motorcycle; **in motocicletta** on a motorcycle

motore *m.* engine

motto motto

mova = **muova**

movimento movement, traffic

municipale municipal, of the city

muova *(pres. subj. of* **muovere***)* moves, moves forth

Murano *f. an island near Venice, famous for its crystal and blown glass*

muratore *m.* mason

museo museum

musica music

musicale musical

musicare to set to music

musicista *m. and f.* musician

muto mute, silent, speechless

N

nacque *(past abs. of* **nascere***)* was born; you were born

Nanda *proper name*

napoletano Neapolitan

Napoli *f.* Naples *(largest seaport of southern Italy)*

narrare to narrate, to tell

nascita birth; **di nascita** by birth

Natale *m.* Christmas

nato *(past part. of* **nascere***)* born

natura nature

naturale natural

naturalmente naturally

navata nave

Navona: Piazza Navona *a large square in Rome, famous for its three striking fountains*

nazionale national

nazionalità nationality

nazione *f.* nation

ne of it (him, her, them); some *or* any (of it, of them)

né . . . né neither . . . nor

negativo negative

negli = **in + gli**

negozio store, shop

nei = **in + i**

nell' = **in + l'**

nella = **in + la**

nelle = **in + le**

nello = **in + lo**

nemmeno not even

neoclassico neo-classic

nero black

nessuno *adj.* no, not any; *pron.* no one, nobody

neve *f.* snow

Niccolò Nicholas ; **Nicola** Nicholas

niente nothing, anything

no no; **ma no!** of course not!

nobile noble

nodo knot; **fare il nodo** to knot

noioso boring

nol *(poetic)* = **non lo**

nome *m.* name; **a nome di** in the name of

non not

nondimeno nonetheless

nono ninth

nord *m.* north

norma norm

normanno Norman

nostro our, ours

notare to note

notizia news; **notizie tue** news from you

noto known, noted; **il più noto** the best known

notte *f.* night

notturno nocturnal

nove nine

novęlla short story
'ntęnder = intęndere
nulla nothing, anything
nụmero number
numeroso numerous, various
nuotare to swim; *n.* swimming
nuǫvo new; **di nuǫvo** again, once
  again
nutrire to nourish, to feel
nụvola cloud; **si ęra copęrto di nụvole**
  had become overcast

O

o or; **o...o** either...or
'o the *(in Neapolitan dialect)*
obbligato obliged, compelled
ǫca goose
occasione *f.* opportunity, occasion
ǫcchio eye; **colpo d'ǫcchio** view, sight
occidentale western
occidęnte *m.* west
occupare to occupy
occupato occupied, taken, busy
offrire to offer, to present
oggętto object, article
ǫggi today; **tutt'ǫggi** even today
ogni each, every
olivo olive tree
oltre beyond; further; **oltre a** besides
oltrepassare to surpass
ombra shadow, shade
ombręllo umbrella; **a ombręllo** um-
  brella-shaped; **ombrellone** *m.* beach
  umbrella
omogęneo homogeneous
onęsto honest; modest
onore *m.* honor
ǫpera work; opera
operịstico operatic
operosità activity
opposizione *f.* opposition
oppure or, or else
ora *adv.* now; **per ora** for the present
ora *n.* hour; **non vedo l'ora di** I can
  hardly wait to; **a che ora?** at what
  time?; **che ore sono?** what time is it?
orạrio timetable
oratǫrio oratorio
orchęstra orchestra

oretta: **in (per) un'oretta** in (for)
  about an hour
organizzazione *f.* organization
orgǫglio pride
orientale eastern; oriental
orientamento orientation
orięnte *m.* orient, east; **vicino orięnte**
  near eastern; **il Vicino Orięnte** the
  Near East
originale original
origine *f.* origin
orizzonte *m.* horizon
Orlando Roland
ormai now, by now
orolǫgio watch, clock
Orvięto *f. a city in central Italy*
oscillazione *f.* oscillation, swinging
oscurità darkness
ospitalità hospitality
ospitare to sponsor
osservare to observe
ossia namely
ǫste *m.* innkeeper
Ǫstia *a beach town near Rome;* **Ǫstia**
  Antica *an ancient Roman city a*
  short distance from the modern
  town
ostrogǫto Ostrogoth
ottenne *(past abs. of* **ottenere***)* ob-
  tained, had
ottimismo optimism
ǫttimo excellent
ǫtto eight
ottobre *m.* October
ǫvest *m.* west

P

pacchetto package
pace *f.* peace
padano *of the Po valley*
padiglione *m.* pavilion
Pạdova Padua *(a city at eastern end*
  of Po valley)
padre *m.* father
paesạggio landscape
paese *m.* country; town
paesetto little town
pagare to pay, to pay for
pạgina page

paglia straw

pagliaccio clown

paio *(pl.* le paia) pair

palazzo palace, building; **palazzina** small palace

palcoscenico stage

palermitano *native of Palermo*

Palermo *f. principal city of Sicily*

Palestrina, Giovanni (1525–1594) *Italian composer*

Palio *an ancient horse race still run in Siena every year*

palude *f.* marsh

panino roll; **dei panini imbottiti di mortadella e di formaggio** some bologna and cheese sandwiches

panorama *m.* landscape, view

Pantheon *m.* Pantheon *(one of the monuments of ancient Rome)*

Paolo Paul

par = **pare**

paracadute *m.* parachute

paradiso paradise

parco park; **parco delle Cascine** *a large public park in Florence*

parere to seem; **ti** *or* **Le pare!** not at all!; **dove mi pare e per quanto mi pare** where I feel like and for as long as I like

parete *f.* wall

Parigi *f.* Paris

Parioli *m.pl. a fashionable district in Rome*

parlare to speak, to talk; **parleratti** *(poetic)* = **ti parlerà**

Parma *a city in the Po valley*

parola word

parte *f.* part; role; **fare parte di** to be part of; **in gran parte** largely

partecipante *m.* and *f.* participant

partecipare to participate

partenza departure

particolare particular; **particolare a** peculiar to

particolarmente particularly

partire to leave, to depart; to sail

partita game; **fare una partita** to play a game

passaggio passage, flow; **di passaggio** on one's way

passante *m.* and *f.* passerby

passaporto passport

passare to pass; to flow; to go through; to spend *(time)*

passatempo pastime

passato past

passeggero passenger

passeggiare to promenade, to walk

passeggiata walk; **fare una passeggiata** to go for a walk

passerella gangplank

passione *f.* passion, love

passo pace, step; **fare un passo** to take a step; **a due passi** a short distance away

pasto meal

patria fatherland

patrono patron, patron saint

pazientemente patiently

pazienza patience

peccato! too bad!

pedone *m.* pedestrian

pelle *f.* skin, leather

pellegrino pilgrim; **Monte Pellegrino** *a rocky mountain that dominates the Palermo harbor*

pellicola film

pena pain; **valere la pena** to be worth while

pendente leaning

pendice *f.* slope

pendolo pendulum

penetrante penetrating

penisola peninsula

pennello painter's brush

pensare (a) to think about; **ci penso io** I'll take care of it; **è meglio non pensarci** it is better not to think about it

pensione *f.* boarding house; **in pensione** at the boarding house

per for, in order to, through, by, on, as; because of

perché because, why

perciò therefore

percorrere to travel, to travel on

perdere to lose

perfettamente perfectly

perfetto perfect

perfino even

Pęri, Jacopo (1561–1633) *Italian composer*

pericolosamente dangerously

pericoloso dangerous

periferia periphery, suburbs

periodo period

permęttere to permit, to allow, to let; to entitle; permęttersi to afford

però however, but

persiana shutter, blind

pęrso *(past part. of* pęrdere) lost

persona person

personaggio character

personale personal

Perugia *a city in central Italy*

pescatore *m.* fisherman

pesce *m.* fish

peso weight

pestilęnza plague

pętalo petal

Petrarca, Francesco (1304–1374) *Italian lyric poet*

petrolio oil

piacęnte charming, pleasing

Piacęnza *a city in the Po valley*

piacere to please, to be pleasing; *m.* pleasure; fare piacere a to please; fa piacere it is a pleasure; piacere! how do you do! pleased to meet you!

piacęvole pleasant, pleasing

piano floor; al pian terreno on the ground floor

pianofǫrte *m.* piano

pianta map *(of city or roads);* plant, tree

pianura plain; in pianura level

piatto plate, dish

piazza square

Piazzale Michelangelo *m. large open terrace overlooking Florence*

piazzetta little square

piccolo small, little; in piccolo on a small scale

pięde *m.* foot; ai piędi di at the foot of; a piędi on foot; in piędi standing

Piedigrǫtta: la Madonna di Piedigrǫtta *a church in Naples;* la Fęsta di Piedigrǫtta *a festival held each year before the said church*

Piemonte *m.* Piedmont *(a region in northern Italy)*

piemontese Piedmontese

pięn *(poetic)* = pięno

pięno full

piętra stone

Piętro Peter

pinacotęca picture gallery; Pinacotęca di Bręra *an art gallery in Milan*

pino pine tree

piǫggia rain

piǫvere to rain

pirǫscafo ship; in pirǫscafo by ship

pirotęcnico pyrotechnic; spettącolo pirotęcnico display of fireworks

Pisa *a city in Tuscany*

pista landing strip; track

Pistǫia *a city near Florence*

pittore *m.* painter

pittoresco picturesque

pittura painting

piú more, most; any longer; di piú more; sęmpre piú more and more; sęmpre piú giú lower and lower

piuttǫsto rather

Plebiscito: Piazza del Plebiscito *a square in Naples*

Pǫ *the largest river in Italy*

pǫ' *form of* pǫco; un pǫ' di a little

pǫco little *(pl.* few); fra pǫco soon, in a little while; a pǫco a pǫco gradually, little by little; pǫco fa a little while ago; per pǫco non almost, nearly

poęma *m.* poem

poesia poem

poęta *m.* poet

pǫi moreover; then; after, later; o prima o pǫi sooner or later

poichè since, for

policromia polychromy

poligonale polygonal

politica politics

politicamente politically

politico political

pollo chicken

poltrona armchair

pomeriggio afternoon

pomodoro tomato

Pompei *f.* Pompeii *(ancient city near Naples, which was completely buried by an eruption of Vesuvius in the year 79 A.D.)*

ponte *m.* bridge; deck; **Ponte a Santa Trinita** Holy Trinity Bridge *(a bridge in Florence)*

popolare popular

popolato di filled with

popolazione *f.* population

popolo people

porgere to hold out, to offer

porta door, gate *(of city)*

portare to bring, to carry, to take; to bear; **è portato a** leans towards *(is attracted by)*

portasigarette *m.* cigarette case

portico arcade, portico

portiere *m.* janitor, superintendent

porto harbor, port

portoghese Portuguese

portone *m.* door, main entrance of building

posare to put down, to place

Posillipo *f. a suburb of Naples*

posizione *f.* position

possa *(pres. subj. of* **potere***)* can, may

possiamo *(pres. ind. of* **potere***)* we can, we may

possibile possible

possibilità possibility

possiede *(pres. ind. of* **possedere***)* has

posso *(pres. ind. of* **potere***)* I can, I may

possono *(pres. ind. of* **potere***)* they (you) can, may

posta mail

posteggio parking lot

posto place; room; seat

potere to be able to, can; **avrei potuto** I could have; *m.* power

potrai *(fut. of* **potere***)* you will be able to

potrebbe *(cond. of* **potere***)* could, might

pranzare to have dinner, to dine

pranzo dinner

pre-Appennino *a minor range of the*

Apennines, west of the Apennines proper

precedente preceding

precedere to precede

preciso exact, precise

preferire to prefer

preferito favorite

pregare to pray, to beg

pregiudizio prejudice

prego you are welcome; please

premio prize

prendere to take, to get; **passerò a prenderti** I'll pick you up

preoccuparsi to worry

preparare to prepare

preparazione *f.* preparation

prese *(past abs. of* **prendere***)* took

presentare to present, to offer

presentazione *f.* introduction; presentation

presente *adj.* present; **tenere presente** to bear in mind; *n.* bystander

presepio Nativity Scene

preso *(past part. of* **prendere***)* taken

pressappoco approximately, about

presso *adv.* near; at, in the house of; care of *(on envelope); m.pl.* vicinity

prestare to loan, to lend

presto early; soon; **al più presto possibile** as soon as possible

prettamente purely

prevalentemente mainly, largely

prevalenza predominance

prima (di) before; sooner; **poco prima** a little earlier

primavera spring

primaverile of the spring

primo first; **i primi di settembre** early in September

principale principal, main

principalmente mainly

principe *m.* prince

principio beginning

privato private

problema *m.* problem

procedere to proceed

processione *f.* procession

prodotto product

produce *(pres. ind. of* **produrre***)* produces

producęndo (*gerund of* produrre) producing

produzione *f.* production

professione *f.* profession

professionista *m.* professional

professore *m.* professor

profondo deep, profound

profusione *f.* profusion

programma *m.* program; non họ nięnte in programma I have no plans

progredire to progress, to advance

progręsso progress; fare progręssi to progress, to make progress

prolungato long

promessa promise; mantenere la promessa to keep one's word

promesso (*past part. of* promęttere) promised

promettęnte promising

promęttere (di) to promise

promọsso (*past part. of* promuọvere) promoted

pronto ready; hello (*over telephone*)

proporzionato proportionate, proportioned

propọsito purpose, intention; cambiare propọsito to change one's mind; a propọsito by the way; a propọsito di speaking of

proprietạrio owner

prọprio *adj.* own, one's own, his (her, its; your) own; un prọprio parlamento a parliament of its own; *adv.* exactly, right, just, really, indeed

prosatore *m.* prose writer

prosciutto ham

proseguire to continue

prọspero prosperous

prọssimo next

protęggere to protect, to shield

protettore protecting, patron

protọtipo prototype

provare to try, to sample; to experience

provęrbio proverb, saying

provincia province

pubblicità publicity, advertising

pubblico *adj.* public; *n.* audience

Puccini, Giạcomo (1858–1924) *Italian composer, author of the operas "La Tosca," "La Bohème," "Madame Butterfly," and others.*

pugilato boxing

Puglie *f.pl.* Apulia (*region in southern Italy*)

Pulcinęlla *m.* Punch

pulire to clean

punto *n.* point; in punto on the dot; *adv.* at all

puọ̀ (*pres. ind. of* potere) can, may

puọi (*pres. ind. of* potere) you can, you may

pupo puppet

pur (*form of* pure) although

purgatọrio purgatory

Q

quạ here; di quạ e di là here and there

quadrato square

quadro picture, painting

qualche some, any, a few

qualcọsa something, anything

qualcuno someone, somebody, anyone, anybody

quale such as; which, which one, what

qualsịasi any, whatever

quando when; da quando since, from the time

quanto how much, so much; as much as; what; quanto ę̀ bęlla how beautiful it is

quaranta forty

quartięre *m.* district, section

quarto fourth

quasi almost

quassù up here

quattọrdici fourteen

quattro four

Quattrocęnto fifteenth century

quęl (*form of* quello); di quęl che than

quello that, that one

questo this, this one

qui here; di qui from here

quindi therefore; then

quindicęsimo fifteenth

quinto fifth

quotidiano daily

R

racchiudere to enclose

racchiuso (*past part.* of **racchiudere**) enclosed, closed

raccolse (*past abs.* of **raccogliere**) gathered

raccomandare to recommend; **mi raccomando** I beg you

raccontare to tell about, to relate

racconto story, short story

radice *f.* root

radio *f.* radio

Raffaello Raphael (1483–1520) *Italian painter of the Renaissance*

ragazza girl, young woman

ragazzo boy, young man

raggiunsero (*past abs.* of **raggiungere**) reached, attained

ragione *f.* reason; **avere ragione** to be right

rallentare to slow down

rapidamente rapidly

rapidità rapidity

rappresentante *m.* and *f.* representative, agent

rappresentare to represent; to depict

rappresentazione *f.* representation, performance

raro rare

Ravenna *city on Adriatic coast; seat of Byzantine art in Italy*

razza race

reazione *f.* reaction

recarsi to go

recente recent

recentemente recently

recitare to recite

Redentore *m.* Redeemer

regalare to give (*as a present*)

regata regatta, boat parade

Reggio Calabria *f. a city in Calabria*

regina queen; **Regina dell'Adriatico** Queen of the Adriatic (*a name often given Venice, once the ruler of the Adriatic Sea*)

regione *f.* region

regista *m.* director (*of movies*)

regno rule, reign, kingdom

relativamente relatively

religione *f.* religion

religioso religious

remoto remote

rendere to render, to make (of)

reparto department, section

repubblica republic

reso (*past part.* of **rendere**) made

responsabilità responsibility

restare to remain, to stay; to be left; **non mi resta molto tempo** I haven't much time left

resto rest; **del resto** after all

rete *f.* net, network

retrostante behind

riacquistare to acquire again

riaperto (*past part.* of **riaprire**) reopened

riattaccare (il ricevitore) to hang up (the receiver)

ribalta footlights

ricamare to embroider

ricambiare to exchange, to return

ricamo embroidery; lacework

riccamente richly

ricchezza wealth

Riccione *f. resort on Adriatic Sea*

ricco (di) rich (in)

ricerca research, search

ricevere to receive, to get

ricevitore *m.* receiver

richiedere to ask again, to require

ricominciare to begin again

riconoscenza gratitude

riconoscere to recognize

ricordare to remember, to recall; **to mention**

ricordo souvenir

ricostruire to rebuild

ricostruzione *f.* reconstruction

ridere to laugh, to smile

ridotto reduced

rientrare (in) to come (within)

riesce (*pres. ind.* of **riuscire**) succeeds; **non mi riesce ricordare** I can't remember; **non gli riesce** he cannot succeed

rievocare to revoke, to recall

riferirsi to **refer (to)**

rifiutare to refuse

riflęttere to reflect

riforma reform

riformatore *m.* reformer

rifugio shelter

Rigoletto *one of Verdi's best-known operas*

rimanere to remain, to be (left)

rimạngono *(pres. ind. of* **rimanere**) remain

rimase *(past abs. of* **rimanere**) remained

rimasto *(past part. of* **rimanere**) remained, been

Rịmini *f. seaside resort town on Adriatic Sea*

rinascimentale of the Renaissance

Rinascimento Renaissance

rinạscita rebirth

rincọrrere to run after, to pursue

rinfrescare to refresh, to cool off

ringhięra railing

ringraziare to thank

rionale of a section of town; **cęntro rionale** central (shopping) meeting place

rione *m.* district, section

riparare to protect, to shield

ripartire to leave again

ripassare to pass by again, to call again

ripensare to think back

ripętere to repeat

ripetutamente repeatedly

ripięno stuffed

riportare to bring back, to take back

riposare to rest

ripọso rest

ripręndere to take again

ripresa rebirth

riprovare to try again

risạlgono *(pres. ind. of* **risalire**) go back

risalire to go back

risata laughter

riscontrare to encounter, to find

risiędere to reside, to be

risọlto *(past part. of* **risọlvere**) solved

risọlvere to solve

Risorgimento *period of Italian wars of independence (nineteenth century)*

risọrto *(past part. of* **risọrgere**) reborn, arisen

risọtto *a rice dish*

rispecchiare to reflect, to mirror

rispettivamente respectively

rispętto respect, way

rispọndere to answer, to reply

rispọsero *(past abs. of* **rispọndere**) replied

risposta reply

ristorante *m.* restaurant

risultato result

risuonare (di) to resound (with)

risvegliarsi to reawaken

risvęglio reawakening

ritęngono *(pres. ind. of* **ritenere**) retain

ritirare to withdraw, to get

rito rite

ritornare to return, to come *or* to go back

ritorno return; **fare ritorno** to return; **al ritorno** on the way back

ritratto portrait

ritrọvo meeting place

riunirsi to meet

riuscire (a) to succeed (in)

riva shore

rivedere to see again

rivelare to reveal, to manifest

rivelazione *f.* revelation

riversarsi to gather, to converge

rivięra coast; *name of the coast east and west of Genoa*

rivista magazine, review, journal

rivọlgersi to turn

Robęrto Robert

robusto robust, brawny

roccioso rocky

romạnico Romanesque

romano Roman; **alla romana** Roman style

romạntico romantic

romanzo *adj.* romance; *n.* novel

rombo rumble

Rosalia Rosalie

rọseo rosy

Rossini, Gioacchino (1792–1868) *Italian composer, author of "The Barber of Seville," "William Tell," etc.*

rosso red
rovina ruin
rumęno Rumanian
ruọta wheel

S

sa *(pres. ind. of* **sapere)** knows; you know; **non si sa mai** one never knows
sạbato Saturday
sạbbia sand
s'accọmodi *(pres. subj. of* **accomodarsi)** please sit down, make yourself comfortable
sacrificare to sacrifice
sacro sacred
sagra festival
sai *(pres. ind. of* **sapere)** you know
sala hall, room; **sala da pranzo** dining room
Salẹrno *f. coastal city south of Naples*
sạlgono *(pres. ind. of* **salire)** climb, go up
salire to go up, to climb, to get on
salọtto living room
salsa sauce
salutare to greet, to give one's regards; **salutami i tuọi** best regards to your family
saluto greeting, regard; **saluti cordiali** cordially yours, best regards
salvo except (for)
san *form of* **santo**
San Marino *f. little independent republic in northern-central Italy*
sano wholesome
San Petrọnio *a church in Bologna*
Santa Maria delle Grạzie *a church in Milan*
santo saint, holy; — **Cielo!** Goodness!
santuạrio shrine
sapere to know; **fammi sapere** let me know; **họ saputo** I learned, I found out
sapore *m.* flavor, taste
sappiamo *(pres. ind. of* **sapere)** we know
saprà *(fut. of* **sapere)** will know, probably know(s)

saprai *(fut. of* **sapere)** you will know, you probably know
sarà *(fut. of* **ẹssere)** will be
saracęno Saracen
saranno *(fut. of* **ẹssere)** will be
Sardegna Sardinia *(large Italian island)*
sarẹbbe *(cond. of* **ẹssere)** would be
sarẹi *(cond. of* **ẹssere)** I would be
saremo *(fut. of* **ẹssere)** we shall be, we will be
sarọ *(fut. of* **ẹssere)** I will be
sarta dressmaker
sarto tailor
sasso stone, rock
Savọia Savoy
sbagliarsi to be mistaken, to be wrong
sbarcare to land
sboccare to end, to empty *(of body of water)*
scala stairway; **le scale** stairway, steps
scalata climbing
scambiare to exchange; to mistake *(a person for another)*
scạmbio exchange
scappata: fare una scappata to take a quick trip
Scarlatti, Domęnico (1685–1757) *Italian composer*
scarpa shoe
scavo excavation
scẹgliere to choose
scelta choice
scẹna scene
scẹndere to descend, to go down, to get off
scherma fencing
scherzare to joke
schizzo sketch
sci *m.* skiing
sciẹnza science
scienziato scientist
Scirọcco Sirocco *a hot wind that blows north from the Sahara desert*
scolasticismo scholasticism
scolạstico scholastic; **anno scolạstico** school year
scolpire to sculpture
scomparire to disappear
scomparso *(past part. of* **scomparire)** disappeared

scompartimento compartment

sconosciuto unknown

scopęrta discovery

scopęrto (*past part. of* scoprire) uncovered; with the top down (*of a car*)

scǫppio explosion

scoprire to discover

scorso last, past

scǫssa jolt

scrisse (*past abs. of* scrivere) wrote

scrissero (*past abs. of* scrivere) wrote

scritto (*past part. of* scrivere) written

scrittore *m.* writer

scrivere to write; mạcchina da scrivere typewriter

scultura sculpture

scuǫla school; scuǫla d'avviamento vocational school; Scuǫla Matęrna kindergarten; Scuǫla Mędia Ụnica *a pre-University secondary school;* Scuǫla Magistrale Normal School; scuǫle mędie secondary schools

scusare to excuse

scusi (*pres. subj.; polite command form*) excuse me, pardon me

sdraiato stretched out, lying down

se if, whether

sé himself, herself, yourself; fra sé to himself, etc.; in sé stesso in itself

sebbęne although

sęcolo century

secondạrio secondary

secondo second

secondo according to

sęde *f.* seat

sedere to sit; sedersi *or* męttersi a sedere to sit down

sedicęsimo sixteenth

seduto seated

segnare to mark

segno sign; signal

segretạria secretary

segreteria registrar's office

seguęnte following

seguire to follow; to take (*a course*); fare seguire to forward

sęi (*pres. ind. of* ęssere) you are

sęi six

Seicęnto seventeenth century

selezione *f.* selection

Selinunte *f. a town in Sicily, famous for its Greek ruins*

semạforo traffic light

sembrare to seem

semitropicale semitropical

sęmplice simple

semplicemente simply

sęmpre always; still

sen (*poetic form of* se ne); sen va goes on her way

sęnso sense, respect

sentęndosi = sentęndo (*gerund of* sentire *plus* si) hearing herself

sentimento feeling, sentiment

sentire to feel, to hear, to listen; sentire dire to hear; sentire parlare di to hear about

sęnza without

separare to separate

sepolto (*past part. of* seppellire) buried

sera evening; la sera in the evening

serata evening (*descriptive*)

seriamente seriously, earnestly

sęrie *f.* series

sęrio serious

servire to serve; servirsi to make use, to utilize

servizio service; fare servizio to ply

sessione *f.* session

sęsto sixth

sete *f.* thirst; avere sete to be thirsty

Settecęnto eighteenth century

settęmbre *m.* September

settentrionale northern, of the north

settimana week; una vǫlta alla settimana once a week

settimanale weekly

sęttimo seventh

sfogliare to turn the pages of

sfǫrzo effort

sguardo glance, look

si himself, herself, itself, themselves

sí yes; (*poetic of* cosí) such, so

sia (*pres. subj. of* ęssere) is; sia...che *or* come both...and; sia che...sia che whether...or

siamo (*pres. ind. of* ęssere) we are

siate (*pres. subj. of* ęssere) you are

siccome since

Sicilia Sicily *(largest of the Italian islands)*

siciliano Sicilian

sicuro sure, certain

siede *(pres. ind. of* **sedere***)* sits; you sit

siedono *(pres. ind. of* **sedere***)* sit

sigaretta cigarette

significare to signify, to mean

significato meaning

signora lady, Mrs.

signore Mr., sir, gentleman, lord; **signori** ladies and gentlemen

Signoria *a Renaissance form of Italian city government*

signorina Miss, young lady

silenzio silence

silenzioso silent

simbolo symbol

simile similar

simpatico charming, pleasant

sincero sincere

sinfonico symphonic

singolare singular, unusual

singolo single, individual

sinistro: a sinistra to the left

sistema *m.,* system

sistemarsi to get settled

situato situated, located

situazione *f.* situation

smesso *(past part. of* **smettere***)* stopped

so *(pres. ind. of* **sapere***)* I know

soave gentle, sweet

sobborgo suburb, outskirts

sociale social

società society

soddisfatto *(past part. of* **soddisfare***)* satisfied

soggetto subject

soggiorno sojourn, stay

sognare to dream; **nemmeno si sognano** do not even think

solamente only

solare of the sun; **macchie solari** sun spots

soldato soldier

soldo penny; **soldi** money

sole *m.* sun

solido solid

solitario *adj.* solitary, alone; *n.* a solitary person, an isolated case

solito usual; **di solito** usually

solo only, alone; **da solo** alone, by himself

soltanto only

soluzione *f.* solution

somigliare, somigliarsi to resemble (each other), to look like

sommario summary, brief

sommergibile *m.* submarine

sommo supreme, greatest

sonata sonata

sonetto sonnet

sono *(pres. ind. of* **essere***)* am, are

sopra on, upon

soprappeso excess weight

soprattutto above all

sopravvivere to survive

sorella sister

sorgere to rise, to appear; *m.* rising, birth

sormontare to surmount

sorpassare to pass, to overtake

sorprendere to surprise

sorpresa surprise; **fare una sorpresa (a)** to surprise

sorpreso *(past part. of* **sorprendere***)* surprised

sorrentino of Sorrento

Sorrento *f. a town on the gulf of Naples*

sorridere to smile

sorse *(past abs. of* **sorgere***)* arose, was born

sorvegliare to watch, to watch over

sospirare to sigh

sotto under, underneath, below

spagnolo *adj.* Spanish; *n.* Spaniard

spalla shoulder

sparire to disappear

sparo shot

spazzare to sweep

specchio mirror

speciale special

specialità specialty

specializzato specialized, special

specializzazione *f.* specialization

specialmente especially

spęcie *f.* kind
specifico specific
spedizione *f.* expedition
spęngere to extinguish, to turn off; le luci si spęngono the lights are turned off
sperare to hope
spesa: fare la spesa to go shopping, to shop
spesso *adj.* thick; *adv.* often
spettạcolo spectacle, sight; performance, show
spettare to belong
spettatore *m.* spectator
Spęzia (la) *a city on Tyrrhenian coast north of Pisa; a military port*
spiạggia beach
spiccare to stand out
spiccato pronounced
spiędo spit; allo spiędo on the spit
spiegare to explain
spiegazione *f.* explanation
spịngere to push; spịngersi al largo to go out to sea
spirare to breathe, to inspire
spịrito spirit, ghost; Santo Spịrito Holy Ghost
splęndido splendid
splendore *m.* splendor
Spoleto *f. a city in central Italy*
spọrt *m.* sport
sportęllo window (at bank, etc.); door (of train, etc.)
sportivo *adj.* pertaining to sport; *n.* sportsman
sposalịzio wedding; Sposalịzio della Vęrgine Wedding of the Virgin Mary
sposare to marry
spostarsi to move, to be transferred
spronare to spur
spuntare to peep, to appear
squadra team
squillare to ring
squisito exquisite, delicious
stabilire to establish; stabilirsi to settle, to get settled
staccare to detach
stạdio stadium

stagione *f.* season; di stagione in season; stagione lịrica opera season
stalla stable
stamani this morning
stampare to print, to publish
stanco tired
stanno *(pres. ind. of* stare) stay, remain, stand
stanza room
stare to be, to stay, to live; stare per to be about to; non starọ̀ a... I shall not...
stasera this evening, tonight
Stati Uniti *m.pl.* United States
stato *(past part. of* ęssere) been; *n.* state, government
stạtua statue
statura size, height
stazione *f.* station; stazione di servịzio service station
stella star
stęndere to stretch, to extend
sterminato endless, very large
stesso same; very; himself, herself, itself
stima esteem
stivale *m.* boot
stọria history
stọrico *adj.* historical; *n.* historian
strada street, road, way
stradale of the road; carta stradale road map
stranięro *adj.* foreign; *n.* foreigner
strano strange
straordinạrio extraordinary
stratęgico strategic
strettamente closely
stretto *adj.* narrow; *n.* strait
strịngere *(lit.* to squeeze) to shake
strịscia stripe
Strọmboli *m. a volcano on a small island of the same name off the northern coast of Sicily*
strumento instrument
studęnte *m.* student
studiare to study
studio study, studio
studioso scholar
stupęndo stupendous, wonderful

su on, above, over; up
sụbito at once, immediately
succẹdere to happen
successo (*past part. of* succẹdere) happened; *n.* success
successore *m.* successor
sud *m.* south; al sud to the south
suddivisione *f.* subdivision
sugli = su + gli
sui = su + i
sul = su + il
sull' = su + l'
sulla = su + la
sulle = su + le
sullo = su + lo
suo his, her, hers, its; Suo your, yours; tutto suo all his (her, *etc.*) own, special
suọi (*pl. of* suo) his, her, hers; your, yours
suọlo soil
suonare to play (*instrument*)
suọno sound
superficiale superficial
superficie *f.* area
superiore superior
suprẹmo supreme
svago amusement, diversion
svariato varied
svegliare to awaken, to wake up
Svẹvia Swabia
svillupparsi to develop
sviluppato developed
sviluppo development
svọlgere to unfold; svọlgersi to unfold, take place

T

tabacco tobacco
tale such; un tale... such a...
tamburino drummer
tanto so; much; so much; ogni tanto once in a while; tanto d'invẹrno quanto d'estate in winter as well as in summer
Taormina *a small city on eastern coast of Sicily*
tappeto carpet, rug
tardi late; più tardi later

tardo late
targa sign, plaque
tartaruga tortoise
tasca pocket
tassa tax, fee
tassì *m.* taxi
tạvola table
tavolino little table
tạvolo table
te you, to you, yourself
teatro theater; Teatro della Scala *famous opera house in Milan*
tẹcnico technical
tecnolọgico technological
tedesco German
telefonare to telephone
telẹfono telephone; al telẹfono on the telephone
telegiornale *m.* television news
telegrafia telegraphy; telegrafia sẹnza fili wireless
telegramma *m.* telegram
telescọpio telescope
televisione *f.* television
televisore *m.* television set
temperato temperate
tẹmpio (*pl.* tẹmpli) temple
tẹmpo time, weather; quanto tẹmpo? how long?; ai suọi tẹmpi in his time
temporale *m.* storm
tẹndere to tend
tenere to keep, to hold; tenerci (a) to be keen (about)
tenore *m.* tenor
tẹrme *f.pl.* baths; Tẹrme di Caracalla *ancient Roman baths*
terminato finished
terminologia terminology
tẹrra earth
terremọto earthquake
terreno terrain, soil
tẹrzo third
tẹsi *f.* thesis
tessuto textile, fabric
testamento testament
testimọne *m. and f.* witness
tẹsto text
tetto roof
Tẹvere *m.* Tiber River

ti you, to you, yourself

tięni! *(imperative of* **tenere)** here! take this

tifoso "fan"

timido shy

tintoria cleaner's shop

tipico typical

tipo type

tipografo printer

tirare to blow *(of wind);* to pull, to draw

Tirręno Tyrrhenian *(sea)*

Titta, Ruffo (1871–1940) *Italian operatic bass*

toccare to touch

tǫlgono *(pres. ind. of* **tǫgliere)** remove, take away

tomba tomb

tondo round

tǫno tone

Torino *f.* Turin *(industrial city in the Po valley)*

tornare to return, to come back

torre *f.* tower

torta cake

tortellini *m.pl. snail-shaped bits of dough filled with special stuffing*

Toscana Tuscany *(region in central Italy)*

toscano Tuscan

totalmente totally

tra among, between, within, in

tradizionale traditional

tradizione *f.* tradition

traduzione *f.* translation

traffico traffic

tragędia tragedy

traghetto ferry, ferryboat

tragico tragic

tragitto trip

tram *m.* streetcar, trolley

tramontare to set *(of sun or moon)*

Trapani *f. a city on western coast of Sicily*

trasformazione *f.* transformation

trasmesso *(past part. of* **trasmęttere)** broadcast, transmitted

trasportare to transport, to lead, to take, to bring

tratterà *(fut. of* **trattenere** *or* **trattenersi)** will stay

tratto stretch; **ad un tratto** suddenly, all of a sudden

trattoria inn, restaurant

traversare to cross

tre three

tredicęsimo thirteenth

tremando *(gerund of* **tremare)** trembling

treno train; **in treno** on the train

Tręvi: Fontana di Tręvi *a large fountain in Rome*

tristezza sadness

tropicale tropical

troppo too, too much

trovare to find, to meet; **trovarsi** to be found; to be

tu you; **dare del tu** to address as "tu"

tuo your, yours

tuọi *(pl. of* **tuo)** your, yours

turismo tourism

turista *m.* and *f.* tourist

turno turn

tuttavia nevertheless, just the same

tutto all, entire, whole; everything; **tutto** *plus def. art.* = the whole; **del tutto** completely; **tutti** everybody; **tutti e due** both

tuttora even now

U

Ubaldo Ubaldus

ufficio office

ultimo last; **quest'ultimo** the latter

umanista humanist

Umbria *a region in central Italy*

umbro Umbrian *(ancient inhabitant of central Italy)*

umiltà humility

un, uno, una, un' a, an, one

undicęsimo eleventh

undici eleven

unicamente exclusively

unico unique

unificare to unify, to unite

unificazione *f.* unification

uniformità uniformity

unità unity

unito united
universale universal
università university
universitario of the university
uno one, a, an
uomini *(sing.* uomo) men
uomo *(pl.* uomini) man
urbano urban
Urbino *f. a city in northern Italy, not far from the Adriatic coast*
usare to use
uscire to go out, to exit
uscita exit
uso use
utile useful
uva grapes

V

va *(pres. ind. of* andare) goes
vacanza vacation; **in vacanza** on vacation
vada *(pres. subj. of* andare) go
vado *(pres. ind. of* andare) I go, I am going
valere to be worth
valigia suitcase
valle *f.* valley
vandalo Vandal
vanno *(pres. ind. of* andare) go
vapore *m.* steamboat
vaporetto small steamer, ferryboat
variare to vary
varietà variety
vario varied, various
vaso vase
vassoio tray
vasto vast
vecchio old
vedere to see; **fare vedere** to show
vedrà *(fut. of* vedere) will see
vedrai *(fut. of* vedere) you will see
vedremo *(fut. of* vedere) we shall see
veduta view, sight
vegetazione *f.* vegetation
veicolo vehicle
veloce fast, speedy
velocemente fast, rapidly
vendita sale
Venere Venus
veneto Venetian

Venezia Venice
veneziano Venetian
venga *(pres. subj. of* venire) come
vengo *(pres. ind. of* venire) I come
vengono *(pres. ind. of* venire) come
venire to come; **venire** *plus past part.* = to be *plus past part., for example:* **le canzoni vengono cantate** the songs are sung
venni *(past abs. of* venire) I came
ventaglio fan
venti twenty
ventisette twenty-seven
vento wind
venuto *(past part. of* venire) come
veramente actually, as a matter of fact, truly, certainly
verde green
Verdi, Giuseppe (1813–1901) *Italian operatic composer, author of "Aida," "Rigoletto," "Otello," etc.*
verificare to verify
vero true, real; **vero e proprio** real, true; **tanto è vero che** so much so that; **vero?** is that right? isn't that right?
versione *f.* translation
verso toward, towards; around *(of time)*
vescovo bishop
veste *f.* dress, robe, gown
vestigio *(pl.* le vestigia) remain
vestire to dress; **vestire di rosso** to dress in red
vestuto *(obsolete for* vestito) dressed
Vesuvio Vesuvius *(a volcano in the bay of Naples)*
vetrata a colori stained glass window
vetrina window *(of store)*
vetro glass
vetta peak, top
vi you, to you; *adv.* there
via *adv.* away; **e così via** and so on; *n.* street, road
viaggiare to travel
viaggiatore *m.* traveler
viaggio trip, journey, voyage; **buon viaggio!** have a nice trip, bon voyage! **in viaggio** traveling; **viag-**

gio di ritorno return trip; fare un viaggio to take a trip

Viareggio f. a city and beach resort near Pisa

vicenda vicissitude

vicino (a) near; near by

viene (pres. ind. of venire) comes; you come

vieni (pres. ind. of venire) you come

vigile m. policeman

vigore m. vigor

villa villa, private house; Villa Borghese a large park in Rome

villeggiatura (summer) vacation; in villeggiatura on a vacation (originally at the "villa" country house)

Vincenzo Vincent

Vinci f. small town near Florence; birthplace of Leonardo

vincitore m. winner

vino wine

violino violin

violoncello 'cello

visita visit, inspection; biglietto da visita calling card; fare una visita to call on, to pay a visit

visitare to visit

visitatore m. visitor

vissuto (past part. of vivere) lived

visto (past part. of vedere) seen

vita life; tenere in vita to keep alive

vite f. grapevine

vitella heifer

Viterbo f. a city in central Italy

vittorioso victorious

vivace vivacious, lively

Vivaldi, Antonio (1675?–1743?) Italian composer

vivamente sharply

vivere to live; to thrive

vivo alive, living

vocazione f. vocation; per vocazione by vocation

voce f. voice

vogliamo (pres. ind. of volere) we want; vogliamo plus inf. . . .? shall we. . .?

voglio (pres. ind. of volere) I want, I wish

vogliono (pres. ind. of volere) want

voi you

volare to fly

volentieri gladly

volere to want, to wish; volere dire to mean; volerci to take (of time); avrei voluto I really wanted, I would have preferred

volgersi to turn to

volo flight

volse (past abs. of volgere) turned

volta time; volt (electricity); una volta al giorno once a day; una volta alla settimana once a week; una volta once, at one time; ancora una volta once again; più volte several times

voltaggio voltage

voltare to turn; voltarsi to turn back; voltare indietro to turn back

Vomero a section of Naples

vongola a small clam

vorrebbe (cond. of volere) would want

vorrei (cond. of volere) I should want, I should like

vostro your, yours

voto vow

vulcano volcano

vuoi (pres. ind. of volere) you want; cosa vuoi! you know how it is!

vuole (pres. ind. of volere) wants; you want; cosa vuole! you know how it is!; ci vuole it takes (of time)

Z

zia aunt

zoccolo hoof

zona zone

zoologia zoology

Photograph Credits

THE ITALIAN ENGRAVINGS throughout this book come from the following works (New York Public Library, Print Room) : Lippmann, *The Art of Wood Engraving in Italy in the Fifteenth Century;* Piranesi, *Varie vedute di Roma antica e moderna* (1745) ; *Catalogue d'une collection d'anciens livres à figures italiens, apartenant à Tammaro de Marinis;* G. Morazzoni, *Il libro illustrato veneziano del settecento;* Samuel Rogers, *Italy* (1830) ; *Recueil de vues et fabriques pittoresques d'Italie, dessinées d'après nature, et publiées par C. Bourgeois, peintre* (1804) ; *Orazione funebre e poetici componimenti in morte di Girolamo Tartarotti-Serbati, cittadino Roveretano* (1761) ; Barbari, *Venice* (1500) ; the woodblock collection of Soliani, Modena publishers of the 17th and 18th centuries.